内蒙古自治区哲学社会科学规划项目后期资助课题
课题批准号2017ZHQ159

民事鉴定程序论

李 战◎著

南京大学出版社

图书在版编目(CIP)数据

民事鉴定程序论 / 李战著. —— 南京：南京大学出版社，2020.12
ISBN 978-7-305-23311-1

Ⅰ.①民… Ⅱ.①李… Ⅲ.①民事诉讼－司法鉴定－诉讼程序－研究－中国 Ⅳ.①D925.118.04

中国版本图书馆CIP数据核字(2020)第104455号

出版发行	南京大学出版社
社　　址	南京市汉口路22号　　邮　编　210093
出 版 人	金鑫荣

书　　名	**民事鉴定程序论**
著　　者	李　战
责任编辑	徐　熙　　　编辑热线　025-83686722

照　　排	南京南琳图文制作有限公司
印　　刷	广东虎彩云印刷有限公司
开　　本	787×960　1/16　印张 13.25　字数 230 千
版　　次	2020年12月第1版　2020年12月第1次印刷
ISBN 978-7-305-23311-1	
定　　价	45.00元

网址：http://www.njupco.com
官方微博：http://weibo.com/njupco
官方微信号：njupress
销售咨询热线：(025) 83594756

＊版权所有，侵权必究
＊凡购买南大版图书，如有印装质量问题，请与所购
　图书销售部门联系调换

目 录

引 言 ·· 001

一、我国民事鉴定程序制度研究的选题背景 ················· 001

二、我国民事鉴定程序制度总体评价与理论研究现状 ········· 009

三、民事鉴定程序制度研究路径与方法选择 ················· 024

第一章 民事鉴定程序概述 ································· 028

一、民事鉴定程序概念辨析 ······························· 028

二、民事鉴定程序概念之界定 ····························· 038

三、我国民事鉴定程序制度的演变历程 ····················· 042

第二章 我国民事鉴定程序运行态势实证分析 ············· 046

一、我国民事鉴定程序运行调查研究概况 ··················· 046

二、民事鉴定程序运行状态实证分析 ······················· 050

三、我国民事鉴定程序运行调研总体分析 ··················· 059

第三章 我国民事鉴定程序存在问题之根源探析 ··········· 078

一、民事鉴定程序的立法表现与改革状况 ··················· 078

二、我国民事鉴定程序制度改革之影响因素 ················· 082

三、民事鉴定程序制度改革的必要性与可行性 ··············· 102

第四章　两大法系主要国家和地区民事鉴定程序制度现状 …………… 120

一、英美法系主要国家和地区民事鉴定程序制度 ……………… 120

二、大陆法系主要国家和地区民事鉴定程序制度 ……………… 131

三、两大法系民事鉴定程序制度的比较与借鉴 ………………… 142

第五章　我国民事鉴定程序的制度构建 ……………………………… 150

一、我国民事鉴定主体规范的路径选择 ………………………… 150

二、民事鉴定启动机制的改革与完善 …………………………… 156

三、我国民事鉴定实施的制度构建 ……………………………… 165

四、民事鉴定意见质证程序的制度构建 ………………………… 168

五、我国民事鉴定意见(证据能力与证明力)认证程序的制度构建

………………………………………………………………… 179

六、我国民事鉴定程序制度改革的相关配套措施 ……………… 194

结　语 ………………………………………………………………… 201

参考文献 ……………………………………………………………… 203

引 言

随着人类认知能力的大幅提高,科学技术水平有了长足发展,法科学鉴定技术也在飞速进步,技术人员凭借其专业知识介入民事案件在当今社会成为常态,但民事诉讼的具体情况纷繁复杂,涉及鉴定的知识领域常常超出人们一般生活经验范围,民事诉讼中鉴定意见的公正性与科学性成为社会各界关注的重点问题。在鉴定过程中,鉴定人员的技术水平和道德修养参差不齐,不同的人就同一事项所作出的鉴定意见大相径庭。民事鉴定纵然使用了一定的非常先进的科学仪器设备,但是再先进的仪器也得由具体个人进行操作,鉴定也要由人来作出分析和判断。也就是说,鉴定在很大程度上依赖鉴定人的专业经验和知识水平。但有的鉴定人会出于各种原因而提供虚假或错误的鉴定意见,而且民事鉴定程序规范的不完善,使得判决所得出的意见难以令人信服。可见,民事鉴定的公正性与科学性必然需要从诉讼程序制度上加以规范和保障。

一、我国民事鉴定程序制度研究的选题背景

随着社会主义市场经济的建立,现代科学技术的不断发展,鉴定在民事诉讼中对于查明案件真相、提高裁判质量发挥着越来越重要的作用,我国现行涉及鉴定的民事审判方式是以法院为主角的诉讼活动,司法审判机关对民事鉴定工作的提起与审查判断享有大的决定权。在诉讼中,当事人的法律地位常常处于消极被动状态,这种有违公平正义价值理念的民事诉讼程序制度严重影响了法科学鉴定的科学性与公正性,极大地损害了民事诉讼裁判的说服力与公信力。

(一) 近年来全国鉴定工作简况

根据司法部 2012 年度《司法行政工作公报》报道,全国 31 个省、自治区和直辖市全部完成了法医、物证、声像资料三大类的名册编制和公告,经司

法行政机关核准登记的司法鉴定机构 4900 余家,而在 2009 年经全国司法行政机关审核登记的鉴定机构则是 4700 余家,三年间鉴定机构增长了 200 余家,同比增长约 4.3%;鉴定人约 5.3 万余名,较 2009 年 5 万余名司法鉴定人增加了 3000 余名,同比增长约 6%。2005 年与 2004 年的数据相比,涉及法医、物证与声像资料三类鉴定的司法鉴定机构由 1236 个增加到 1385 个,增长了 149 家,鉴定人由 14325 名增加到 17692 名,增加了 3367 名。截至 2012 年,鉴定机构与鉴定人数量的增长状况与 2005 年度相比较,增速在放慢,但总体数量在逐渐增大。这说明我国司法鉴定机构和鉴定人由速度增长,逐渐在向质量提高的方向发展。在鉴定业务方面,鉴定业务涉及的鉴定事项各式各样,各类鉴定案件数从 2005 年的 26 万件上升到 2010 年的 117 万余件。2009 年度全年完成鉴定业务量达 103 万余件,2010 年的 117 万件较 2009 年度的 103 万余件增加了 14 万,可见从 2005 年至截稿为止,鉴定业务量也在不断增长,说明优质的鉴定机构和鉴定人的社会需要也在不断增加,鉴定制度的功能作用在持续增强,社会影响越来越大。①

上述是全国整体的鉴定情况,地方上鉴定工作的建设在不断扩大,作用也在不断增强,但也存在着各种各样的问题。据《燕赵都市报》2012 年 2 月 8 日报道:2011 年,河北省司法鉴定机构共办理各类鉴定业务 50467 件,比上一年增长了 23.5%,而在 2011 年度全省广泛开展的司法鉴定执业规范化大检查活动中,共下达整改通知书 58 份,12 家整改不达标的机构被注销。这从另一层面说明在鉴定领域,各种不规范和不正当的鉴定行为仍然广泛存在。在司法实践中,打官司,就是打证据,最好的证据就是鉴定。鉴定意见被视为"证据之王",对诉讼的成败起着重要甚至决定性作用,然而,在民事诉讼实践中,各种鉴定"怪"现象给司法裁判工作的公正蒙上一层阴影。

(二) 民事鉴定领域的社会乱象

现象一:诉讼重复鉴定,难住了断案法官

2011 年底笔者与某中级人民法院的审监庭、民庭与刑庭的法官座谈时,听到多位法官抱怨:在民事诉讼中重复鉴定、多头鉴定的状况,实在是让法官真假难辨、无所适从。各业务审判庭都反映:在同一个案件中,原告、被

---

① http://www.moj.gov.cn/zgsfjd/content/2011-04/19/content_2604115.

告持有意见完全不同的鉴定结果,甚至其中一方当事人会持有几份来自不同鉴定机构不同鉴定人的鉴定意见书,这些鉴定结果均可作为证据在民事诉讼审判过程中使用。就目前我国法院系统的审判水平而言,对民事案件中存在的大量不同鉴定意见进行审查判明实在太难。就司法实践的状况而言,这也说明民事案件中重复鉴定、多头鉴定现象非常普遍。受访人员大都认为重复鉴定既浪费了社会鉴定资源,也浪费了宝贵的司法审判资源,同时也让法官们面对各不相同的鉴定意见左右为难、无所适从。①

现象二:鉴定收受回扣

"鉴定高收费,鉴定吃回扣",一些受访的鉴定机构负责人和执业人员刻意回避这样的问题。"鉴定是个高投入和高风险的行业,鉴定机构要面对昂贵的仪器设备、机械设施、办公成本、人员培训,经济收益的高低直接关系到鉴定人的生存与鉴定机构的发展等一系列问题。"一家鉴定机构的负责人如是说。2009年11月,国家发改委与司法部联合下发了《司法鉴定收费管理办法》,规定了司法鉴定收费项目和收费标准。但是,鉴定机构的相关人员说:"鉴定人员的素质及其使用的仪器设备不同,鉴定意见的质量也不同,怎么可以统一收费?按照这个基准价,我们中心有时连成本都收不回来,鉴定技术水平过硬,有鉴定业务才是硬道理。"

目前,在民事鉴定领域,鉴定费用由当事人自己负担,鉴定机构直接向当事人收取。因此,一些当事人为了得到自己满意的鉴定结果,向鉴定机构或鉴定人许诺只要鉴定结果在一定程度上达到他们的要求,就会付一定的"好

---

① 2005年9月28日《人民日报》报道:2005年6月13日下午,湖南省娄底市的唐诗妈妈发现小唐诗可能有些感冒,到20时,孩子烧得厉害了。当晚父母带着孩子来到春园诊所,值班大夫李艳辉决定给孩子输液治疗。在做了青霉素皮试之后,进行了静脉注射。但仅过了20多秒唐诗就变了脸色。医生觉得可能是青霉素过敏,应立即注射肾上腺素,正常抢救应该在胳膊上,然而她却注射在了屁股上。22时15分,小唐诗停止了心跳。娄底市公安局娄星分局民警一开始将其认定为一起医疗事故案。李艳辉家人要求对尸体进行解剖鉴定。娄底市中心医院承担了病理检查工作,7月6日,出具了一份由医师邓小金签署的病理检查报告。报告称:1. 心肌炎病变同时不排除脑膜炎疾病;2. 肺水肿。这意味着,小唐诗的死与李艳辉基本无关。唐诗的父母不相信这个结果,他们向公安机关提出重新鉴定的申请。7月25日,湖北同济法医学司法鉴定中心进行重新鉴定后的结果是:唐诗符合输液所致急性过敏性休克死亡的特点。同一起医疗事故,出现了两种不同的鉴定意见书,小唐诗的父母不知道公安机关也不知道法院会采信哪一份鉴定结论,不管是当事人还是公诉机关对裁决过程没有了合理预见,对审判结果更没有了把握,对司法公正也失去了信心。

处费"。如果不满意，相当多的当事人就终止鉴定委托，在真实和生存之间，很多鉴定机构与鉴定人员作出了扭曲的执业选择。鉴定市场与商业活动一样有买方就有卖方，在鉴定活动中出现了当事人出钱"预定"鉴定结果的现象。

在司法鉴定领域，随着国家司法鉴定工作的社会化改革，法院内部的鉴定机构和鉴定业务被取消后，法院通过建立鉴定人与鉴定机构的名册制，再次拥有了民事诉讼领域的司法鉴定决定权，这也很难说不会出现通过民事鉴定最终的决定权进行权力寻租。

现象三：法院委托鉴定靠摇号

或许是为了规范鉴定领域的程序，保障鉴定意见结果的科学性，或许是为了回避社会各界对于法院委托鉴定可能存在潜规则的质疑，目前我国大部分人民法院都使用鉴定机构和鉴定人的法院名册制度。在民事诉讼中，法院委托鉴定使用了"摇号"的办法决定鉴定的被授权机构，摇到谁谁做鉴定。据调查，这种看似公平合理的做法，背后也有诸多不公平的问题存在。例如，在法院委托鉴定中，鉴定机构与鉴定人的选择是依靠摇号的办法从各法院自己制定的"名册"中选择的，而各地区鉴定机构与鉴定人能否进入这些法院内部制定的"鉴定机构与鉴定人名册"，存在着当事人、鉴定人与鉴定机构都无法把握的不确定因素。此外，进入法院鉴定名册的民事鉴定机构与鉴定人也不可能包罗穷尽社会民事活动中万千鉴定事项，鉴定机构的规模大小、鉴定人员的水平不一，鉴定专长也不可能全部包括。如果比较复杂的民事鉴定业务偏偏落在一家不擅长或资质差的鉴定机构或鉴定人身上，这种看似公平的鉴定"摇号"，又构成了对民事诉讼当事人民事权益程序保障的极端不负责任。

现象四：鉴定技术标准不规范

在民事诉讼的司法鉴定中，类似"无伤鉴伤""轻伤偏重""重伤偏轻""有伤鉴无"的鉴定意见让当事人与审案的法官无所适从。目前，鉴定内容到底是怎样描述的，我们举例看看。

2011年3月26日12时20分许，江西省赣州市宁都县竹笮乡松湖村卢屋组村民林冬生驾驶二轮摩托车与驾驶三轮摩托车的彭式财发生了碰撞。林冬生栽进路边的水沟摔成重伤。2011年4月13日，宁都县交警大队作出事故认定，认为此次事故当事人双方应负"同等责任"。随后，当地法院在此案审理过程中，伤者林冬生的亲属出具了一份"植物人"民事鉴定报告，鉴定意见书认为林冬生构成一级伤残，伤者亲属坚持要求彭式财按植物状态的一级伤残标准承担相应的民事赔偿责任,但彭式财始终不相信林冬生已成植物人(一级伤残状态),当事人双方对林冬生的身体健康状况一直陷入争执之中。① 宁都县法院民四庭庭长赖小龙表示,法院可能将依据作出林冬生为植物状态的一级伤残赔偿标准的司法鉴定意见书作出判决。被告人彭式财不认同这样的鉴定报告,并表示保留申请重新鉴定的权利。针对这份引起巨大争议的鉴定报告,不少专家认为,在民事鉴定领域亟待规范那些司法鉴定的行业技术标准,并且要加强对鉴定机构及鉴定人员的监管力度,尤其要加大对重大过失与故意虚假鉴定行为的惩罚力度,要让那些涉嫌做虚假鉴定的机构与个人承担相应的法律与道德责任,在鉴定市场犯有重大过失或故意做虚假鉴定无异于谋财害命,在法治社会应使之成过街老鼠无藏身之所。②

现象五:鉴定机构与鉴定人员权利无保障

"法律规定鉴定人出庭作证,是为了使鉴定意见的科学性与公正性得到保证,但有时我们更担心家人的人身安全。鉴定机构或鉴定人出具的鉴定报告不可能让所有的当事人或者司法机关都满意,甚至可能会让权益争议双方和法院三方主体都不满意,但是我们必须依据科学技术的方式方法作

---

① 2011年9月30日,江西赣州司法鉴定中心出具伤残司法鉴定意见书:"林冬生损伤伤残符合《道路交通事故受伤人员伤残评定》里的'植物状态'一级伤残标准,完全依赖他人护理。"彭式财不相信林冬生是植物人的鉴定结论。"林冬生怎会是植物人?是不是家属想多得点赔偿款?"彭式财的代理律师向两名出庭人员调查后表示:"8月3日下午开庭时,在宁都县法院第四审判庭参加开庭的林冬生独自坐在旁听席上,自己用手拿住矿泉水瓶喝水。"彭式财难以理解这样的情况下林冬生会是植物人,鉴定报告中的林冬生与现实中的林冬生存在巨大的反差。对此状况,江西赣州司法鉴定中心的这份鉴定报告的分析意见不详,更看不出其他辅助的检查依据。《新法制报》,2012年1月12日。

② 2012年10月28日,北京电视台《天下收藏》节目中,河北省持宝人付常勇登场展示了一对甜白釉压手杯,被当期三位专家鉴定为现代仿品,主持人王刚手持瓜棱大锤将其中一只砸毁,付常勇对该行为不服将王刚告上了法庭。付常勇认为,自己的藏品在节目录制前后经过专业鉴定机构仔细鉴定,结论均为价值不菲的真品,而《天下收藏》节目组人员不负责任,仅凭三位专家现场短时间目测就将藏品"鉴定"为赝品砸毁,侵犯了其财产权利。在诉讼中,梁业力、王治国两位专家出庭就原告的瓷杯整器及两片碎片的年代给出的专业性意见认为,瓷器系明代中期成化至嘉靖年间的寄托款器物并非现代仿品,即使是古代仿品同样具有一定的文物价值。2013年10月14日,"京城砸宝"案在北京朝阳区法院开庭审理;2015年3月20日,二审法院认为王刚等不存在过错,亦不存在侵权,不支持付常勇的请求。

出我们认为正确与完善的鉴定结论意见书。"在调研中一位鉴定人如是说。在民事诉讼的鉴定人出庭中如何保护鉴定人员的人身与财产安全,现阶段的法律法规是空白的。据若干家鉴定中心的工作人员介绍,在法院委托鉴定的民事案件中,常常会有其中一方当事人对鉴定结果不满意,纠结多人跑到鉴定中心来滋事,出言不逊并动手打砸鉴定中心办公设施设备的情况。那些不满意鉴定的人扬言甚至也这是这样做的:如果鉴定中心不撤回鉴定结论,就与中心工作人员同吃同住。最后,许多鉴定中心不得不通过向国家安全机关求助才能恢复正常的工作秩序。

我国民事鉴定市场的种种乱象背后的原因很值得我们深思。在调研中很多受访专家也认为,根据目前鉴定质量和鉴定体系的管理工作现状,相关鉴定事项不管是用于诉讼领域还是用于非诉讼领域都不能无序,国家立法机关和鉴定管理部门应当从维护宪法与法律的基本价值原则角度出发,共同建立健全健康有序的鉴定市场,规范化管理鉴定工作,确保民事鉴定意见的科学公正。《最高人民法院关于民事诉讼证据的若干规定》在2002年施行,有条件地允许将当事人自行委托的鉴定意见作为证据向法庭提供;2005年《全国人民代表大会常务委员会关于司法鉴定管理问题的决定》的出台,为当事人在诉讼过程中自行委托鉴定在管理工作中的程序建制方面提供了可能。但鉴定领域的问题不但没有减少,反而越来越多,这说明我们的鉴定程序制度还很不完善,民事诉讼证据规则中的鉴定程序也有待完善,对此我们可以从民事鉴定工作的社会调查中予以一定程度的揭示。

(三) 我国民事鉴定工作的前期考察

1. 民事鉴定程序调研说明

伴随着我国社会主义市场经济利益主体的多元化的发展趋势,社会矛盾纷繁复杂,民事纠纷大量增加,社会生活实践中需要鉴定的事项也越来越多,民事诉讼中各种专业性问题大量涌现。为了揭示目前民事诉讼中鉴定工作的现状,2012年3月,笔者以某医科大学司法鉴定中心(法医类为主)为依托,在开始写作前对某地区民事诉讼鉴定市场的现状做了一个阶段性考察,对某市某法院、司法局及相关鉴定行业的鉴定机构与鉴定人员做了一些细致的调查研究,以期初步地了解并掌握我国民事鉴定程序制度的实施状况。因本文只注重民事领域的鉴定问题,所以在材料选取上仅限与民事诉讼鉴定相关的统计数据并加以利用。

2. 民事鉴定程序调研概况

本次调研采取调阅案卷与发放问卷两种方式,在调阅涉及民事鉴定的案卷方面,对某中级、某基层人民法院通过随机抽取的方式共提取卷宗 100 份,其中 2009 年 30 份,2010 年 30 份,2011 年 40 份,涉及一审案件 80 份,二审案件 20 份。在调查问卷方面共发放 100 份,回收有效调查问卷共计 96 份,回收率为 96%。其中,在法院发放调查问卷 30 份,回收 26,回收率为 86.67%;向律师事务所、社会性鉴定机构和公众共发放调查问卷 70 份,有效回收 70 份,回收率为 100%。这次民事鉴定程序制度的实证分析侧重于各被考察主体对现行民事鉴定诉讼阶段的一般评价,通过调查掌握民事鉴定实际情况的一些统计数据以期获得社会公众对我国现行民事鉴定程序制度运行现状的主观评判和对我国民事鉴定程序体制未来改革前景的主观愿景。

3. 民事鉴定程序阶段性社会调查分析

（1）鉴定意见的审查判断现状

在含有民事鉴定的案件中,鉴定程序贯穿诉讼的全过程,鉴定人不愿出庭使民事鉴定审判出现审查盲区,在对鉴定人群体的调查中发现,不支持出庭的鉴定人数高达 75%。这些鉴定人明确表明自己不愿意出庭作证。在某市两级法院随机调阅的案卷中,从公开鉴定意见的法庭审判程序的角度来看,在法院进行案卷调阅的 80 份案件中,有 77 份案件没有公开鉴定意见采信的审判理由,所占比例为 96.25%,只有 3 份案卷扼要地显示了审判庭对相关案件的鉴定意见的评判与采纳过程,仅占所查阅民事诉讼鉴定案件总数的 3.75%。（具体情况见图 0-1）

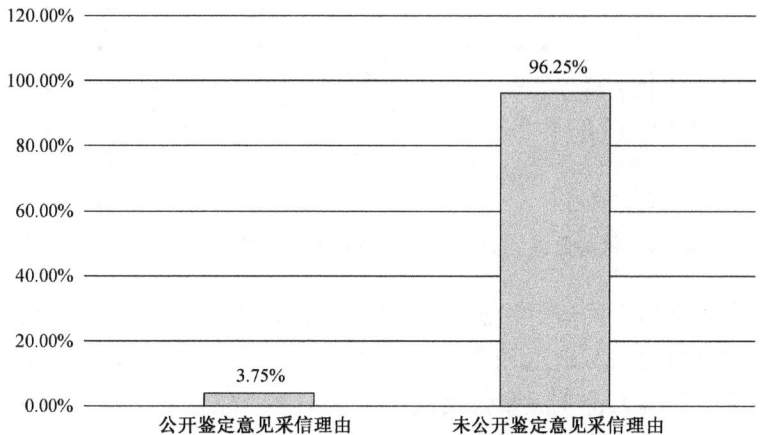

图 0-1 鉴定意见采信比例图

(2) 鉴定意见的公正性问题

全国人大常委会颁布实施的《全国人民代表大会常务委员会关于司法鉴定管理问题的决定》,对内设于审判、检察和侦查机关的鉴定机构予以剥离,该项改革措施设置的初衷就是希望从体制上保障鉴定机构与鉴定人身份的独立性与中立性,以及所作鉴定意见的公正性。目前司法实践中鉴定意见的公正性问题是否得到了解决,本次进行的阶段性考察调研也作了有针对性的采访工作。总体而言,在对社会普通人、法官和律师这三类社会群体的调查中,社会普通人群中(包括鉴定机构负责人与鉴定人员)有45.3%的受调研人认为现行鉴定制度下鉴定机构或鉴定人出具的鉴定意见基本可以保持中立。在接受调研的30名法官中,有13名法官认为目前鉴定机构或鉴定人出具的鉴定意见能够保持中立,约占受访法官总数的43%;有13名法官认为鉴定意见能否保持公正因案而异,同样约占受访法官总数的43%;还有14%的法官不愿答复。在填写问卷的30名律师中,只有12人认为鉴定机构与鉴定人能够保持中立,所占比例为受访律师总数的40%;认为现在鉴定机构或鉴定人出具的鉴定意见不能保持公正性的有18人,所占比例为受访律师总数的60%。不管怎样,社会普通人、法官和律师这三类人群认为鉴定意见能保持公正性的都没超半数。(见图0-2)

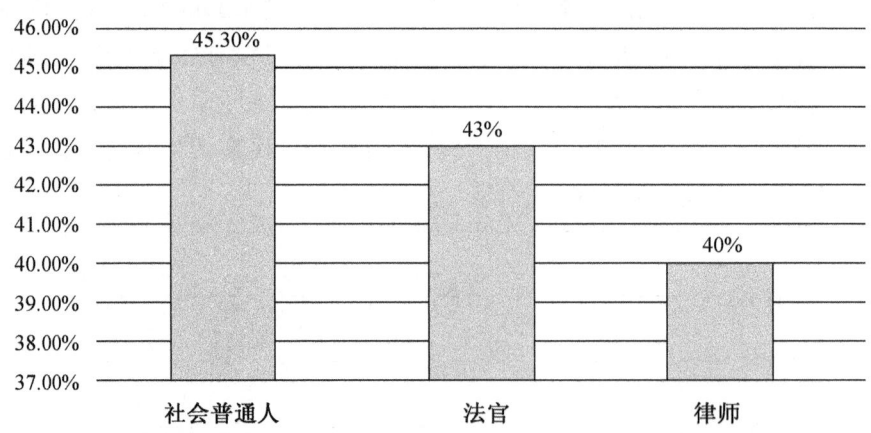

图0-2 社会普通人、法官、律师认可鉴定意见具有公正性比例图

鉴定意见作为民事诉讼法规定的法定证据形式之一,在现代民事诉讼案件中大量涌现。鉴定过程的规范性、鉴定意见的有效性、鉴定结论对法官最终判决的影响力都是民事诉讼法律制度中不容忽视的问题。但是在这次阶段性实证调研中发现:民事鉴定程序制度在实践中的运行状况并不尽如

人意,涉及鉴定的社会各类主体对现行鉴定立法制度的实施运行情况满意度都没有过半。社会普通群体(包括当事人及鉴定人)对鉴定意见中立性的满意比例仅为45.3%,未过半。法官群体对鉴定体制的运行情况的满意度相对较高,但也没有超过50%。律师群体出于工作参与的特殊情况,对鉴定制度的运行情况最为了解,但统计数据显示接受调研的30名律师中认为鉴定意见不能保持公正性的有18人,占受访律师总数的60%。律师界对现行民事鉴定程序制度作用于现实社会的满意度较低,更直接地说明我国现行民事鉴定程序制度在司法实践运行中存在严重的问题与不足。

二、我国民事鉴定程序制度总体评价与理论研究现状

(一) 总体评价

在我国,民事司法鉴定长期以来实行以部门的行政性质进行管理的鉴定程序体制,在司法鉴定行政管理体制下不仅有民事鉴定部门,还有刑事鉴定部门和行政鉴定部门。在民事鉴定领域存在法医毒物、物证、临床、病理、精神疾病、文书、痕迹、微量、声像资料、计算机数据、电子通信、电子物证、文物、司法会计、知识产权、建筑工程鉴定等多行业、多部门交叉鉴定的格局。我国民事法科学鉴定制度的设计没有对现有不同行业和不同性质的鉴定部门进行科学规划,也没有对鉴定人的资格进行严格的考核和控制,对鉴定机构的设置也没有严格的准入制度来规范,导致鉴定机构和鉴定人水平参差不齐。在民事纠纷中提起鉴定的程序也极不科学规范,鉴定意见的形成缺乏科学的参照标准,鉴定意见对证据能力与证明力强弱的判断缺乏科学的制度规范,鉴定意见的真实性、科学性、公正性受到怀疑。民事鉴定程序诸多问题的存在,人们对民事鉴定意见科学性的怀疑,导致当事人在诉讼中不断地进行多头鉴定、重复鉴定,严重影响了民事司法审理程序的推进,更为严重的是损害了司法裁判的公信力,致使民事案件一审、二审、再审久拖不决,损害了诉讼的公正与效率,浪费了诉讼资源,与和谐司法的改革目标背道而驰。我国审判方式的改革大量地吸收了英美法系国家中当事人积极对抗的合理因素,加强了法院的庭审功能和当事人的证明责任,这样必然要求重新确立我国民事鉴定体制中法院、当事人、鉴定人和鉴定机构在法科学鉴定过程中的地位,在民事诉讼法领域改革现有民事鉴定制度,重新构建我国现代民事

鉴定程序体系已经成为社会各界的共同呼声。

2005年2月28日,第十届全国人大常委会第十四次会议通过并于同年10月1日起施行的《全国人民代表大会常务委员会关于司法鉴定管理问题的决定》是目前我国司法鉴定也是民事法科学鉴定领域中最高层面的专门性法律文件。制定该决定的主要目的在于消除我国司法鉴定领域长期存在的混乱与无序状态,力图建立起统一、规范的鉴定管理体制,适应社会发展的需要,保障诉讼活动的顺利进行。该《决定》实施多年来,虽然取得了一些效果,但因为对民事鉴定权的配置、鉴定实施程序、鉴定标准和种类范围、鉴定的启动等缺乏明确有效的规定,民事诉讼证据制度有关鉴定意见质证认证程序衔接的不科学,民事鉴定程序制度未能科学合理地建立健全,所以导致民事诉讼中各类鉴定机构仍旧各行其是,审判人员认定鉴定证据亦无法可依,因而这一制度在运行过程中客观上未能完全实现《决定》的立法目的。当前,人们对于改革我国的鉴定制度、规范鉴定行为和健全鉴定证据认定程序的必要性已经有了清醒的认识,但对如何改革鉴定管理制度、规范鉴定行为、审查认定鉴定意见等程序性制度仍没有提出科学合理的建设性意见。现阶段由于民事鉴定程序结构的不合理不科学,在司法实践中民事诉讼的公正与效率、当事人诉讼权利保障、鉴定意见的科学性和客观性等价值追求也就难以实现,因此在理论上对我国民事法科学鉴定程序进行深入系统的研究,在我国鉴定制度的社会、历史、政治、经济及文化背景下考察现行民事鉴定制度不合理现象存在的深层次原因,通过对比两大法系主要国家和地区的鉴定理念与制度,吸收和借鉴发达国家成熟优秀的鉴定法律文化成果,与我国具体的实际情况相结合,制定一部基本法层面的《民事鉴定程序法》,建立起一整套科学系统的民事法科学鉴定程序制度具有非常重要的理论指导意义。

从司法实践来看,我国民事法科学鉴定长期以来存在无序状态的主要原因,还在于对民事法科学鉴定程序理论基础性研究不足、立法不足、制度缺失、政出多门。有关司法鉴定的地方性立法对于规范和管理本地区的司法鉴定工作起到了一定程度的积极作用,但对鉴定程序的性质、作用和制度建设方向等的理解不同、理念不同,研究和实践工作的广度、深度不一,这些都不同程度地加剧了我国民事鉴定程序的混乱程度。通过研究世界主要国家和地区民事鉴定程序运行现状与发展趋势,为进一步完善我国民事诉讼证据制度提供一个理论上的突破口,同时对于建设中国特色社会主义和谐社会也具有特别重要的实践指导意义。

(二) 现阶段民事鉴定程序理论研究现状

1. 民事鉴定管理权配置

我国目前尚未制定或形成统一的民事鉴定程序的法律规范,一些法律法规及司法解释虽然在一定程度上对民事鉴定作出了结构性的调整,但主要针对的是司法鉴定主体的行政管理工作,对于在民事领域众多的鉴定从业人员和鉴定机构的法律地位、鉴定实施程序和技术标准等都缺乏统筹规划和明确规定。尽管《全国人民代表大会常务委员会关于司法鉴定管理问题的决定》填补了我国司法鉴定工作立法的空白,但民事鉴定制度的健全和完善仅依靠《决定》的实施还远远不够。从民事鉴定程序理论与实践的角度审视《决定》的内容仍有许多不足之处,因此也引起了我国鉴定程序法理论界更加广泛和激烈的争论。但凡涉及我国鉴定制度的缺陷大多要提到现行鉴定制度中鉴定机构设置的问题,学术界和实务界对鉴定机构的管理体制之争,大致可以分为三种情况:

(1) 统一型管理体制。[①] 现代社会中的鉴定领域十分广泛,统一型管理体制也不泛指社会生活中各行各业的民事鉴定全部统一,行业组织对各自行业内部的鉴定工作大部分学者专家还是认为应该由行业组织自律管理为好。王磊和郝晓珺认为,构建新型的司法鉴定管理体制应建立以政府行政管理、宏观调节为主,行业自律为辅的管理体制。[②] 而对于我国民事鉴定机构的管理权设置,目前大多数人士都支持建立统一的鉴定管理机构的观点。霍宪丹就认为,我国对司法鉴定机构要以和谐、集中、高效为取向,采用科学的管理手段……构筑信息化的司法鉴定管理体系。[③] 何家弘教授认为:"我国目前公、检、法等司法部门对这些机构采取各自为政的管理,这样做很不科学、很不合理,要使司法鉴定更好地为公正司法服务,为法制服务,国家必须对此进

---

① 统一型管理体制是指由一个政府部门或者行业组织集中管理或者指导各类鉴定机构的体制。

② 范方平主编:《建构统一司法鉴定管理体制的探索与实践》,中国政法大学出版社 2005 年版,第 421 页。

③ 霍宪丹、郭华:《中国司法鉴定制度改革瑟发展范式研究》,法律出版社 2011 年版,第 112 页。

行统一管理。"①贾治辉教授认为："要建立集中性司法鉴定的行政管理体制，就有必要统一管理对象。"②杜志淳教授认为："就我国目前司法鉴定机构的制度而言，最重要的是应建立统一的司法鉴定机构管理制度和机制。"③

（2）分散型管理体制。④ 对此，李玉华、杨军生两位博士认为："中立的司法鉴定机构要想生存，就必须考虑成本、市场大小、质量、信誉等因素，没有必要通过行政手段强行规定，市场是最好的指挥棒。"他们还认为："司法鉴定机构市场化以后，各鉴定机构就会积极发挥自己的资源优势在市场中获取最大的收益。这样，不会造成资源的闲置、不会造成设备的低水平重复，能够充分发挥各自的优势，节约社会资源。……这就会促使司法鉴定机构提高人员的素质、更新设备、加强管理等。"⑤强调市场对鉴定机构设置发挥的调节器作用，从而形成适应鉴定市场需求的鉴定机构存在形态。孙业群同志认为："我国司法鉴定机构改革应遵循分散型鉴定体制的原则，纵观世界范围的国家，无论是大陆法系还是英美法系国家，它们的鉴定体制都呈现出分散型的特点，尚未发现集中统一的模式。……所以我国在司法鉴定机构的设置上应遵循世界上这一通行做法。"⑥

（3）混合型管理体制。⑦ 常林医师、王宁敏同志针对鉴定机构设置的"一元化"与"多元化"学说争论时，提出他们的司法鉴定机构设置构想，认为根据司法鉴定机构的主要职能和专业特点应分为两大部分；⑧根据司法鉴定的专业职能和技术特点，从设置性质上鉴定机构可分为三大类：国家职业

---

① 何家弘：《司法鉴定导论》，法律出版社2000年版，第111页。
② 贾治辉、朱兰、易旻、陈如超：《论我国司法鉴定机构管理体制改革的途径与方法》，载《中国司法鉴定》2010年第1期。
③ 杜志淳：《司法鉴定法立法研究》，法律出版社2011年版，第97页。
④ 分散型管理体制是指由多个政府部门或者行业组织分别管理或者指导相关类别鉴定机构的主体管理制度。
⑤ 李玉华、杨军生：《司法鉴定的诉讼化》，中国人民公安大学出版社2006年版，第168页。
⑥ 孙业群：《司法鉴定制度改革研究》，法律出版社2002年版，第209页。
⑦ 混合型管理体制是指在鉴定工作的某些方面实行统一管理，而在其他一些方面则实行分散管理的鉴定主体管理制度。徐景和：《司法鉴定制度改革探索》，中国检察出版社2006年版，第12页。
⑧ 司法鉴定的专业类别包括法医学、声像资料鉴定、个人识别、犯罪心理测试、指纹痕迹检验、司法弹道学、微量物证、毒品和血液检验等。司法鉴定的主要技术包括考古学技术鉴定、古玩字画鉴定、产品质量鉴定、食品化妆品检测、药物检测等。

鉴定机构、兼职司法鉴定机构和民办职业鉴定机构,对应的鉴定管理机构也可以解释为政策管理或行政的(混合)管理。①

对我国学术界关于鉴定机构管理体制的论述进行分析概括,可以看出仍有许多学者认为应该建立统一的司法鉴定管理制度,在司法实务界也有相当规模的学者认为鉴定领域出现问题的原因是多方面的,但根本原因还是我国没有建立起能够体现鉴定的基本属性、满足诉讼活动的现实需要、保障当事人合法权益、促进司法公正的司法鉴定统一管理制度。② 因此我国的立法机关应"坚持从实际出发,积极推进建立完善的司法鉴定统一管理体制的进程,建立和完善具有中国特色的司法鉴定统一管理体制"③。

2. 民事鉴定人资格确定

由于各级各类的法律法规对鉴定人的规范规定较少,④学术与实务界对此也展开了激烈的争论。对民事鉴定人资格的确定大致可以分为法定资格型、能力任意型和资格混合型。

(1) 法定资格型。鉴定人的法定资格型是说从事鉴定工作往往需要事先取得有关部门或行业协会颁发的鉴定人职业资格证书,有人把这种庭前取得职业资格的鉴定人称为资格型鉴定人。我国目前许多人持这样的观点,徐景和与李禹两位同志认为:"从总体上讲,我国的司法鉴定人模式将定位于资格型司法鉴定人,司法鉴定人相关制度的设计也基本定位在对资格型司法鉴定人的规范上。"⑤杜志淳教授认为:"我国目前司法鉴定人在诉讼中的地位应该定位为:履行国家赋予的保障诉讼活动职责的诉讼参与者人。

---

① 参见司法部法规教育司:《司法鉴定立法研究》,法律出版社2002年版,第157—159页。

② 纪念:《论我国司法鉴定的统一管理》,载《中国司法》2010年第3期。

③ 李禹、商洁:《关于建立和完善司法鉴定统一管理体制的调研报告》,载《中国司法鉴定》2009年第1期。

④ 目前在全国范围内适用于鉴定人的法律法规主要有:《民事诉讼法》《最高人民法院关于适用〈中华人民共和国民事诉讼法〉的解释》《全国人民代表大会常务委员会关于司法鉴定管理问题的决定》,最高人民法院颁布的《人民法院司法鉴定工作暂行规定》《人民法院对外委托司法鉴定管理规定》《人民法院司法鉴定人名册制度实施办法》,司法部制定的《司法鉴定程序通则》《司法鉴定许可证管理规定》《司法鉴定人登记管理办法》《司法鉴定机构登记管理办法》。

⑤ 徐景和、李禹:《完善我国司法鉴定人制度的若干思考》,载司法部法规教育司编《司法鉴定立法研究》,法律出版社2002年版,第206页。

我国司法鉴定人的身份定位应该体现公职的一面，即应该体现出'鉴定为公'的特点与属性。"①针对我国实行的鉴定体制，黄维智博士建议我国尽快建立全国统一的鉴定主体资格确认机构，解决目前的各自为政的局面。②

（2）能力任意型。③ 有人将通过能力确定的鉴定人称为能力型鉴定人，我国目前还没有学者主张直接接受这种以能力为主的鉴定人认可制度。有的学者与大多数人的观点的不同之处在于他们也并不完全排斥鉴定人资格的获得主要依靠行为人的实际能力这样一种选用鉴定人的方法。孙业群同志认为："和世界其他国家相比，我国没有鉴定辅助人、鉴定证人、技术顾问的概念。我国在进行司法鉴定制度改革时，应吸收国外有益做法，引进鉴定辅助人、技术顾问、鉴定证人制度，健全我国鉴定人制度。"④针对一般意义上的现在大陆法系和英美法系鉴定人审查方式，季美君认为："从诉讼的整个过程看，这两种审查方式无所谓优劣，只看其是否与其诉讼模式相适应而已。"⑤关于我国鉴定人制度发展方向的确定上，张军同志认为："从司法鉴定人管理未来的发展方向并参照国际上的一些做法，今后司法鉴定人的管理应该从行政管理参与为主到逐渐淡化行政色彩，从以行政机关管理、指导、监督为主，逐步过渡到以行业协会自律管理、平等竞争为主的管理模式。"⑥

（3）资格混合型。这一观点是鉴于我国实行的仍是以职权主义为基础的诉讼模式，对鉴定人的资格取得问题应该分别对待，对物证技术、法医等解决经常性专门问题的鉴定人应实行司法鉴定人资格证书制度，而对解决航空、铁路、海运等专门问题的鉴定人实行司法机关特聘制度。关于这一类型的鉴定人取得资格的措施，贾治辉教授认为："制定和完善司法鉴定资格取得的相对统一的规范和标准以及取得的方式和程序。"⑦其取得鉴定人资格的具体程序是申请、培训、考核和公布名册。张华老师认为我国的鉴定人

---

① 杜志淳等：《司法鉴定法立法研究》，法律出版社 2011 年版，第 50 页。
② 黄维智：《鉴定证据制度研究》，中国检察出版社 2006 年版，第 77 页。
③ 任意型是指鉴定人从事鉴定工作并不需要事先取得鉴定人职业资格，自然人是否被法庭认可为鉴定人，主要取决于实际能力，而这种能力要在法庭证据审查中通过其所受教育、培训情况、从业经历与经验、职业道德等来决定。
④ 孙业群：《司法鉴定制度改革研究》，法律出版社 2002 年版，第 101 页。
⑤ 季美君：《专家证据制度比较研究》，北京大学出版社 2008 年版，第 192 页。
⑥ 张军：《中国司法鉴定制度改革与完善研究》，中国政法大学出版社 2008 年版，第 151 页。
⑦ 贾治辉、徐为霞主编：《司法鉴定学》，中国民主法制出版社 2006 年版，第 61 页。

资格管理制度应吸收英美与大陆两大法系国家和地区的合理因素,并在结合我国实际情况的基础上进行完善。"根据我国实际,对满足一定条件的人进行审查,将具有鉴定资格(考试和考核)的人进行注册,登记录入鉴定人数据库,实行行业管理,在需要对专门性问题进行鉴定时由法院或者当事人在鉴定人数据库里进行选择。"①郭金霞博士则从鉴定主体资格的审查模式方面着重强调了庭前控制和庭审控制并重的鉴定人资格审查方式,认为:"关于鉴定人资格审查的模式应当为'庭前控制'与'庭审控制'并重。从某种层面上讲,更应当强调庭审阶段的审查。因为鉴定人资格的庭前控制只是对鉴定人进入鉴定领域的一个静态的门槛条件,静态的条件规定可能会因为流于形式而失去真正的控制作用。这样,对于鉴定人资格的法庭把关就显得尤为重要。"②

综观以上三种关于鉴定人资格的确定类型,都是期望稳定和提高鉴定人队伍的整体素质。鉴定主体的管理规范会涉及鉴定人资格授予的制度机制及鉴定主体的权利义务关系乃至相关的民事、行政和刑事责任范围。民事鉴定主体领域中还存在诸多需要规范的行为内容,我国的立法机关应尽早制定适应我国国情的民事鉴定人管理制度,从而确保鉴定意见的科学性、客观性、公正性,这样有利于鉴定人员按照法定程序和科学原则开展法科学鉴定活动。

3. 民事鉴定启动类型

鉴定启动方式的实质是何人有权决定和选择谁进行鉴定的问题,③《最

---

① 张华:《司法鉴定若干问题实务研究》,知识产权出版社2009年版,第151页。
② 郭金霞:《鉴定结论适用中的问题与对策研究》,中国政法大学出版社2009年版,第254页。
③ 《人民法院司法鉴定工作暂行规定》第二条规定:"本规定所称司法鉴定,是指在诉讼过程中,为查明案件事实,人民法院依据职权,或者应当事人及其他诉讼参与人的申请,指派或委托具有专门知识的人,对专门性问题进行检验、鉴别和评定的活动。"第四条规定:"凡需要进行司法鉴定的案件,应当由人民法院司法鉴定机构鉴定,或者由人民法院司法鉴定机构统一对外委托鉴定。"第十二条规定:"司法鉴定机构应当在3日内作出是否受理的决定。对不予受理的,应当向委托人说明原因。"第十三条规定:"司法鉴定机构接受委托后,可根据情况自行鉴定,也可以组织专家、联合科研机构或者委托从相关鉴定人名册中随机选定的鉴定人进行鉴定。"我国的《民事诉讼法》(2002年版)仅在第七十六条规定了鉴定启动的问题,即"人民法院对专门性问题认为需要鉴定的,应当委托具备资格的鉴定人进行鉴定"。《人民法院司法鉴定工作暂行规定》进行了一定的补充。

高人民法院关于民事诉讼证据的若干规定》(以下简称《证据规定》,本书所用《证据规定》皆为2002年4月1日施行的版本)中对当事人申请鉴定的限制性规定说明我国的民事鉴定启动程序实际上并没有真正地将民事鉴定的启动权还给当事人,①由于对民事诉讼模式的确定以及鉴定人性质界定的认识不同,在学术界与实务界至今仍存在着以下三种有关民事鉴定启动方式的不同看法:

(1)当事人主导型。鉴定人被界定为专家证人,民事诉讼由当事人双方推进,鉴定由当事人启动。支持这样的一种鉴定启动模式的方道茂博士认为:"我国的诉讼制度已经引入了英美的庭审对抗模式……既然鉴定启动模式与诉讼制度密切相关,有什么样的诉讼制度就会产生什么样与之相适应的司法鉴定启动模式,那么与我国庭审制度改革相对应,就应该赋予当事人更大的司法鉴定启动决定性权,这也是符合责、权、利相统一的原则上。"②同样针对《证据规定》第二十八条限制当事人启动鉴定程序的规定,谌宏伟老师认为:"违背当事人诉讼地位平等原则,并极有可能使《证据规定》所确立的法院委托鉴定方式在实际操作中落空,应予考虑废止。"③汤擎在《论司法鉴定的启动》一文中论述道:"民事诉讼中司法鉴定程序的启动,应该由当事人自行决定。"④齐树洁、洪秀娟认为我国现行的鉴定启动制度极不合理,他讲道:"赋予控辩双方鉴定启动决定权,法官只能就双方的证明

---

① 2002年版《证据规定》从第二十五条至第二十八条对民事鉴定的启动程序作了原则性的规定。第二十五条对民事鉴定的启动作了一般性的规定;第二十六条规定了确定鉴定机构、鉴定人的原则;第二十七规定了当事人申请重新鉴定的条件;第二十八条规定了审判机关对自行委托鉴定的态度。在2002年版《证据规定》颁行之前,我国的民事鉴定的启动权主要在法院,当事人的申请对法院的决定并没有必然的约束力。2002年版《证据规定》丰富了民事诉讼中关于鉴定这一证据种类的立法内容,使民事鉴定的实践活动更具有可操作性,基本上确立了鉴定应当依当事人申请进行的原则。

② 方道茂:《我国司法鉴定启动制度模式的选择》,载司法部司法鉴定管理局编写《保障司法公正 服务和谐社会——进一步推动司法鉴定体制改革与发展》,中国政法大学出版社2007年版,第205页。

③ 谌宏伟:《率民事诉讼中司法鉴定程序的启动——以〈关于民事诉讼证据的若干规定〉第28条为主要分析对象》,载司法部司法鉴定管理局编写《保障司法公正 服务和谐社会》,中国政法大学出版社2007年版,第212页。

④ 汤擎:《论司法鉴定的启动》,载司法部法规教育司编《司法鉴定立法研究》,法律出版社2002年版,第277页。

责任行使释明权,并不能主动启动鉴定程序。"①蒋奎更是认为:"从某种意义上讲,当事人启动司法鉴定的意思自治度,一定程度上体现着一个国家人权在司法领域的地位,因为那种限制、剥夺当事人证明权的司法制度,怎可说是民主、法制的制度呢? 因此,笔者认为,司法鉴定启动权的设置,当首先极大地赋予当事人的自治权。"②张卫平教授同样认为:"鉴定的启动原则上应当交给当事人,由当事人提出鉴定申请,启动(鉴定)程序。"③

(2) 法院主导型。鉴定被认为是司法权的一部分,鉴定人是法官的助手。对此,有人认为,我国实行职权型的鉴定启动制度更符合我们的国情,徐继军博士讲道:"保持职权型鉴定人委托制度就是要坚持两点:一是否开启鉴定程序应当由法官最终决定,当事人只有鉴定申请权,而没有鉴定决定权;二是应当由中立的法官来委托鉴定,或者在当事人协商一致的情况下从鉴定人名册中选定鉴定人。"同时也提出,"我国的诉讼法在将司法鉴定委托权赋予司法机关的同时,也给当事人以司法鉴定申请权。在当事人提出鉴定申请后,司法机关应予充分注意和认真对待,以附理由的裁定或决定的形式决定采纳与否,并应允许当事人申请复议一次。"④总的说来,他还是坚持我国职权型的民事鉴定启动权制度。最近几年来,持这样观点的学者和实务工作者越来越少了。也有一些学者则在坚持职权主义的鉴定启动程序制度的同时给予这一模式一定程度的修改,如李玉华和杨军生两位博士就是这样认为的:"我国司法鉴定的启动模式应当以职权主义模式为主,以当事人主义模式为辅。"⑤

(3) 当事人与法院混合型。这种混合型的以当事人为主、法院为辅的鉴定启动方式,在赋予当事人主要启动权的同时,也保留了相当程度的法院对鉴定的启动权,在保障诉讼当事人鉴定申请权的同时,规定了法官是唯一有权决定启动程序的主体。王书梅、桂军老师认为:"在诉讼活动或准司法活动

---

① 齐树洁、洪秀娟:《英国专家证人制度改革的启示与借鉴》,载司法部司法鉴定管理局编《两大法系司法鉴定制度的观察与借鉴》,中国政法大学出版社 2008 年版,第 297 页。

② 蒋奎:《论司法鉴定权的配置》,载司法部司法鉴定体制改革工作办公室组织编《建构统一司法鉴定管理体制的探索与实践》,中国政法大学出版社 2005 年版,第 131 页。

③ 张卫平:《鉴定的启动机制与程序正义》,载司法部司法鉴定体制改革工作办公室组织编写《建构统一司法鉴定管理体制的探索与实践》,中国政法大学出版社 2005 年版,第 127 页。

④ 徐继军:《专家证人研究》,中国人民大学出版社 2004 年版,第 246—247 页。

⑤ 李玉华、杨军生:《司法鉴定的诉讼化》,中国人民大学出版社 2006 年版,第 206 页。

中,裁判机关可以职权选任司法鉴定机构,当事人也可向法院申请选任。"①杜志淳教授则从弱化法院启动权的角度考虑到在民事诉讼中,应确立以当事人启动鉴定程序的积极主动权为主和法院启动鉴定程序的消极被动权为辅的鉴定启动程序。②周湘雄博士持同样的观点:"我国鉴定的改革者最终应该实现这样的一种启动模式;在民事诉讼中,应该借鉴英美法系的专家证人制度,以当事人启动(即决定)为主,同时也应该保留一定的法官启动(决定)权。"③

从以上分析可以看出,在我国民事鉴定的启动过程中,当事人的启动权实际上是被虚化的,当事人启动权利虚化是我国民事鉴定启动程序的重要特征。④ 鉴定程序的启动制度,承上的是对鉴定机构与鉴定人的选择,启下的是采信过程中的质证和认证程序。

4. 民事鉴定意见质证程序

民事诉讼的公开、辩论以及直接言词原则始终贯穿民事鉴定庭审程序。⑤ 在我国民事诉讼证据制度不断变迁的过程中,明确了法庭调查中质证的基本程序,但是对质证过程中当事人的相关质证辅助权等很多问题没有涉及。2002 年版《证据规定》就以前立法的缺漏进行了补充,⑥关于证人

---

① 王书梅、桂军:《浅议司法鉴定的启动权》,载《台声·新视角》2006 年第 1 期。
② 杜志淳:《司法鉴定法立法研究》,法律出版社 2011 年版,第 140 页。
③ 周湘雄:《英美专家证人制度研究》,中国检察出版社 2006 年版,第 281 页。
④ 我国民事诉讼过程中,关于民事鉴定的启动决定主体是人民法院,人民法院如果对案件中专门性问题认为需要鉴定的,可以决定进行鉴定;当事人申请鉴定的,必须经人民法院同意,由法院委托鉴定机构进行鉴定,当事人在庭审过程中不能自行进行鉴定。如果当事人在开庭前自行委托鉴定机构进行鉴定并作出鉴定结论的,其在开庭后作为证据提交法院后,法院一般情况是要么由另一方当事人申请重新鉴定,要么由法院自己决定补充鉴定,直接决定采信当事人一方的鉴定意见的情况不是很多。
⑤ 1998 年《最高人民法院关于民事经济审判方式改革问题的若干规定》第八条第六、七项和第九、十二、十五条分别对庭审质证作了原则性的规定。
⑥ 在质证的程序和内容上,2002 年版《证据规定》的第五十条规定:"质证时,当事人应当围绕证据的真实性、关联性、合法性,针对证据证明力有无以及证明力大小,进行质疑、说明与辩驳。"第五十一条规定:"质证按下列顺序进行:(一)原告出示证据,被告、第三人与原告进行质证;(二)被告出示证据,原告、第三人与被告进行质证;(三)第三人出示证据,原告、被告与第三人进行质证。人民法院依照当事人申请调查收集的证据,作为提出申请的一方当事人提供的证据。人民法院依照职权调查收集的证据应当在庭审时出示,听取当事人意见,并可就调查收集该证据的情况予以说明。"第五十九条规定:"鉴定人应当出庭接受当事人的质询。鉴定人确因特殊原因无法出庭的,经人民法院准许,可以书面答复当事人的质询。"

应当出庭参加质证的规定,以及对"证人确有困难不能出庭"等情形也作出了细化。① 即便如此,关于质证程序的规定仍显粗陋,为此,理论和实务界对我国民事鉴定证据采信过程中的质证方式提出了多种设想。

(1) 专家证人型。专家证人型的质证模式是英美法系证据采信程序的显著特点,这种类型的质证活动主要由当事人来主导诉讼程序中双方的对抗态势。在英美法系中,当事人在质证中居于主导地位,互相辩论,推动着质证程序的进程。② 专家证人型的质证模式使法官在质证中处于消极地位,法官的最后裁判必须以当事人提供的专家证人的质证结论为依据。针对我国质证程序弱化的特点,樊崇义、郭华两位教授认为,我国诉讼中的质证程序应该以当事人主导的证据采信模式重构。③ 郭华教授在其《鉴定结论论》一书中更进一步强调了他的观点:"架构合理的鉴定结论质证程序成为必然,设置此程序应以强化鉴定结论的实质性质证为目标,推动鉴定结论质证程序由形式性向实质性发展。"④这种观点得到了许多人的赞同。"我们对鉴定结论的定位应该借鉴英美法的做法。"⑤奉晓政老师总结我国证据的采信制度时认为现阶段我国的证据质证制度是采职权主义和当事人主义相结合的混合模式,坚持我国的鉴定结论制度应该"借鉴美国的先进经验,采取一些完善措施"⑥。

(2) 法官助手型。法官助手型的质证模式是大陆法系国家证据采信制

---

① 2002年版《证据规定》第五十五条规定:"证人应当出庭作证,接受当事人的质询。证人在人民法院组织双方当事人交换证据时出席陈述这个证言的,可视为出庭作证。"

② 汤维建认为:"诉讼者的策略使我们明白,在验证不诚实的证人、查获谎言,从而揭示真实上是具有功效的,但与其他有力的武器一样,在相当的程度上,这些策略对英雄和恶棍都可能是致命的。"摘自《两大法系民事诉讼制度比较研究——以美、德为中心》,载陈光中、江伟主编《诉讼法论从》(第1卷),法律出版社1998年版。

③ 樊崇义、郭华:《鉴定结论质证问题研究》,载司法部司法鉴定体制改革工作办公室编《建构统一司法鉴定管理体制的探索与实践》,中国政法大学出版社2005年版,第35页。

④ 郭华:《鉴定结论论》,中国人民公安大学出版社2007年版,第287页。

⑤ 朱建敏:《略论鉴定结论的合理定位——以民事诉讼为背景的分析》,载司法部司法鉴定体制改革工作办公室编《建构统一司法鉴定管理体制的探索与实践》,中国政法大学出版社2005年版,第301—304页。

⑥ 奉晓政:《司法鉴定结论采信问题研究》,载司法部司法鉴定管理局编《保障司法公正　服务和谐社会——进一步推动司法鉴定体制改革与发展》,中国政法大学出版社2007年版,第425页。

度的显著特点,对鉴定人的询问由法官负责,法官指挥和控制着整个质证过程。当事人无权直接询问鉴定人,鉴定人被视为"法官的助手"。在我国不管是实务界还是理论界坚持这种类型质证方式的人是越来越少了。① 赵妍和王瑞恒两位老师建议:"我国应对鉴定主体制度予以改革,吸取两大法系各自的优势,建立在法院主持下选择经注册登记的鉴定人为主体,以当事人自行聘请的鉴定人为必要补充的鉴定人主体制度。"②拜荣静、王世凡同志认为我国鉴定结论质证应当发挥法官职权主动性的诉讼传统,在此基础上,在一定范围内吸收英美法系中当事人之间对抗的质证方式,完善鉴定人出庭质证制度和鉴定结论交叉询问程序。总的来说,一些专家学者和司法实务人员认为对于鉴定意见的质证程序仍要保持我国传统的法官职权主动性的证据质证采信模式。③

(3) 三位一体型。汪建成教授称:"专家证人模式和司法鉴定模式的融合,有着广泛的动力和现实的可能性,在保障诉讼效率和鉴定的客观性上……应当充分地考察和借鉴两大法系刑事鉴定制度的改革趋势,以其现有的制度成果为参照,进而寻找更符合我国实际情况和国情的改革方案。"④徐继军博士则在这样的观点的基础上有了进一步的发挥,构建了鉴定人—专家制度。他认为:"在改革与完善我国鉴定人制度的问题上,应当保留现有制度的精华……在将鉴定人制度与专家证人制度加以融合之后,新的制度既非完全的鉴定人制度,也非完全的专家证人制度,而是两者的结合。"⑤并且根据我国的实际情况,在新制度中增加了另外一个新的主体——专家陪审员,在他的质证模式设计里,鉴定人—专家制度有鉴定人、专家陪审员和专家辅助人三种主体共存,构成了三位一体的新的鉴定人质

---

① 姜琳玮、江涛、冯斌:《浅义鉴定结论的审查判断》,载司法部司法鉴定管理局编《保障司法公正 服务和谐社会——进一步推动司法鉴定体制改革与发展》,中国政法大学出版社2007年版,第347—348页。
② 赵妍、王瑞恒:《从民事诉讼视角论对鉴定结论的质疑与审查》,载司法部司法鉴定管理局编《保障司法公正 服务和谐社会——进一步推动司法鉴定体制改革与发展》,中国政法大学出版社2007年版,第409页。
③ 拜荣静、王世凡:《司法鉴定程序法律问题研究》,中国社会科学出版社2010年版,第204页。
④ 汪建成:《专家证人模式与司法鉴定模式之比较》,载《证据法学》2010年第1期。
⑤ 徐继军:《专家证人研究》,中国人民大学出版社2004年版,第254—255页。

证采信体系。① 杜志淳教授则表达了对法官科学技术专业知识不足的考虑:"(法官)对于鉴定意见所提示的问题可能是门外汉,需要经过双方当事人在专家辅助人的帮助下,经过质证、听证程序,排除思维中的混乱与迷思,兼听则明,形成正确的心证,作出准确的裁决。"②在有关鉴定意见书审查模式(质证方式)的选择上,霍宪丹、郭华两位教授非常肯定地认为:"我国鉴定结论的审查模式应在原审判方式改革的基础上,完善引入的专家辅助人制度,对特殊案件再引入'专家陪审员',构建具有中国特色的鉴定人、专家辅助人与专家陪审员'三位一体'的审查模式类型。"③张军同志基于对我国鉴定意见的质证程序现状分析,认为应该"以鉴定人的出庭和专家辅助人的引入作为补充鉴定意见质证程序的重要因素,建构专家陪审员、专家辅助人和鉴定人三维质证构造,从而完善我国鉴定意见质证程序"④。

由于多数法官、当事人及其诉讼代理人缺乏有关鉴定的专门技术知识,而且对鉴定意见的理解大多停留在常识的基础上,所以他们在对鉴定人进行询问时,很难抓住问题的要点和实质。⑤ 通过这种询问方式,只能得出鉴定意见合法、合乎程序的结果,而对于其是否符合科学技术规范、是否证明案件的客观真实却无从知晓。可以这样说,现如今的鉴定质证程序只是一种流于形式的询问而已。随着民事审判方式的改革,鉴定意见质证的方法应该更加具体,步骤应当更加详细。⑥

---

① 包建明:《论司法鉴定结论的质证及其制度之完善》,载司法部司法鉴定体制改革工作办公室编《建构统一司法鉴定管理体制的探索与实践》,中国政法大学出版社2005年版,第297页。

② 杜志淳:《司法鉴定立法研究》,法律出版社2011年版,第182页。

③ 霍宪丹、郭华:《中国司法鉴定制度改革与发展范式研究》,法律出版社2011年版,第172页。

④ 张军:《中国司法鉴定制度改革与完善研究》,中国政法大学出版社2008年版,第277页。

⑤ 我国《民事诉讼法》第一百三十九条第二款规定:"当事人经法庭许可,可以向证人、鉴定人、勘验人发问。"

⑥ 2002年版《证据规定》第六十六条第一款规定:"当事人可以向人民法院申请由一至二名具有专门知识的人员出庭就案件的专门性问题进行说明。"质证是实现当事人诉权的有力保障,质证也是法院发现真实的科学方法,英国的著名法官戴维林男爵曾这样说:"英国人认为获得真相的最好方法是让各方寻找能够证实真相的各种事实,然后双方展示他们获得的所有材料,两个带着偏见的寻找者从田地的两端开始寻找,他们漏掉的东西要比一个公正无私的寻找者从地中间开始寻找所漏掉的东西少得多。"

5. 民事鉴定意见认证程序

鉴定证据的认证程序关系到当事人诉讼权利与实体权益的司法保护，影响着司法裁判的公正性，为民事诉讼程序所不可或缺的重要一环。我国《民事诉讼法》(本文专指 2017 年修订前实施的《民事诉讼法》，下不赘述)还没有确定鉴定意见的证明能力有无与证明力大小的认证方式，在民事诉讼的其他法律规范中也没有对认证过程中不同阶段的作用与地位作进一步的规定。① 目前学术研究领域对此主要有三种观点：一种观点认为对于鉴定意见的认证应该确立两个阶段的"分治式"模式；另一种观点则认为对于鉴定意见的认证应该采取"并合式"的模式；还有一种观点认为，我国鉴定意见的采信程序应当借鉴两大法系的合理因素，建立"折中模式"，同时，建立相应的认证程序规则。

(1) 认证分治。② 有学者对我国民事鉴定意见的认证模式构建上主张建立庭前的鉴定意见书展示程序，"……使展示鉴定结论的主持法官和进行庭审的法官分离，在我国主持鉴定结论展示的法官可由立案庭的法官担任"③。张华老师认为在我国鉴定证据的审查判断过程中，应"增设鉴定证据开示程序，鉴定证据的开示是指在法庭审判前，诉讼双方当事人将用作证据的鉴定意见向对方披露的一种诉讼程序"④。孙业群研究员认为："建立审前证据展示程序，可以防止伏击审判。"⑤

(2) 认证并合。鉴定意见的认证包括对其证据能力和证明力的审查判断，大陆法系国家和地区对案件事实的认定与对法律问题的判断均属于法官的职权范围，法院视鉴定人为法官的"助手"，法官对鉴定意见的证据能力在审判中与其证明力一起认证，一般不存在审判前通过证据能力"过滤"证

---

① 《民事诉讼法》第六十八条规定："证据应当在法庭上出示，并由当事人互相质证。"一般认为，这一规定是确立我国民事诉讼法中质证制度的法律依据，它是有关质证制度的原则性规定，强调证据需要经过当事人在法庭上相互质证。

② 英美法系"二分式法庭"的背景：为避免不可采证据影响、误导陪审团，法官不仅在庭前主动审查专家证言的证据能力，而且还允许当事人庭前通过动议的方式确定专家证言的证据能力，法官对当事人提出证据能力的争议实行裁决，形成了对专家证言证据能力由法官预先认证和专家证言证明力由陪审团认证的"分治认证"模式。

③ 郭华：《鉴定结论论》，中国人民公安大学出版社 2007 年版，第 292 页。

④ 张华：《司法鉴定若干问题实务研究》，知识产权出版社 2009 年版，第 116 页。

⑤ 孙业群：《司法鉴定制度改革研究》，法律出版社 2002 年版，第 275 页。

据的独立阶段,形成了证据能力与证明力并合审查的认证模式。我国一直以来没有严格区分认证过程中不同阶段的作用与地位。在实践中,有同志这样认为:"当鉴定意见与其他种类证据的证明力的方向相反,应当予以综合判断,不可盲目优选鉴定意见。"①这种对鉴定意见的采信主要是靠综合判断,并没有清楚地划分证据能力与证明力认证的不同阶段。也有的学者从鉴定意见的"三性"上确定认证程序的一系列过程,认为:"司法鉴定意见作为一种法定证据,必须对其合法性、客观性和关联性等进行认证认可后,鉴定意见才能被纳入诉讼程序。"②对此,贾治辉教授认为认证的时机是当庭认证,强调要在法庭上认证,不能在庭外认证。即在当事人质证、辩论后,面对当事人认定证据(没有将质证与认证程序加以区分)。③ 因此,在庭审中,双方当事人对某一证据质证之后,能够当即认定的,法官应当即认定,不当即认定的,则在法庭辩论后结束之后,由合议庭评议认证,其观点也没有将鉴定意见的认证程序区分为证明能力与证明力两个阶段分别进行审查判断。④

(3) 分治与并合的折中。所谓折中也就是将"分治模式"与"并合模式"中的一些成分加以吸收利用,形成一个庭前控制与庭审控制并重的鉴定证据认证方式。我国法院负有发现客观真实的义务,在审判中法官要充分发挥其职权调查的功能。张军同志认为:"对鉴定意见证据能力与证明力采用分步认证,但不排除特殊情况的鉴定意见证据能力与证明力并合认证程序。"⑤郭金霞教授综观我国诉讼法的规定,发现对鉴定人的资格审查并没有体现在法律条文中,导致实践中形成了可审可不审的随意状态,因此,她认为:"关于鉴定人资格审查的模式应当为'庭前控制'与'法庭审查'并重。"⑥

在我国民事鉴定理论与实践中,关于鉴定的认证程序涉及很少,当事人及其诉讼代理人认为鉴定意见(结论)存有疑点根本没有法定的途径辨别真伪,⑦

---

① 霍宪丹:《司法鉴定学》,中国政法大学出版社2010年版,第166页。
② 杜志淳、闵银龙:《司法鉴定概论》,法律出版社2010年版,第159页。
③ 贾治辉:《司法鉴定热点问题研究》,群众出版社2009年版,第66页。
④ 贾志辉、徐为霞:《司法鉴定学》,中国民主法治出版社2006年版,第97页。
⑤ 张军主编:《中国司法鉴定制度改革与完善研究》,中国政法大学出版社2000年版,第283页。
⑥ 郭金霞:《鉴定结论适用中的问题与对策研究》,中国政法大学出版社2009年版,第254页。
⑦ 孙业群:《司法鉴定改革研究》,法律出版社2002年版,第275页。

通过严密的认证则是审查判断鉴定意见证据效力的最后一道关键性程序,同时也是保证鉴定意见科学性、公正性的有效途径。因此,不管是在理论上还是在实践中我们都急需并且应当认真地吸收世界文明国家的法学研究成果,健全与完善我国有关民事鉴定意见的认证程序制度。科学透明的认证程序对于法院维护民事鉴定的公正性是有力的制度保障。有关民事鉴定程序理论研究工作现状总结说明见图0-3。

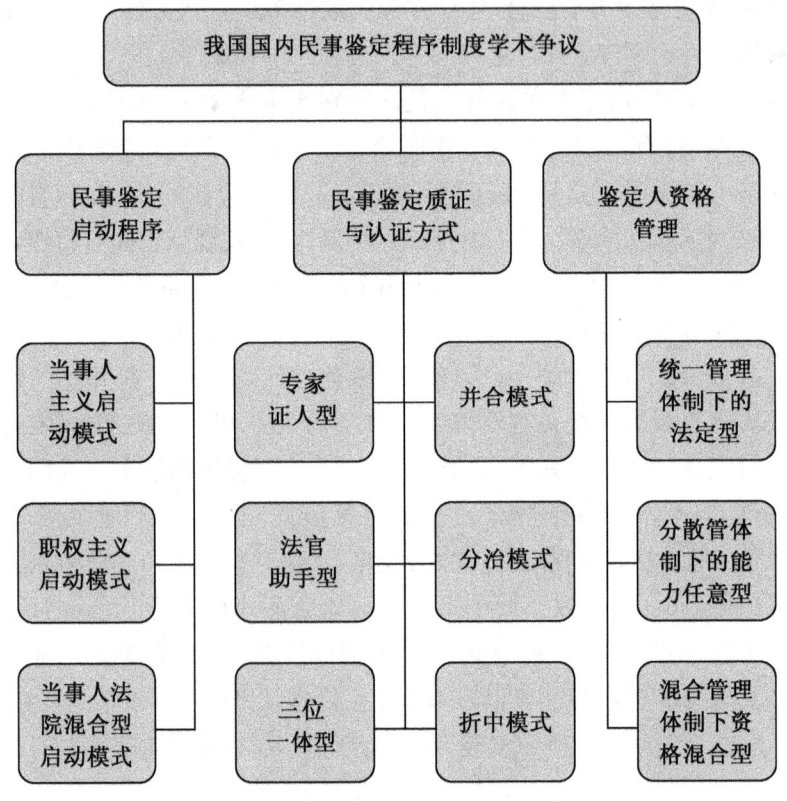

图0-3 我国国内民事鉴定程序制度学术研究分析图

三、民事鉴定程序制度研究路径与方法选择

(一)理论研究存在的不足

我国民事诉讼目前缺乏对鉴定的科学性进行分析和确认的法律规范,以致降低了鉴定意见的证据效能,使得鉴定证据在诉讼中的公信力大打折

扣,严重损害了司法裁判的公正性与权威性。针对诉讼的鉴定程序,我国民事诉讼领域往往看重鉴定的结论性研究,而忽视鉴定意见区别于其他证据的"科学性"特质,缺乏从鉴定结果生成的内在机理去研究意见形成的特殊过程。鉴定的科学性与可靠性是民事鉴定证据客观性形成的必要前提,这样就需要利用现代诉讼价值理念对民事鉴定意见形成的客观过程加以过滤。

根据当前获取的民事鉴定程序研究资料来看,迄今为止,国内学界对民事鉴定程序制度的研究大致有如下几个特点:其一,在研究文献的数量方面,单独研究民事鉴定程序的文献不多,即使有一些研究鉴定程序的资料,也是刑事、民事、行政不分,将三者混同起来一起来探索司法鉴定制度行政管理意义上的完善。其二,从研究内容来看,相当部分研究缺乏对民事鉴定程序的系统性论证,在司法鉴定领域关于鉴定体制改革的研究出发点主要是从鉴定管理层面进行了比较丰富的挖掘,没有从诉讼证据的制度构建、制度衔接等方面完善民事鉴定程序制度。其三,既有研究成果大多缺乏对民事程序制度形成的深刻的政治、经济、历史与文化意识方面的探讨,其研究往往满足于在司法实践层面探讨民事鉴定程序的实用性,很少将民事鉴定程序的内在逻辑设计与司法理念等价值目标结合起来。总之,当前民事鉴定程序领域的研究囿于研究对象本身的多法律部门交叉法属性,因而既有民事鉴定程序理论往往忽视了诉讼个性特点的研究,忽视了其在民事鉴定、民事审判等纠纷解决机制方面的全方位拓展,事实上,这种从鉴定程序的纵向与横向两个研究方向进行拓展是极其自然也是极其必要的。

与国内研究相比,国外一些国家与地区的民事鉴定程序制度比较完善,鉴定程序研究工作在多学科多领域的科学技术交叉应用的制度十分规范,民事鉴定证据的每项研究都具有相对鲜明的微观性特色,鉴定制度的基础性问题已经成为共识。这与国内的理论与实践还在追求宏大的鉴定制度化构建等研究风格有所差异。这反映在国外鉴定体制改革相关研究普遍通过鉴定实证的的详细分析,清晰地展示制度实践中的具体情况,并为制度改革提供切实有效的建议。概言之,探讨我国民事鉴定程序体制改革的问题仍然是较为新颖的课题,国内有部分论著涉及鉴定制度的重新构建问题,但还没有将民事、刑事、行政具体制度更加科学地加以区分研究,并且相关文献数量也不多,还没有提出一整套可行的、能够从整体上改变我国民事鉴定程序的成熟思路。

(二) 研究路径与方法选择

我国民事诉讼法对鉴定证据的适用规定粗陋，有些方面立法仍处于空白。如《民事诉讼法》中主要将鉴定的启动权赋予司法机关，忽略了对当事人权利的保障，对鉴定证据的质证、认证程序流于形式，鉴定意见的证据能力与证明力的系统完整的科学性审查标准还没有上升到立法规范的高度，等等，导致在民事诉讼实践中审判人员对鉴定意见的适用混乱无序。因此，对鉴定证据适用中出现的一系列问题进行研究分析并寻找解决的方案，对于我国民事诉讼的立法与司法具有非常重要的理论与实践指导意义。

在民事诉讼中如何客观公正地运用鉴定证据是民事诉讼证据理论中一个需要解决的重大课题。要解决这一问题就必须了解鉴定意见生成的内在机理以及影响其客观可靠性的不稳定因素，从中找出解决民事鉴定证据认定的途径。从我国理论研究的现状来看，对这些问题还没有进行深入广泛的挖掘，法律实践人员对鉴定证据问题的认识不可避免地会出现误区，甚至出现一些错误的理解，导致冤假错案的发生。《最高人民法院关于民事诉讼证据的若干规定》规定当事人可以向法院申请专家出庭作证。在司法实践中就案件专门性问题申请专家出庭进行说明的一系列变革轨迹来看，司法改革背后反映的是我国民事诉讼的职权主义色彩逐渐淡化，当事人主义色彩逐渐上升的态势，以及意图以英美法系司法制度移植来改变我国略显僵硬的极具大陆法系特色的鉴定证据制度的设想。但民事诉讼中的鉴定证据制度并不能够孤立地运作，若想长久地健康运行必须依赖一系列相关制度和程序规则给予有力的支持，如对抗式的交叉询问程序、证据的审查判断规范等。在这些制度、程序和规则不发达以及职权主义在司法实践中具有强大生命力的背景下，没有科学地规划设计而盲目地引进一些发达国家的经验就有可能因地域和体制不同而无法达到理想的效果，或者改革不彻底而导致法庭成为科技"乱战"的领地。

本书本着对民事鉴定程序提出问题—分析问题—解决问题的思路，从我国民事鉴定证据适用的现状出发，进而对民事鉴定证据适用中存在的五个方面的问题进行分析，借鉴两大法系主要国家和地区的经验，最终设计出适合我国国情的民事鉴定证据的程序适用对策。在写作过程中本书将采用历史研究方法、法哲学研究方法、比较研究方法、个案分析方法、实证调查分析等多种方法对民事诉讼鉴定程序进行多角度的综合研究。鉴定意见以其特有的科学性在证据能力与证明力方面与其他证据相区别,通过对鉴定证据适用过程的静态分析和动态分析,以及对中外有关民事鉴定证据规则的比较分析研究,从中可以探求出鉴定意见作为一种法定的证据形式在运用过程中的内在规律,这不仅可以丰富民事诉讼证据理论,还可以为鉴定程序规则制度的建构提供积极有效的参考意见。最后以司法庭审审查判断鉴定意见证据为最终的实践平台,从民事诉讼鉴定制度的主体管理、启动、实施、质证和认证程序的角度研究民事鉴定问题,确立民事鉴定证据审查评断的规则。具体来说,鉴定机构的设置、鉴定主体的资格和诉讼地位、鉴定的决定权、鉴定意见的采信标准及法律效力等都是民事鉴定程序制度涉及的内容。在比较两大法系主要国家和地区民事鉴定证据适用方式以及一般鉴定证据规则对鉴定意见适用的基础上,进一步研究鉴定证据具体之审查、判断及运用程序,以期实现鉴定意见证据规则可切实操作之研究目的。

任何一个国家的鉴定程序模式都是以其传统的法律文化与现实的司法体制为基础,但在一定程度上也必然会反映人类社会相同的科学发展规律。目前我国民事鉴定证据规则在实践运用中存在着不少问题,其中既有技术上的也有制度上的原因。为了改变民事诉讼鉴定程序的无序状态,使庭审中审判人员对鉴定意见的评断和采信具有切实可行的证据学规律可循,必须改革与完善我国现行民事鉴定程序规则体系。

第一章 民事鉴定程序概述

一、民事鉴定程序概念辨析

在学习研究民事鉴定相关程序制度的过程中，觉得若要全面完整地改革和完善我国的民事诉讼鉴定证据制度，就要明确诸如"鉴定""民事鉴定""民事鉴定程序"这些基本概念的科学内涵与外延，这对于我们系统梳理民事诉讼证据理论体系具有理论与实际的科学指导意义。

(一)"鉴定"一词的渊源

《说文解字》把"鉴"字解释为"大盆也"；《康熙字典》引用其曰："鉴诸可以取明水于月"，"又《广韵》镜也"，"又《广韵》照也"；《说文解字》将"定"解释为"安也"；《康熙字典》增韵静也、正也、止也、决也。从字面上看，这些解释说明虽然与诉讼中鉴定明决是非曲直相关，但与现代汉语中"鉴定"的含义也有差异。《现代汉语词典》对"鉴"的解释有"镜子、仔细看、审察"等，而"定"字的解释有"固定、决定、使确定"等，其中对于"鉴定"的词义解释有：(1) 鉴别和评定(人的优缺点)；(2) 评定人的优缺点的文字；(3) 辨别并确定事物的真伪、优劣等。法律意义上的鉴定是指运用专门知识对客体检验及比较研究其本质属性或与事物间的关系作出识别与判断。[①]《辞海》对鉴定解释则为"鉴别评定，确定优劣真伪"。从"鉴定"一词释义的变化就可看出，"鉴定"一词在人类历史进程中，其基本的含义虽然一直有所关联，但主要功能已经发生了明显的改变，其内涵和外延已经被显著扩大。"鉴定"已经成为现代生活和现代汉语中较常用的词语之一，它的适用范围很广，鉴定的主体也非常广泛，远非司法领域独有的术语。

在我们的现实生活中，常能遇到"鉴定"这个词，比如个人的"组织鉴

---

① 闵银龙：《经济案件司法鉴定》，中国方正出版社2007年版，第1页。

定"、单位工作的"总结鉴定"、职业的"技能鉴定"、职工的"工伤鉴定",商品生产和交换中产品的"质量""性能""真假伪劣""知识产权"鉴定,古董市场的"文物"鉴定以及医疗与交通方面的"事故"鉴定,在审计检查过程中的"司法会计鉴定",在建设工项目中的"建筑工程质量鉴定",在其他领域如学生可能要求对其文凭的真伪进行鉴定,工商机关对假冒伪劣的产品进行鉴定,税务机关对企事业单位账目清单进行认定,考古专家对文物古迹等级进行鉴定,等等。"鉴定"一词虽然在现代生活中已经被广泛使用,但对"鉴定"一词的起源和流变历程,在进行民事鉴定程序的研究中仍然值得认真探究。我国古代习惯将"鉴定"一词分为"鉴"与"定"来用,其中"鉴"为查验、审视或检验、辨别,这些行为形成了"鉴"的程序;"定"则可理解为认定或断定,是鉴定行为的目的所在。我国古代与鉴定相类似的活动被称为"检""验"或"检验"。① 在我国古代文献资料中没有将"鉴"与"定"二词合在一起当作"鉴定"使用的传统,现代意义上的"鉴定"一词最早出现在清光绪十三年(1887年)黄遵宪所著《日本国志(刑法志)》中对"鉴定"的相关译述中,②在考察"鉴定"一词法律意义上的起源时,公布于1911年1月25日的《大清新刑律》③与鉴定、鉴定人相关的是第一百八十一条④。对于鉴定一词在我国法律运用上的起源,尤志安教授称:"(《各级审判厅试办章程》)在证据制度上,保留了《刑事民事诉讼法》中有关证人作证的规定,同时增加了关于鉴定制度的规定。"⑤1907年12月4日颁布实施的《各级审判厅试办章程》⑥中,直

---

① 宋慈:《洗冤集录》,1247年成书,由宋代伟大的法医学家宋慈编撰,书中有"检""验"以及"检验"等称谓。

② 李贵连:《20世纪初期的中国法学(上)》,载《中外法学》1997年第5期。

③ 叶孝信主编:《中国法制史》,北京大学出版社1996年版,第372页。

④ 第一百八十一条规定:"依法令于司法或行政公署为证人,而为虚伪之陈述者,处二等至四等有期徒刑。依法令于司法或行政公署为鉴定人、通译人,而为虚伪之鉴定、通译者,亦同。犯前二项之罪,未至确定审判而自白者,得免除其刑。"

⑤ 尤志安:《清末刑事司法改革研究》,中国人民公安大学出版社2004年版,第97页。

⑥ 《各级审判厅试办章程》,清光绪三十三年十月二十九日(1907年12月4日),载西北政法学院法制史教研室编印:《中国近代史资料选辑(1840~1949)》第3辑,1985年版,第11—28页。

接规定鉴定事项的有6条,①这些法律的规定是"鉴定"一词正式成为我国法律专门术语的肇端。②

从前面对"鉴定"一词渊源的梳理和介绍可以看出,虽然我国自古以来就存在鉴定检验制度,但近现代法律意义上的"鉴定"一词,最早是通过《各级审判厅试办章程》正式吸纳成为我国司法实践的法律专门术语,随后被社会各界广泛接受并普遍使用。

(二) 鉴定与民事鉴定

1. 鉴定的含义

从法律案例资料来看,在古希腊时代的文献中记载着医生进行死因鉴定的记录,公元前449年的古罗马《十二铜表法》中存在有关亲子鉴定的条文,公元6世纪东罗马帝国《查士丁尼法典》中也能找到关于鉴定的规定。鉴定在英美法系国家肇始于盎格鲁-撒克逊时期的"验尸官"(coroner)制度,鉴定活动被称为forensic science——法庭科学。"forensic"有"法庭的,法医的"含义,这说明鉴定有为诉讼活动服务的性质。我国的鉴定历史文字可考的可以追溯到周朝,宋代《洗冤集录》的颁行,更是把我国鉴定制度推到了当时的世界前列。不管是国外还是国内,鉴定的产生和发展都与法医学及诉讼活动存在密切的关系。③

从语言学的角度上讲,鉴定是"鉴"和"定"之合意,"鉴"是"审察、辨别"之意,"定"是"认定、断定"之意,"鉴"乃"定"之源,"定"乃"鉴"之果。在我国古代没有将"鉴"和"定"二字合在一起作词用的习惯,按照现代汉语的习惯用法,"鉴定"就是鉴别评定,确定真伪优劣的意思,是一种借助手段和方法

---

① 第十条规定:"审判官承审案件,应行回避之原因如下:……审判官于该案曾为证人、鉴定人者。"第二十四条规定:"凡公判案件,因证人、鉴定人供述不实,或本系重罪受理时错认为轻罪者,或由轻罪发觉其他重罪者,均由审判官移送预审。"第七十四条规定:"凡诉讼上有必须鉴定,始能得其事实之真相者,用鉴定人。"第七十五条规定:"鉴定人由审判官选用,不论本国人或外国人,凡有一定学识经验及技能者,均得为之。"第七十六条规定:"鉴定人于鉴定后,须作确实鉴定书,并负其责任。"第七十七条规定:"凡有下列之原因者不得为证人或鉴定人:……"

② 沈家本:《沈寄簃先生遗书·寄簃文存》卷四。"今日法律之名词,其学说之最新者,大抵出于西方而译自东国。"

③ 霍宪丹:《司法鉴定学》,中国政法大学出版社2010年版,第39页。

的科技实证活动。① 当把这种社会实践活动放进民事诉讼程序中加以考虑，便会被赋予新的含义，此时，"鉴"不仅仅是普通生活中一般的"审察、辨别"；当事人为了争议的解决必然使鉴定行为蕴含更多的科技含量，因而含有"认定、断定"之意的"定"也就具备了一定的科学权威性。但鉴定结果并不因此当然具备法律效力，仍然要通过法定程序来检验它的科学性、可靠性和有效性，否则鉴定意见将因合理的怀疑而归于无效。

2. 民事鉴定的内涵与外延

（1）民事鉴定的内涵

从不同的学科、不同的角度出发，鉴定的含义也各不相同。在证据法学中，从鉴定意见的证据角度来定义鉴定的话，鉴定是"鉴定人对专门问题所作的分析、判断活动"②。在刑事诉讼法中，陈光中教授认为，"鉴定是侦查机关或部门为了解案情指派或聘请具有专门知识的人，对案件中某种专门性问题进行鉴别和判断并作出结论的一种侦查活动"③。在此，鉴定被认为是侦查行为中的科学鉴别活动，被界定为一种侦查活动。在司法鉴定学中，将鉴定的概念界定为诉讼程序中核实证据的活动。④ 我国现行立法对相关鉴定的含义也有所规定，《关于司法鉴定管理问题的决定》第一条这样规定："司法鉴定是指在诉讼活动中鉴定人运用科学技术或者专门知识对诉讼涉及的专门性问题进行鉴别和判断并提供鉴定意见的活动。"这条规定在某种程度上明晰了鉴定的概念，该定义虽然在鉴定前冠以"司法"二字，但只是表明此类鉴定根据学科的分类被赋予了诉讼的性质，成为诉讼活动的一部分，不能因此就认为鉴定天然具有司法裁判性。

对民事鉴定含义的界定和理解，是进一步探讨民事鉴定程序以及鉴定意见的审查判断等问题的理论基石，因此，在阐述民事鉴定程序概念之前，有必要对民事鉴定一词作出明确说明。通过对学界和立法定义的综合分析和借鉴，笔者尝试把与争议相关的民事鉴定的含义界定为在民事行为中鉴定人运用专门知识对争议待解决的专门性问题进行鉴别和判断并提供专业

---

① 鉴定要借助科学技术知识和手段，同时也依赖鉴定人的水平和经验。所以说，鉴定是一种科技实证活动，是科学技术知识通过鉴定人主观意识表示出来的对客观事物进行的鉴别和评定。
② 刘金友主编：《证据法学》，中国政法大学出版社2001年版，第172页。
③ 陈光中主编：《刑事诉讼法》，中国政法大学出版社1996年版，第303页。
④ 邹明理主编：《我国现行司法鉴定制度研究》，群众出版社2001年版，第12页。

意见的科学技术活动。该定义应该从两方面予以理解：一方面，鉴定既是专业鉴定人在鉴定实施过程中利用专业知识对专门问题进行鉴别和判断的行为；另一方面，鉴定更是为了解决民事争议问题而进行的一种具有诉讼程序意义的证据核实活动。准确理解和把握民事鉴定的双层内涵是探讨研究民事诉讼领域鉴定程序制度的前提和基础。

（2）民事鉴定的外延

鉴定不仅仅在民事诉讼活动领域存在，只要人们对事物真伪优劣存在争议就会存在鉴定，作为运用专门知识和技能对专门问题进行鉴别和判断的学科，根据委托主体的差异和纠纷所处领域的不同可以把鉴定区分为民事鉴定、行政鉴定、刑事鉴定等种类。不可否认的是还有其他更多的鉴定类别划分方法，最常见的如财政金融系统的审查评估鉴定、环境保护部门的生态环境鉴定、药品检验部门的人体物品检验鉴定等，实践中鉴定的名目繁多，难以一一列举。从专业技术鉴定人利用自身专门知识和技能对各项事物进行科学鉴别判断的这一行为角度出发，没有办法划定民事鉴定的范围，只有通过对民事鉴定的本质特征进行准确把握，才能对其外延作出恰当的界定。

民事鉴定一般情况下产生于民事活动中，并不能说只要有民事鉴定就一定会产生民事诉讼活动或者进入民事诉讼程序，但绝不能否认民事鉴定在一定程度就是在为进入民事诉讼程序做准备。民事鉴定本质上具有两种最基本的特征：其一，民事鉴定是一种科技活动，不管是为了确定客观事物的真伪优劣，还是为了争议问题的解决，都要由专家鉴定人对专门性事物作出鉴别和判断。其二，民事鉴定是一种诉讼活动，或者是为了即将产生的民事诉讼活动做事前的准备工作。在民事活动中，对客观事物进行鉴别和判断，其目的无非就是通过对待证事物的鉴定，确定其价值所在。一旦对某些事物的真伪优劣产生怀疑，当事人之间达不成一致意见，一条腿就迈入了法院。当事人事先通过对该事物的鉴定预防民事纠纷的产生，或者是由于要应对发生的民事纠纷，在提起诉讼之前对待证事物进行法律意义上的证据核实证明活动。在民事活动中，为了争议的解决而进入诉讼领域进行的鉴定，就自然带有证据特色。在民事诉讼活动中，鉴定人对专门性问题进行勘验、分析和判断，从而为争议的解决提供可靠的依据，民事诉讼法领域鉴定的委托主体不仅仅是民事行为的当事人，还有进入诉讼活动的司法机关和其他诉讼参与者人。当民事鉴定活动当进入诉讼阶段时，鉴定意见往往会成为当事人之间解决纠纷的重要证据。

根据民事鉴定是否以证据的面貌进入民事诉讼程序为标准,可以将民事鉴定的外延确定为民事自行鉴定和民事诉讼鉴定两个层面。民事自行鉴定是指公民或组织对在日常生活、工作中的专门性问题委托专门性的技术专家或机构进行检验和判断,从而为事物真伪优劣的确定或争议问题的解决提供科学依据。民事自行鉴定的委托主体是当事人自己,他们在民事鉴定中具有完全的鉴定主导权,从这个角度看,民事自行鉴定的法律效力有限。在民事活动中,当事人可以依据民事自行鉴定行使包括和解在内的任何民事处分权,在进入民事诉讼阶段之前的民事自行鉴定只能作为民事诉讼的辅助手段,而不能简单地将其作为定案的法律依据。但是当鉴定进入民事诉讼程序时,由于其鉴定程序的法律性和权威性,其证据效力的特色就会提高。民事自行鉴定与民事诉讼鉴定的区别主要表现在:(1)鉴定的委托主体不同。民事自行鉴定由民事行为人自己行使民事鉴定权,而民事诉讼鉴定权则由司法机关或当事人和其他诉讼参与人共同参与行使。(2)鉴定适用的程序不同。民事自行鉴定属于民事活动范畴,表现为民间性;民事鉴定进入诉讼阶段就处于诉讼程序中,具有了诉讼性。(3)鉴定的作用不同。前者的作用是防范发生民事纠纷或辅助处理民事纠纷,后者的作用是弥补审判人员和当事人专门知识和科技经验之欠缺。所以在民事诉讼中,根据诉讼程序性特点,可以将民事鉴定的外延界定在通过当事人自身的行为活动委托进行的鉴定和进入民事诉讼程序后的鉴定。

(三) 民事鉴定程序的概念、范围及特点

1. 民事鉴定程序的概念

有关民事鉴定程序的概念,现行实体法或者程序法都没有给出具体的规定。对此笔者认为,民事鉴定程序应该是独立于司法鉴定,具有民事程序特色的鉴定行为和审查判断规范,但也并不否认民事鉴定与司法鉴定存在着相互交融的部分,二者之间从内涵和外延上有相同的部分也有不同的部分。民事鉴定程序制度是按照诉讼性质的不同对司法鉴定进行学理意义上的科学分类,是与司法鉴定制度相互交融的学科体系,是独具民事诉讼特色的民事程序制度规范。

对鉴定领域进行诉讼意义上的划分,有学者对此提出质疑,如徐立根教授认为:"法律上规定的鉴定是专门机构或其他机构中具有相应专业知识和实践经验的专家就办案人员或律师委托其解决的专门性问题，运用专业知识或科学仪器，对一定客体进行检验并作出鉴定结论的一种特殊活动"①，同时徐教授不认为鉴定有民事和刑事、司法和行政之分，也不存在鉴定的上下级之分。当然也有学者如邹明理教授则持截然不同的观点，他认为："（司法鉴定）在诉讼过程中的，按照诉讼法的规定，包含刑事诉讼、民事诉讼、行政诉讼，鉴定人运用科学技术手段，对专门性问题作出判断结论的活动。"②若从鉴定的科学规范化管理的角度分析，"鉴定"的范畴远远大于"司法鉴定"的范围，二者之间有本质区别。司法鉴定不能够囊括诉讼前、诉讼中以及诉讼后全部的鉴定程序，尤其重要的是根据目前相关学者对司法鉴定的学科定位，司法鉴定的研究对象并不能全面涵盖民事鉴定在进入诉讼之前或之后的行为活动，司法鉴定的领域也容纳不下成千上万的各类鉴定活动。而民事鉴定程序则通过诉前的实施鉴定准入标准、诉中的证据的查验、核实、采信程序和诉后的鉴定管理达到鉴定工作的目标，各种鉴定程序的性质不相同，面向社会承担鉴定任务的鉴定人或鉴定机构的鉴定活动本身与诉讼性质无关，但是根据当事人准备进入诉讼、进行诉讼或者诉讼结束后所进行鉴定的目的特点，以及当事人进行鉴定涉及的民事、刑事或行政诉讼行为，可以将鉴定划分为民事、行政或刑事的鉴定。

鉴定服务于诉讼活动，也就具有了诉讼法律的属性。民事诉讼、刑事诉讼和行政诉讼由于诉讼法性质不同，其提起鉴定的主体及诉讼目的和任务均不相同，与此相对应的鉴定程序制度也有所不同，鉴定作为民事诉讼程序的组成部分，自然也会体现民事诉讼的理念与精神。因此，为了进一步深入研究涉及民事诉讼的鉴定程序制度，根据区别于其他诉讼形式的民事鉴定程序的特殊性，可以从广义和狭义上去理解民事鉴定程序的概念特征。广义的民事鉴定程序既存在于民事诉讼中，也存在于仲裁、调解、和解以及公证等民事活动中；而狭义的民事鉴定程序则为仅涉及民事诉讼的鉴定程序，它包括已进入民事诉讼的鉴定程序规范，也包括当事人在进入诉讼之前为准备诉讼而进行的诉前鉴定程序规范，也就是说，民事自行委托鉴定人或鉴

---

① 徐立根：《论鉴定》，载司法部法规教育司编《司法鉴定立法研究》，法律出版社2002年版，第3—5页。

② 邹明理：《"司法鉴定"杂谈》，载司法部法规教育司编《司法鉴定立法研究》，法律出版社2002年版，第24页。

定机构所进行的鉴定(2002年《最高人民法院〈关于民事诉讼证据的若干规定〉》第二十八条已予以规定)也是民事鉴定程序制度关注和研究的对象。广义上的民事鉴定程序包含的范围比较广泛,参与鉴定的民事主体各不相同,鉴定的目的不同,其表现的特点也各不相同,相应的鉴定实施程序也各不相同。相比而言,从民事诉讼与民事仲裁的角度来看,两者程序性质相似,当事人进行鉴定的目的就是解决纠纷而由中立的第三者进行鉴别判断。以下为了行文的方便,除有特别说明外,本文中谈及的"民事鉴定程序"仅指狭义上的民事鉴定程序,即在民事争议解决过程中,为了保障民事诉讼活动的顺利进行,鉴定人接受委托对案件所涉及的专门性问题进行鉴别进而提供科学性意见,法律法规对裁判机关审查认定的一系列活动进行规范的程序制度。

2. 民事鉴定程序的范围

由于人类活动领域的不断拓宽和科学技术的飞速发展,民事诉讼活动中需要鉴定的问题和涉及鉴定的学科不断增加,作为民事诉讼证据的鉴定结果也显得越来越重要。为了科学地规范民事鉴定活动,保障科技证据在诉讼中能够被合法有效地运用,建立健全民事鉴定程序体制,构筑民事鉴定结构体系就成为科学规范民事鉴定活动的必然要求。

在我国民事诉讼实践中,民事鉴定程序制度的缺失已经影响到了诉讼效率和公正价值的实现。为此,《关于司法鉴定管理问题的决定》的出台在司法行政管理上努力解决鉴定人资质和鉴定机构设立的问题,但《关于司法鉴定管理问题的决定》对鉴定管理的范围有限,许多需要规范的鉴定工作没有被纳入调整范畴,以致在民事审判实践中一些问题依然存在,并衍生出了许多新的问题。鉴定具有鲜明的科学技术特点,确定民事鉴定程序制度的调整结构不能以鉴定的对象作为调整范围的根据。社会各行各业鉴定部门所做的技术鉴定种类繁多,如建筑工程质量鉴定、商品文物质量鉴定、计算机数据鉴定、文书物证鉴定、知识产权鉴定等。鉴定意见作为证据种类,必须要由程序规范对其可靠性加以保障,民事鉴定的可靠有效性是规范民事鉴定的基本要求,这样就需要对鉴定的委托、鉴定的实施和鉴定意见的审查判断等环节作出严格的制度规范,从程序制度上保证民事鉴定的科学性。

民事程序法的特点决定着民事鉴定程序制度调整的对象与范围。首先,要加强对民事鉴定机构和鉴定人的监督,理顺民事鉴定工作的管理关系,从制度上保证鉴定机构和鉴定人能够满足社会对民事鉴定的高标准要求。其次,通过制定严格的鉴定技术质量标准衡量评价体系,保证民事鉴定在严格科学的程序环境中实施。民事鉴定的技术规范和技术标准要从不同鉴定专业的层面进行规定,这些技术规范和标准可由鉴定自治机构以行业管理的形式,提供鉴定领域的基本要求和标准。最后,通过诉讼程序法律法规的过滤功能,保证鉴定意见的科学可靠性。基于此,民事鉴定程序制度应当涵盖民事鉴定主体的管理、民事鉴定的实施和民事鉴定意见的适用三个主要环节,因此,民事鉴定程序制度的调整范围应主要针对鉴定主体、启动、实施、质证和认证五个方面进行调整和规范。鉴定意见已经成为民事诉讼中的证据种类,对民事鉴定的启动和审查判断也要作出明确的程序规范。

3. 民事鉴定程序制度的特点

(1) 民事鉴定程序制度是兼有程序和实体内容的法律规范

所谓制度乃是一整套完整的权利义务配置体系,有关民事诉讼证据的鉴定制度也不例外,其表现就在于不仅《民事诉讼法》及各类司法解释对具有证据属性的鉴定进行了规范,相应的部门规章也专门对鉴定作出了要求。[1] 2007年8月7日,司法部通过的《司法鉴定程序通则》对司法鉴定的委托、受理、实施和鉴定文书的出具进行了程序意义上的规范。[2] 民事鉴定程序制度设立的目的就是查明案件的真相,而对民事诉讼证据程序而言,查明真相的过程就是对民事案件所涉及的证据进行举证、质证和审查判断的过程。为了使鉴定更具科学性和权威性,民事鉴定程序制度必然需要对鉴定的启动、实施、质证和审查判断的过程、方式作出规范,这便构成了民事诉讼鉴定制度的程序规定。对于民事鉴定主体的管理,2005年12月,国家质量监督检验检疫总局审议通过了《实验室和检查机构资质认定管理办法》,对鉴定机构的实施程序力图通过认证认可的办法进行监督管理,2006年中国合格评定国家认可委员会颁布实施了《检测和校准实验室能力认可准则》

---

[1] 全国人大常委会颁布实施的《关于司法鉴定管理问题的决定》,用了十八条的篇幅对有关鉴定的管理工作进行规范,司法部颁布的《司法鉴定机构登记管理办法》和《司法鉴定人登记管理办法》对鉴定机构与鉴定人的选任、鉴定机构与鉴定人的权利义务及鉴定机构与鉴定人的法律责任作出了规定,尽管这些规定是对不同性质、类型鉴定的共性要求,但正是这些实体性的规定构成了民事鉴定制度的基础,成为民事诉讼鉴定制度不可或缺的一部分。

[2] 参见司法部司法鉴定管理局编:《司法鉴定工作手册》,中国政法大学出版社2008年版,第72页。

和《检查机构能力认可准则》，中国合格评定国家认可委员会在 2008 年又颁布了《实验室认可规范文件清单》和《检查机构认可规范文件清单》，[1]这些法律文件实施的目的就是要完善鉴定的程序制度结构，保证鉴定实施的质量实验检查效果。因此，民事诉讼鉴定程序制度不同于民事诉讼中其他制度的特点之一便是其既有民事鉴定实施过程中实体管理规范的一面，又有民事诉讼证据证明过程中程序规范的一面。

（2）民事鉴定程序制度是科学性与法律性有机统一的法律规范

民事鉴定是一种涉及法律性质的法科学技术服务活动，具有极强的科学性和法律性，如医疗事故鉴定、交通事故鉴定和知识产权鉴定等，"盖因鉴定报告之意见系由具有特别经验之专家所提出之专业意见，不失为属于科学上之判断"[2]。科学技术运用于诉讼，案件事实的认定需要发挥科学技术的作用，这是现代诉讼发展的必然要求。鉴定的进行要遵循科学的规律，使用科学的方法，鉴定人作为民事诉讼鉴定证据制度的核心，是具体案件中鉴定行为的实施者，鉴定人必须具有专业技术特长即相关的专业知识和技能或者从业经历，"具有对要求鉴定的专门问题进行科学分析判断的能力"[3]，鉴定人应当是具有专业技术的专门人才，具有相应的科学知识背景。至于达到什么样的程度才算是具有专业知识和技能则要根据不同案件的具体情况来判断。因为鉴定的目的在于查明案件的事实真相，为当事人维护正当权益提供科学技术服务，只要能实现这一目的就可以认为鉴定人具有相应的专业知识和能力。鉴定人实施鉴定的行为既是法律行为，又是运用科学技术的行为。具有法律性和科技性的鉴定必须要有规范和标准，为了保证鉴定意见的真实客观性，就要求鉴定必须要由程序规范加以限制，保证鉴定人能够尽可能客观公正地作出合乎科学和实际的科学鉴别和判断。[4] 审判人员在处理民事纠纷过程中遇到大多数事实问题，需要借助双方当事人提交的证据进行审查判断。现实中的社会矛盾纷繁复杂，各种各样的案件层出不穷，伴随着科学技术水平的飞速发展，社会分工越来越细，任何个人都

---

[1] 参见司法部司法鉴定管理局编：《司法鉴定工作手册》，中国政法大学出版社 2008 年版，第 435—477 页。

[2] 黄朝义：《刑事证据法研究》，元照出版社 2000 年版，第 213 页。

[3] 刘金友主编：《证据法学》（新编），中国政法大学出版社 2003 年版，第 128 页。

[4] ［日］兼子一、竹下守夫：《民事诉讼法》，白绿铉译，法律出版社 1995 年版，第 121 页。

无法对所有知识都有一个系统和深入的了解,众多科技因素介入人们的生活生产实践当中,使得越来越多的案件仅仅凭借法官的直观感受和生活经验无法辨明是非真假,而审判作为解决纠纷化解争议的最后一道防线,便需要大量的科学鉴定工作帮助法官查明案件事实真相,从而作出正确的裁决,以解决纠纷,鉴定程序制度便应运而生。事实争议的双方当事人和审判机关若要解决涉及鉴定的专门性问题和疑难问题就需要借助科学技术手段,采取科学的方法,对涉及鉴定的程序性设计必然需要遵循科学的规律,引入自然科学领域的实际操作规则。故而民事鉴定程序制度是一套科学性与法律性极强的程序性制度规范。

二、民事鉴定程序概念之界定

民事鉴定程序作为一项兼有实体与程序、法律与科学特点的程序性规范是国家规范民事鉴定活动的各项规则制度的总称。制度应该是一个有机统一的系统,民事鉴定的主体、实施和适用与民事诉讼的关系最为密切,民事鉴定程序制度自成体系,内容之间相辅相成,三者在民事鉴定管理、实施乃至民事诉讼鉴定证据的运用及整个民事诉讼运行中发挥着重要的作用。民事鉴定程序相较于司法鉴定程序与刑事鉴定程序又有其独特的行为特点。

(一) 民事鉴定程序与司法鉴定程序

在司法鉴定概念的问题上主要存在着两种观点:一种观点是从传统的角度理解的司法鉴定,"是在诉讼中对涉及专门问题的事物,聘请相关的专家进行检验和评断"[1]。另一种观点则将司法鉴定的适用范围扩展到了准司法领域,较传统的观点赋予了司法鉴定新的内涵。[2] 民事鉴定程序是根

---

[1] 金光正主编:《司法鉴定学》,中国政法大学出版社1995年版,第2页。
[2] 孙业群:《司法鉴定制度改革研究》,法律出版社2002年版,第37页。"司法鉴定就是在司法诉讼或者准司法活动中,为裁判机关、公证机关行使裁判权或国家证明权服务,对需要鉴别确定的专门技术性问题,按照法律规定,由具有鉴定权的鉴定机构或个人进行检验和评断活动。"

据鉴定的诉讼性质加以区分定义的,与司法鉴定①的内涵外延有许多不一致的地方,不管是扩大还是缩小司法鉴定的研究范围都不能全部涵盖民事鉴定程序的内容,二者不管是内涵还是外延都不是一个层面上的问题,民事诉讼意义上的鉴定并不等同于司法鉴定。笔者认为"民事鉴定程序"分广义和狭义之说,狭义上的民事鉴定程序,即鉴定人或鉴定机构接受委托,依法对专门性问题进行鉴别并提供科学性意见,经过裁判机关审查判断的一系列活动并对之加以规范的程序性法律制度。

在人们的日常学习、生活和工作中,民事鉴定适用的领域非常广泛,司法鉴定仅仅是人们日常生活中鉴定活动的很小部分。从词素结构上分析,"司法鉴定"是由"司法"和"鉴定"构成,司法活动属于司法权的运行范畴,行使侦查、公诉、审判、执行和法律监督等司法权的机关是广义上的司法机关。在我国,人民法院和检察院是主要的司法机关,国家公安、安全机关被法律赋予侦查职能,也在一定程度上具有了司法行政的特点,国家司法行政机关具有监狱管理职责,也构成了国家司法机关的重要组成部分。②"鉴定"是科学技术活动,本身没有司法还是非司法的含义,只是由于有司法机关这一行为主体的参与才具有了司法活动的性质,所以全国人大常务委员会于2005年2月28日通过的《关于司法鉴定管理问题的决定》中将"司法鉴定"定义为"在诉讼活动中鉴定人运用科学技术或者专门知识对诉讼涉及的专门性问题进行鉴别和判断并提供鉴定意见的活动",这一概念对于社会生活中大量存在的民间鉴定活动来说是不全面的。即使从民事诉讼活动的视角观察民事鉴定,其也应该是在审判过程中相关诉讼主体所进行的各种司法鉴定活动,而社会范围内的没有进入诉讼领域内的民事鉴定活动并不能完全被包含在司法鉴定活动之中。根据《关于司法鉴定管理问题的决定》中有关司法鉴定的规定,当事人在诉讼之前进行的鉴定活动和在诉讼中申请提起鉴定都不是国家司法机关的司法活动,所以说鉴定人或鉴定机构应当事人的申请在诉讼前、诉讼中进行的部分鉴定和诉讼后所进行的鉴定以及人民法院对鉴定意见的审查判断活动也不能被包含在司法鉴定活动之中,因

---

① 霍宪丹主编:《司法鉴定学》,中国政法大学出版社2010年版,第3页。总的来说,司法鉴定就像霍宪丹教授认为的一样,"司法鉴定是指在诉讼活动过程中鉴定人运用科学技术或者专门知识对诉讼涉及的专门性问题进行鉴别和判断并提供鉴定意见的活动"。

② 吴磊:《中国司法制度》,中国人民大学出版社1988年,第42页。

为司法鉴定的概念被打上了浓厚的司法行政的色彩。对于民事范围内当事人在诉讼前、诉讼中与诉讼后所进行的鉴定活动就需要一个民事诉讼程序性的制度对民事鉴定活动的行为主体、启动方式、实施和审查判断的质证和认证过程进行科学性的规范。

目前,我国相关法律法规中尚没有对民事诉讼鉴定程序制度的概念作出系统的表述,只是单纯地从证据法的角度对鉴定人和鉴定结论这两个与民事诉讼中的鉴定制度密切相关的概念进行了概括,认为鉴定人是指受聘请或者指派凭借自己的专门知识对案件中的专门问题或者疑难问题进行科学研究并作出具有法律效力的结论的人。[①] "鉴定人运用自己的专门知识对民事案件某些专门性或者疑难问题进行分析研究得出的结论性意见"被称为鉴定结论。[②] 或者认为:"鉴定人员运用其专门知识或技术对案件某些方面进行鉴定所得出的符合科学的结论称为鉴定结论。"[③]但是鉴定人与鉴定结论不等同于整个民事诉讼鉴定程序制度。与鉴定人和鉴定结论零散的论述相比,程序制度更意味着是一个系统或体系,鉴定人和鉴定结论只不过是鉴定程序制度的组成部分而已。笔者认为,民事鉴定程序制度是基于民事诉讼的需要,由当事人双方或者有权机关依照法定程序选择具有专业知识或技能的人(机构)担任鉴定人(机构),依法对专门性疑难问题进行鉴定,提出科学性意见,经审判机关通过证据认定的一系列活动并进行规范的程序制度,也就是说,对民事诉讼所涉及的鉴定活动进行规范调整的一系列程序性法律法规的总和就构成了民事鉴定程序制度。因此,民事诉讼鉴定制度至少应当涵盖鉴定主体制度、作出鉴定意见的实施监督过程(包括鉴定的启动)、鉴定意见的审查判断程序(包括鉴定的质证与认证)这三方面的内容。其中,鉴定人是鉴定行为的具体实施者,凭借专业性知识和技能实施鉴定,其行为贯穿鉴定活动的始终,决定着整个鉴定活动的科学性与可靠性,对其进行规范和管理就构成了鉴定主体制度;鉴定活动的展开必须遵循相应的规则才能体现鉴定的科学性,有悖法定规则的鉴定必然陷入恣意的状态,其真实可靠性难以令人信服;鉴定意见是鉴定活动的最终产物,也是人民法院最终认定涉诉案件中专业性问题的重要依据,对鉴定意见的审查判

---

① 常怡主编:《民事诉讼法学》,中国政法大学出版社 2002 年版,第 196 页。
② 江伟主编:《民事诉讼法学原理》,中国人民大学出版社 1999 年版,第 481 页。
③ 田平安主编:《民事诉讼法原理》,厦门大学出版社 2005 年版,第 257 页。

断是民事诉讼中鉴定证据制度的一项重要内容。民事诉讼中鉴定制度的这三个方面的内容相辅相成，缺一不可，对此进行深入细致的研究，实现民事鉴定主体、民事鉴定的实施和民事鉴定意见的审查判断（质证和认证）相互之间的有机配合，对构建相关民事诉讼的鉴定程序制度至关重要。

（二）民事鉴定程序与刑事鉴定程序之区别

在鉴定制度是否存在民事和刑事之分的问题上，历来争议较多。主张鉴定不存在民事和刑事之分的学者认为鉴定是一种技术手段，本没有刑民之分，鉴定制度的民事和刑事之分也不完全是以鉴定的科学性为标准来区别的。[①] 鉴定程序制度是科技性与法律性的有机统一，科学技术与诉讼程序分别属于自然科学和社会科学的范畴，用自然科学领域的概念标准来直接否认社会科学领域的分类没有科学和现实意义上的理论依据。民事诉讼和刑事诉讼性质上的差异决定了它们是两种程序条件各异、内容千差万别的诉讼法意义上的程序制度，二者有着不同的诉讼目的和任务，参与两种诉讼程序的鉴定人也并不完全相同，对其相应的规范化管理也各不相同，刑事诉讼与民事诉讼所解决的纠纷性质也各不相同。鉴定制度作为民事和刑事诉讼中的诸多诉讼制度之一，从整体和部分、一般与特殊的哲学角度来说，其必须与整个民事和刑事诉讼程序相协调，才可以发挥其应有的功能。事实上，根据我国目前的刑事诉讼法的规定，刑事诉讼中的鉴定存在着侦查阶段的鉴定、审查起诉阶段的鉴定和审判阶段的鉴定之分，因为一般来说"鉴定是在刑事诉讼过程中发生的"[②]，侦查阶段的鉴定当然属于刑事诉讼中鉴定的应有之意，审查起诉阶段的鉴定也是刑事诉讼的本分之事。民事诉讼中不存在刑事诉讼中的侦查和审查起诉阶段，自然也没有类似的鉴定程序制度规范，刑事诉讼与民事诉讼不同的证明责任分配原则也决定了二者的鉴定制度必然存在着差别。因此，将鉴定程序制度区分为民事程序和刑事程序是科学合理和可行的，但也并不意味着它们之间只有区别没有共同之处。

---

① 徐立根：《论鉴定》，载何家弘主编《证据学论坛（1）》，中国检察出版社 2000 年版，第 19 页。

② 张玉镶：《司法鉴定基本概念研究》，载《中国司法鉴定》2001 年第 1 期，第 22 页。

三、我国民事鉴定程序制度的演变历程

纵观我国历史，利用具有专门知识的人员对案件中涉及事实方面的疑难问题提供检验检查的鉴定意见，借此为侦查、审判甚至监督刑罚执行等司法活动提供科学依据的历史源远流长。先进的鉴定科技背后一定有相对成熟的程序制度保障其结果的可靠性与科学性，研究历史上鉴定制度的源与流，兴与衰，有助于我们认清现状，正确认识鉴定程序的本质及其制度特征，更好地为社会主义民事诉讼法制建设服务。

据《礼记·月令》记载："命理瞻伤、察创、视折、审断，决狱讼，必端平。"[①]当时已经存在兼任法医检验与鉴定的"令史""理"等官员，说明早在春秋时代，我国已存在为诉讼服务的法医鉴定的实践。[②] 1975年，中国考古学界在湖北省云梦县睡虎地秦墓发掘出大批竹简——《睡虎地秦墓竹简》。《睡虎地秦墓竹简》的发掘证实，早在战国末期我国已有"令史"从事尸体检验和活体检验。根据《封诊式》秦简记载，令史集侦查、勘验、鉴定职责于一身，发生命案后，长官通常命手下的"令史"官对活体、尸体的损伤进行检验，[③]由医生负责涉及麻风病的检验或鉴定。这表明秦朝已经有了法医人体检验（鉴定）的实践，在案发现场进行勘验、对犯罪有关的场所和物品进行勘察、对尸体和活人身体进行检验成为司法官员收集物证和其他证据、查明案情的重要手段。唐代涉及鉴定的领域进一步拓宽，法律制度进一步完善；[④]宋代在基本沿用唐的鉴定证据制度之外，进一步规范了检验（鉴定）活

---

① 霍宪丹主编：《司法鉴定学》，中国政法大学出版社2010年版，第40页。

② 叶孝信主编：《中国法制史》（新编本），北京大学出版社1996年版，第379—380页。

③ "令史"对实际的检验鉴定结果通常是以书面报告书（爰书）的形式提出，类似于现在的法医鉴定结论和现场勘查报告。《封诊式》载有三个现场勘察和尸体检验的文书案例：一是"贼死"（杀人）；二是"经死"（缢死）；三是"穴死"（挖洞偷窃尸身物品）。从这三个勘察文书来看，当时的长官在接到辖地内发案报告后，就必须立即派官吏去现场进行勘验，勘验时要详细勘察现场的情况，检验尸体的伤痕和有关情况。

④ 1959年，新疆楼兰古城出土的画有指纹横折纹间距的唐代贞观年间制成的遗言文书，表明人们已开始利用手掌纹来辨别真伪了。

动的相关法律规定。① 宋代的司法人员在总结前人办案经验的基础上,特别强调在现场勘验中辨别证据的真假,宋朝有关检验制度的规定和检验技术都远远超过前代。其中,作为我国古代第一部系统探讨物证理论的《折狱龟鉴》(郑克)是这一时期证据制度发达的代表之一,②宋代审判中对于人命案件更加重视检验与现场勘验活动,在鉴定方面积累了丰富的经验,留下了一大批法医学著作,如《棠阴比事》和《洗冤集录》③,《洗冤集录》先后被翻印成多国文字流传于世,对中国乃至世界法医学的形成和发展作出了巨大贡献。元代的案件勘验等证据制度在宋的基础之上进一步完善了命案的勘验制度,以保证证据充分、真实、可靠。④ 我国古代鉴定检验制度历史虽然悠久,但历代统治者对鉴定制度只有些微修改,基本上处于长期徘徊、停滞不前的状态。

我国近现代意义上的鉴定制度确立于20世纪初期,1907年,清光绪年间颁布的《各级审判厅试办章程》(以下简称《试办章程》)第一次对鉴定从法制度的角度作了规定,凡有一定学识经验及技能者都可被选用为鉴定人,⑤确立了法官与鉴定人在身份上的"审鉴(检)分离"制度。《试办章程》将与鉴定有关的规定放在第三章的"证人鉴定人"之内,在诉讼活动中鉴定人实际上就是特殊的证人,该法第一次对刑事鉴定和民事鉴定作出了初步区别,

---

① 宋时已有专职鉴定人员,这种专职鉴定人员被称作"仵作",遇有狱案时,司法官员必须带领"仵作"等亲自检验。宋代的法律规定了鉴定官员的身份与职责、检验内容、检验记录的格式等。

② 《折狱龟鉴》卷六云:"证有难凭者,则不若察情,可以中其肺腑之隐;情有难见者,则不若证据,可以屈其口舌之争,两者迭用,各适所直也。"在证据效力上,郑克提倡物证胜于人证。郑克总结的破案之术、断狱之道、定案之法,是对中国古代证据理论的重大突破。

③ 《洗冤集录》共五卷,内容包括检复总说、疑难杂说、初检、复检、验尸、四时变动、验骨、自缢、溺死、自刑、杀伤、火死、服毒及其他各种伤死共五十三项检验方法,这是世界上最早的法医学专著,宋慈在总结前人办案经验的基础上,把实践中获取的药理、人体解剖、外科、骨科、检验等方面的知识汇集成册,刊行于世。

④ 《元典章》刑部"检验"条详细记载了"检尸方式":1. 仰面;2. 合面;3. 对众定验得某人委因致命;4. 检尸人等。元代对刑案"验尸法式"的勘验提出了几项基本要求:1. 写明停尸的地点、时间;2. 必须有证验者作旁证;3. 主管官吏必须亲临现场,监督如实勘验,标写"尸账";4. 诸有司必须依式将刑案申报本管上司;5. 指派有司官检复尸伤。

⑤ 何家弘:《司法鉴定导论》,法律出版社2000年版。

《试办章程》第七十五条规定："（鉴定人）民事得由两造指名，呈请选用。"显然，这时刑事诉讼鉴定与民事诉讼鉴定已经有了区别。新中国成立之后，在鉴定制度方面全面照搬苏联的司法制度模式，建立了典型的刑事侦查专门机关一元化的鉴定垄断体制，这一时期，民事诉讼案件需要进行鉴定的，大多依靠公安部门的鉴定机构进行，少部分案件临时指派或聘请医生及其他的专业技术人员进行鉴定。[①] 1978年《宪法》颁布之后，我国的民主法制建设进程加快，1979年颁布的《刑事诉讼法》对鉴定作了原则性规定，鉴定也只是侦查措施，同时检察机关负责职务犯罪的侦查工作，检察机关也设立了鉴定机构承担了部分鉴定职能。2012年修订的《民事诉讼法》规定："人民法院对专门性问题认为需要鉴定的，应当交由法定鉴定部门鉴定。"[②]《人民法院组织法》（1979年制定，1983年修订）为法院设立鉴定机构配备司法鉴定人又进一步提供了法律依据，这阶段鉴定机构由各级司法机关设置并行使管理权。之后为了解决司法鉴定工作的公正廉明问题，填补社会鉴定机构管理的法律空白，国务院授权司法部门具体管理面向社会服务的司法鉴定工作，同时湖北、四川、重庆等11个省、市、自治区通过地方立法对面向社会服务的鉴定机构进行了规范，一些涉及鉴定业务的行政部门也制定了一些有关鉴定活动的管理规范。按照这些规定，司法部和省以上的鉴定管理部门审核登记了一批有条件的公安政法院校和大学法律院系的鉴定机构，[③]这又造成了部门规章与地方法规之间、公检法内部鉴定部门与社会鉴定机构之间的冲突频发，各种类型的鉴定机构实际上处于一种无序的运行状态，司法裁判的公正性与鉴定意见的科学性问题同样没有得到彻底解决。[④]

为了解决司法实践中产生的鉴定问题，自2000年第九届全国人大第三次会议之后，全国人大内务司法委员会就司法鉴定的法律管理体制等方面存在的一些问题进行了调查研究，于2002年12月23日将拟订的《关于司法鉴定管理问题的决定（草案）》提交全国人大常委会进行了初次审议。

---

① 金光正：《司法鉴定学》，中国政法大学出版社1991年版，第15—16页。
② 邹明理：《司法鉴定概论》，成都科技大学出版社1998年版，第47页。
③ 李万忠：《我国司法鉴定制度主要缺陷及其完善》，载《法学杂志》1996年第1期。
④ 杜春、王公义：《我国司法鉴定的现状、问题及对策》，载《中国司法鉴定》2004年第2期。

2004年12月25日,全国人大常委会就草案修改意见稿进行了第二次审议,2005年2月28日,第十届全国人大常委会第十四次会议审议该草案第三稿并表决通过了我国第一部规范司法鉴定活动的法律——《全国人民代表大会常务委员会关于司法鉴定管理问题的决定》,并于2005年10月1日开始正式实施。

第二章 我国民事鉴定程序运行态势实证分析

一、我国民事鉴定程序运行调查研究概况

(一) 调研背景与过程介绍

随着社会主义市场经济体制的建立与完善,我国社会生产关系格局发生了重大改变,社会民事矛盾和各类经济纠纷迅速增长,依法治国、建立社会主义法治国家成为我们的必然选择。在此大背景下,国家出台了一系列有关鉴定管理工作的法律法规和司法解释。① 但是,现阶段民事鉴定行业的运行环境没有因此而有大的改善,鉴定机构、鉴定人及鉴定委托人的权限也并没有相应地得到合理的扩张,司法机关接受并评判鉴定信息的能力也没有得到大幅度提高,司法实践孜孜以求的公正与效率也没有得到最大限度的实现。

社会主义市场经济条件下利益主体趋势呈现多元化态势,社会生活中人与人之间各种民事或者经济纠纷大量出现。同时,科学技术水平的飞速提高使得民事诉讼司法实践中运用高科技手段进行事实鉴定的案件大量增加,可在民事诉讼法实施过程中现行鉴定体制所反映出的许多问题并没有随着我国民事审判制度的改革与发展有所缓解。

基于此,在 2012 年 3 月与 5—7 月笔者分两个阶段,深入内蒙古自治区

---

① 如1988年的《人民检察院法医工作细则》,1989年最高人民检察院等五部门联合颁布了《精神疾病司法鉴定暂行条例》,司法部相继发布了《司法鉴定执业分类规定(试行)》《司法鉴定许可证管理规定》《司法鉴定程序通则(试行)》《司法鉴定协议书(书示范文本)》,最高人民法院颁布《人民法院司法鉴定工作暂行规定》(2001年11月16日)和《关于民事诉讼证据的若干规定》(2002年4月1日)等等。参见最高人民法院编选:《司法鉴定司法解释及相关法律规范》,人民法院出版社2003年版,第1页。

呼和浩特市、四川省泸州市、重庆市、北京市和上海市五个城市对我国目前民事鉴定程序的运行状况进行了实地调查研究活动。本次调研采取在法院阅卷和面向司法鉴定行政管理主管机关、国家质量技术监督检验部门、司法审判机关、社会性与国家机关鉴定机构、鉴定人员、律师事务所,以及社会普通成员发放调查问卷、集中访谈和举办座谈会的方式,获取了一些我国目前民事鉴定程序制度运行现状的主观与客观资料。

1. 在法院阅卷方面,在上述城市法院系统共调阅卷宗 195 份。上海地区阅卷 69 份,2009 年 39 份,2011 年 30 份,其中一审 33 份、二审 36 份。北京地区阅卷 30 份,2008 年 15 份,2010 年 15 份,涉及一审民事案件 15 份,二审民事案件 15 份。重庆市共调阅案卷 10 份,主要集中在 2012 年的民事案件。呼和浩特市中级和基层两级法院共阅卷 36 份。在泸州市阅卷 50 份,一审案件 25 份,二审与再审案件 25 份。

在调查问卷发放方面,向北京市、上海市、重庆市、泸州市和呼和浩特市的司法鉴定管理机关、法院、社会性鉴定机构、律师事务所和社会普通群众及部分当事人发放调查问卷 300 份,回收有效调查问卷共计 295 份,回收率为 98%。其中,向司法鉴定管理部门发放 66 份,有效回收 64 份,回收率为 96.97%;向法院发放 91 份,有效回收 90 份,回收率为 98.9%;向社会性鉴定机构发放 55 份,有效回收 53 份,回收率为 96%;向律师事务所发放 25 份,有效回收 25 份,回收率为 100%;向社会普通人群及部分当事人发放 63 份,有效回收 63 份,回收率为 100%。同时,在调研过程中选择每类人群一定数进行一对一的访谈。

2. 由于在调查准备与实施上的时间差异,本次实证考察所参考之数据皆为 2007 年 10 月之后至 2012 年 3 月之前有关鉴定程序的民事诉讼资料。地区选取的原则是以地区经济发展水平、民族分布状况兼顾东南西北地区不同特点的民事鉴定程序制度实施状况为准;在法院审级上重点选取了中级和基层人民法院,但也采访了较高级别的司法和行政机关,以期获得更全面合理的有关鉴定的现实情况(如对最高人民法院、司法部、组织部、国家质量技术监督局等部门的相关人员进行了访谈);在鉴定机构的选取上重点选取了全国已由司法部认可的十大重点司法鉴定中心之一的司法鉴定中心与欠发达地区的鉴定机构同时开展调研工作。

本次考察主要针对民事审判中有关鉴定的程序制度,但法官不限于民庭法官,也有部分是刑庭法官,以期获得更为普遍的有关鉴定程序制度方面的信息资料。在阅卷、问卷和访谈中根据需要设计的侧重点有所不同,并根据调研的目的和意义有针对性地在内容和形式上有所变通,对审判人员、相关鉴定人员和社会大众则根据具体情况分别设计了不同形式的访谈计划和采访目录,以期获得较为全面和实用的信息资料。

(二) 现行民事鉴定程序总体实施情况

以主体为主线,在 90 名法官中,认为现行民事鉴定程序制度能够满足民事审判需要并在实践中实施效果较好的有 56 人,约占受访法官总数的 62.2%;认为现行民事鉴定程序制度解决问题效果一般的有 25 人,约占受访法官总数的 27.8%;认为实施效果较差的有 9 人,约占受访法官总数的 10%。在 64 名鉴定主管机构工作人员中,认为现行民事鉴定程序制度实施效果较好的有 36 人,占受访鉴定主管机构工作人员总数的 56.25%;认为实施效果一般的有 20 人,占受访鉴定主管机构工作人员总数的 31.25%;认为实施效果较差的有 8 人,占受访鉴定主管机构工作人员总数的 12.5%。受访的 25 名律师中认为实施效果较好的有 9 人,占受访律师总数的 36%;有 13 人认为实施效果一般,占受访律师总数的 52%;认为实施效果较差的有 3 人,占受访律师总数的 12%。在 53 名鉴定人员中,有 8 人认为鉴定程序基本能够满足目前民事诉讼的需要,约占受访鉴定人员总数的 15%;认为实施效果一般的有 45 人,约占受访鉴定人员总数的 85%。在受访的 63 名社会普通人中,有 20 人认为实施效果较好,占受访群众人员总数的 31.7%;认为实施效果一般的有 18 人,约占受访群众人员总数的 28.6%;有 25 人认为现行民事鉴定程序制度实施效果较差,占受访普通人群人员总数的 39.7%。社会普通群众反映情形见图 2-1。

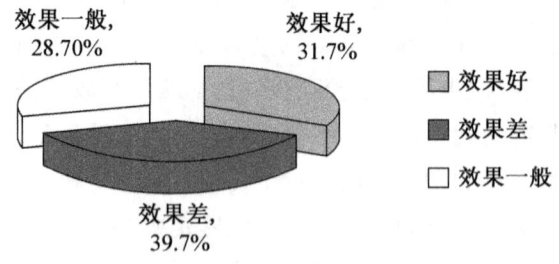

图 2-1 鉴定实施效果群众反映图

以地区为主线,在北京市的 90 人中,认为实施效果较好的有 39 人,占北京市受访总数的 43.3%;认为实施效果一般的有 43 人,占北京市受访总数的 48%;其中 8 人人认为实施效果较差,占北京市受访总数的 8.9%。在上海市填写问卷的 38 人中,认为实施效果较好的有 12 人,占 31.6%;认为实施效果一般的有 15 人,占 39.5%;认为实施效果较差的有 11 人,占 28.95%。在呼和浩特市的 80 人中,认为实施效果较好的有 43 人,占 53.75%;认为实施效果一般的有 28 人,占 35%;认为实施效果较差的有 9 人,占 11.25%。在我国泸州市和重庆市接受问卷和采访的 80 人中,认为我国目前民事鉴定程序制度在审判实践中实施效果较好的有 40 人,占受访人数的 50%;认为实施效果一般的有 25 人,占受访人数的 31.25%;认为实施效果差的有 15 人,占受访人数的 18.75%。

总体而言,被调查主体的 45% 认为现行鉴定程序制度处理涉及鉴定的民事诉讼案件效果一般;在被调查主体中有 15% 的人员明确认为鉴定程序制度处理民事案件效果较差;全部被调研人员的 0.7% 对民事诉讼中有关鉴定程序法律制度的实施效果不置可否。我国民事鉴定程序制度运行效果数据比较见图 2-2。

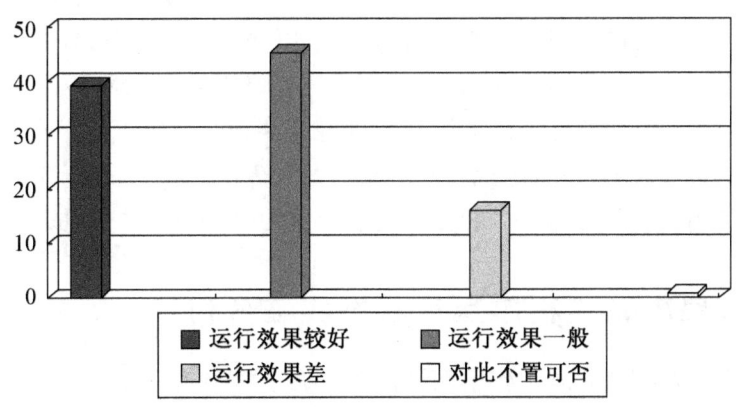

图 2-2 我国民事鉴定程序制度运行效果统计数据比较图

上述鉴定程序制度在民事诉讼中实施效果的统计数据至少可以说明以下两个问题:

第一,在本次调查中,鉴定机构的行政主管部门工作人员和法官群体对现行民事鉴定程序制度的实施情况满意度较高,分别占到了 62.2% 和 56.25%,律师和普通群众对民事鉴定程序制度的实施效果满意度居中,但是也没有超过受访人数的半数。掌握民事鉴定决定权的机关人员对现阶段民事诉讼鉴定程序制度满意度较高，而对民事鉴定程序制度最了解的业内人士对目前鉴定制度的实施效果评价最低。普通群众对鉴定效果评价较差的人数占39.7%，总的来说比那些评价高的人数高了8个百分点，对鉴定实施效果满意度评价低的人数要多于评价高的人数，这从另一方面说明现行民事审判中鉴定制度在运用中确实存在较多人民群众不满意的问题，运行机制并不顺畅，大家对鉴定审判结果的认同感不高。

第二，在经济发展水平不同的地区之间的比较中，北京市和上海市的数据统计的结果有相似之处，满意的人分别占到各地区受访人员总数的43.2%和32.1%，但仍然没有超出受访人员总数的半数。呼和浩特市的统计数据显示，对审判中鉴定程序制度实施效果的反映与前二地的情况有较大差异，受访主体认为鉴定实施效果较好比例在所有被采访城市中是最高的，所占比例达到受访人总数的56.7%；在泸州市和重庆市接受问卷和采访的人员中，认为我国目前民事鉴定程序制度实施效果较好的占当地受访人数的51.3%，认为实施效果一般的占受访人数的30.8%，认为实施效果差的占当地受访人数的17.9%，对鉴定实施效果显示满意和不满意的百分比处于全部被采访城市的中等水平。这说明对民事鉴定程序制度实施效果的满意度与当地的经济发展水平密切相关，以呼和浩特市为例，由于被采访人群所掌握的鉴定实施资源的不同，那些越是掌握着较大民事鉴定决定权的机关工作人员对鉴定结果的满意度就越较高，而文化教育程度又相对来说较低的普通人群，对鉴定程序制度又不太了解，造成了对现行鉴定制度的实施效果满意度与发达地区相比出现了严重的两极分化的情况。

二、民事鉴定程序运行状态实证分析

本次针对鉴定管理工作的实证调查对五市六类相关人员进行了一系列的访谈，这些参与调研的访谈对象可分为两大类：一类为国家司法机关工作人员，一类是包括律师在内的社会普通群众。访谈问题分为三大部分：第一部分为鉴定机构与鉴定人管理工作的相关情况，第二部分为民事鉴定服务的质量问题，第三部分为法院组织人事制度的改革问题。

（一）民事鉴定管理工作

针对国家/政府鉴定主管部门对社会鉴定机构/司法鉴定部门工作管理

效果的评价,在被采访的社会各类人群中,包括律师、鉴定人在内的社会普通民众对国家鉴定管理工作满意的,占所访总数141人的25.5%,不满意的占所访人员的57.8%,表示一般/不熟悉的占所访人群总数的16.7%。关于鉴定的管理工作满意度比较如图2-3所示。

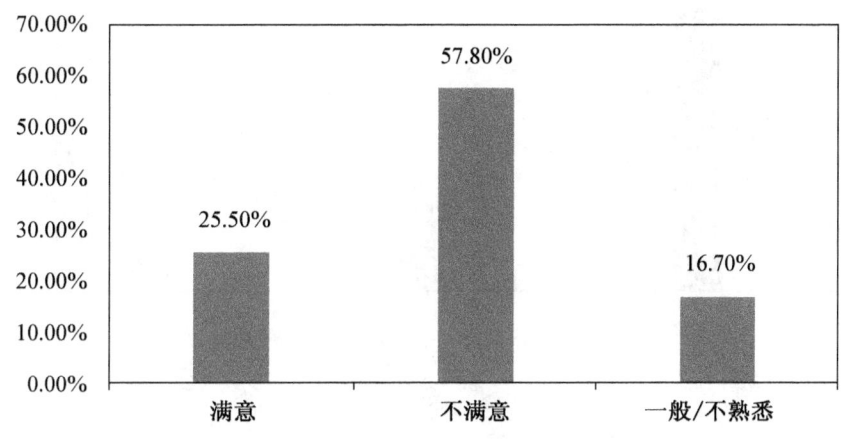

图2-3 鉴定管理工作满意度比较图

针对民事鉴定服务工作怎样保证鉴定操作的科学化与规范化的问题,包括律师、鉴定人在内的141位受访普通群众中,支持由行业自律来保证鉴定意见科学性的人数占受访人数的57.8%;支持统一由国家司法鉴定管理机关加强行政管理工作来保证鉴定意见科学性的人占13.9%;认为应由司法鉴定管理机关与行业协会进行双重管理来保证鉴定意见的科学性的人占28.3%。就同样的一个问题,不同人群的答案会有很大的差异,在包括法官、鉴定机构管理人员在内的154人中,认为应该由行业自律来保证鉴定意见的科学性更为合理的人占此类受访人群总数的比例为29.1%,认为应该统一由司法鉴定行政管理机关加强管理工作保证鉴定意见科学性的人占15.9%,而大部分此类受访人群还是支持国家鉴定行政管理机关与行业组织共同管理的形式,占55%。对于加强与改进鉴定服务质量的管理方式支持比如图2-4所示。

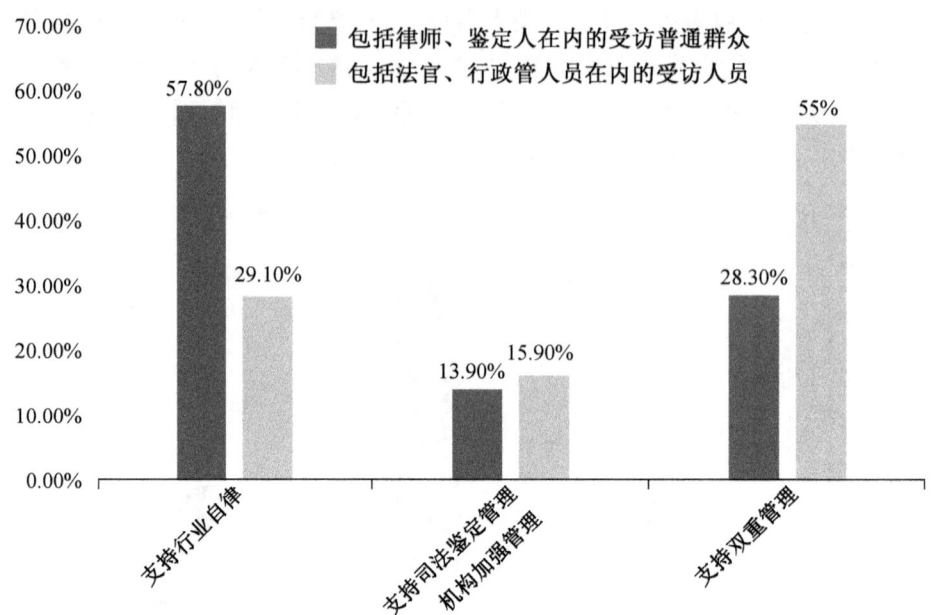

图 2-4 加强与改进鉴定服务质量管理方式支持比图

（二）鉴定服务质量问题

在有关鉴定的组织制度、程序规则等建设是否完善方面，主要是针对本单位鉴定实施过程是否建章立制并建立相应的绩效考核制度进行了调研。在北京、上海、泸州、重庆和内蒙古五地区调研中选取的 16 个民事鉴定机构中，有 13 个社会鉴定机构内部有健全的规章制度，并且与鉴定技术人员的绩效挂钩，有 3 个没有建立工作绩效考核的鉴定机构主要分布在内蒙古和泸州。在接受调研的各类社会主体对于我国现阶段法院对鉴定证据的采信结果是否能够反映鉴定服务质量的高低问答中，包括法官、司法鉴定行政工作人员、律师、鉴定人以及其他社会普通群众的 295 人中，有 233 人认为目前我国法院对于鉴定意见的采信结果并不能完全反映鉴定意见的科学性与准确性，占所有接受调研人员的 78.99%，在所有受访人员中有 51 人认为能够反映鉴定意见的质量高低，占所受调研人数总数的 17.29%，3.72% 的余者表示不清楚。法院采信结果能否反映鉴定客观性的意见如图 2-5 所示。

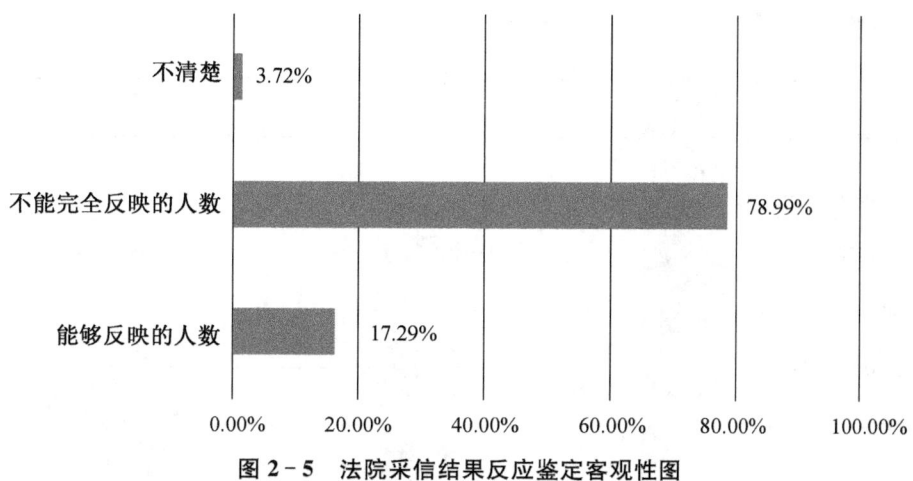

图 2-5 法院采信结果反应鉴定客观性图

（三）鉴定权的行使问题

1. 鉴定的启动权行使

对于民事鉴定程序的启动权行使问题,本次调研访问了部分法官和律师群体,在律师群体 35 人中有 25 人认为应当削减法院的民事鉴定决定权,占受访律师人数的 71.4%,认为应该赋予当事人更大的民事鉴定启动权。关于削减法官的民事鉴定启动权,呼和浩特市的 16 名法官中有 3 人可以接受,13 人认为不能接受;在北京市 19 名接受访谈的法官中有 7 名法官选择接受,12 名法官认为不能接受;上海市 26 名法官中,13 名选择"可以接受",选择可以接受的法官占受访法官人数的比例达到了 50%。综合欠发达、发展中和发达地区的调研数据,可以看出律师中支持这一观点的人数占到受访人数的绝对多数,而在上海市的受访法官也有近一半的人员认为可以接受这一观点,而认同这一观点的人数在三地居中,说明民事鉴定程序制度的改革是会受我国法院系统审判人员的思想水平、能力水平与当地的经济、政治工作状况影响的。赞成此项改革措施数据比如图 2-6 所示。

律师群体对待鉴定启动权赋予当事人问题的态度与法官相比走向了另一极端,71.4%的律师明确表示赞成削减法官的民事鉴定启动权,在北京和上海有近 44.4%的法官表示赞成,而在呼和浩特市仅有 18.8%的受访法官赞成。在调研过程中也发现,许多法官担心的是实行这样的改革措施会加大法官判决难度,对于目前法官群体的综合素质和能力是非常大的挑战。

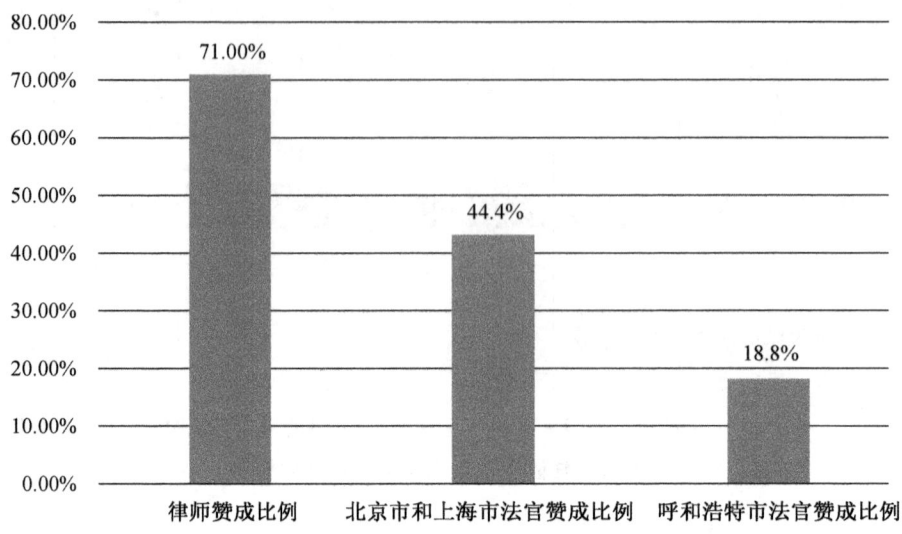

图 2-6 赞成此项改革措施数据比图

赞成削减法官鉴定启动权的理由是认为这一措施确实可以使双方当事人处于同样高度的诉讼平台上展开司法较量，符合我国民事诉讼改革的理念，顺应国际司法发展的潮流。但只有鉴定程序的各利益方真正接受并能够切实付诸实施民事诉讼改革的理念和原则，我国民事诉讼中的鉴定程序制度改革才能深入有效地进行下去，也才能达到司法改革的法律效果和社会效果双重统一的理想目标。

2. 鉴定主体的选任方式

鉴定主体的选任方式与鉴定程序的启动密切相关，一般而言，在诉讼前的鉴定工作是由当事人自己决定选任鉴定机构和鉴定人，但是当案件进入诉讼程序之后，则面临鉴定启动可能受到限制（法院）的情况，这时鉴定人的选任则是在启动之后紧接着的工作而已。这时有三个选项，一种是鉴定人由当事人各自选任，一种是由当事人双方共同协商选任，一种是由法庭指定鉴定人。综合五市的调研数据，在法官中，主张当事人双方确定的占52.7%，主张由合议庭指定的占36%，主张由当事人各自选定的占11.3%。在五市接受调研的社会群体（鉴定人、当事人和律师）138人中，认为应由当事人各自选定的有53名，占38.4%，认为应当由当事人双方协商选定的有48人占34.8%，认为应当由合议庭指定的有37人，占26.8%。具体数据比参见图2-7所示：

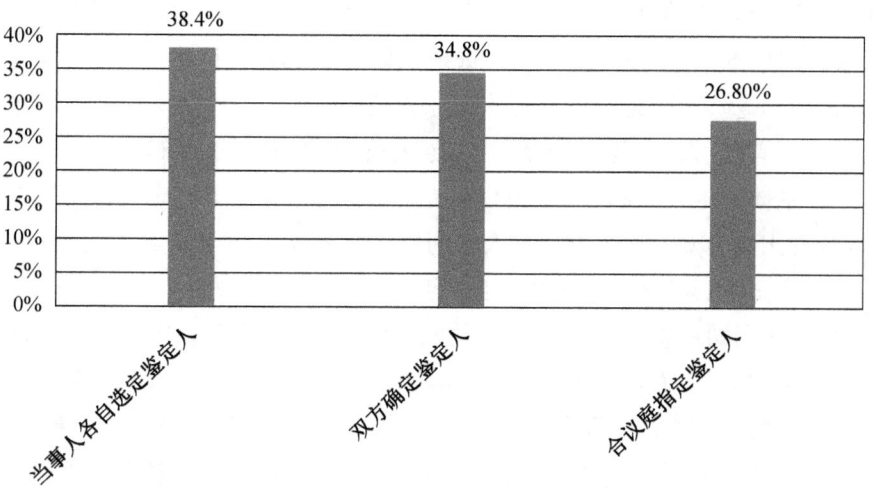

图 2-7 社会普通群众对鉴定人选任方式的看法数据比图

这两组统计数据可以说明这样两个问题:

第一,总体而言,接受调研的法官群体和社会普通人群体大都认为由当事人双方协商一致的方式确定案件的鉴定人比较合适。法官群体最支持由当事人双方确定鉴定人。而这两个受访群体反映差异较大的是在当事人各自选定鉴定人和由法庭指定鉴定人之间,法官群体最不支持由当事人各自选定鉴定人,而社会普通人群则最支持。

第二,接受调研的社会群体不同,对于三个不同问题的选择也有很大的差异。接受调研的法官群体对由当事人各自选定鉴定人最为排斥,而社会群体则刚刚相反,对由合议庭指定鉴定人最不支持,不管怎样,由合议庭指定鉴定人的作法都没有成为两个群体的首选项。对于当事人各自选定鉴定人的做法,是社会普通人群的首选。一般看来,对于鉴定意见的证据性质,大多数人还是持肯定态度的。尤为值得一提的是,法官群体对于当事人双方各自指定鉴定人的方式的支持度的比例是全部选择项当中最低的,在受访的法官群体中只得到了 11.3% 的法官支持,在所有选择项中比例都是最低的。这一数据表明,我国法官群体对于当事人的独立启动鉴定权的排斥。

(四) 鉴定意见的效力问题

在当前的司法实践中,鉴定意见的效力审查最突出的问题是鉴定重复。为此,针对鉴定次数的限制性,面向五城五类不同主体开展了相关的调研工作。在接受调研的 295 人中有 265 名选择应当限制民事鉴定的次数,占受访人群比例的 89.83%;有 163 人选择民事鉴定次数应该限定为 2 次,占受访人群的 55.25%;支持将鉴定次数限制在 1 次的有 99 人,占受访人群的 33.56%;有 33 人选择不应该限制鉴定次数,占受访人群的 11.19%。

以主体为主线,在 90 名法官中,有 57 人认为应当将鉴定次数限定为 2 次,所占比例为 63.33%;有 18 人认为应当将鉴定次数限定为 1 次,所占比例为 20%;有 15 名认为无须限定鉴定次数,所占比例为 16.67%。在接受调研的 64 名司法鉴定行政主管机关的工作人员中,认为应当将鉴定次数限定在 2 次的有 33 人,占 51.56%;有 30 人认为应当将鉴定次数限定为 1 次,所占比例为 46.875%;只有 1 人认为无须限定鉴定次数。在 25 名律师中,有 3 人认为不应当限定次数,占 12%;有 13 人认为应当限定为 2 次,占 52%;有 9 人选择限定数为 1 次,占 36%。在 53 名鉴定人中,有 5 人认为不应当限制次数,占 9.43%;29 人认为应当限定为 2 次,占 54.7%;有 19 名认为应当限定为 1 次,占 35.8%。在 63 名接受调研的社会普通群体人员中,有 9 人认为不应当限制鉴定次数,所占比例为 14.28%;31 人认为应当将鉴定次数限定为 2 次,所占比例为 49.2%;23 人认为应当将鉴定次数限定为 1 次,所占比例为 36.5%。

以地区为主线,在北京市参与调研的 90 人中,选择不应当限制鉴定次数的有 10 人,所占比例为 11.11%;有 47 人认为应当将鉴定次数限制为 2 次,所占比例为 52.2%;认为应当将鉴定次数限定为 1 次的有 33 人,所占比例为 36.67%。在上海市参与调研的 45 人中,选择不应当限制鉴定次数的有 3 人,所占比例为 6.67%;有 27 人认为应当将鉴定的次数限制为 2 次,所占比例为 60%;有 15 人认为应当限定为 1 次,所占比例为 33.33%。泸州市和重庆市的调研结果与呼和浩特市的调研结果相似。在呼和浩特地区参与调研的 80 人中,认为无须限制鉴定次数的有 9 人,所占比例为 11.25%;有 43 人认为应当将鉴定次数限制为 2 次,所占比例为 53.75%;有 28 人认为应当限定为 1 次,所占比例为 35%。

这两组统计数据说明:大部分接受调研的人员认为民事鉴定的次数应该受到限制,有 55.25% 的被调研人员选择以 2 次为限进行鉴定是较为合理的,选择这一选项的人数超过了被调研人员的一半以上,只有 11.19% 的被调研人员选择了对民事诉讼的鉴定无须要限定次数,这一选项的数据一方面说明支持重复鉴定、放开次数限制的被调研人员相较不多,另一方面也说明还是有部分人认为鉴定意见作为证据,当事人有权利利用合法手段对此进行举证。但是也有一大部分被调研人员对于民事诉讼程序中无休无止的鉴定感到不满意,所以有33.56%的被调研人员选择了鉴定鉴定次数限制为1次的选项。司法审判人员更倾向于限定重复鉴定的次数,在受调研的法官群体中所占比例高达63.33%,是所有被调查主体中最支持这一选项的。这也从另一个侧面说明目前在司法实践领域,鉴定次数的不限制,导致司法审判人员的压力比较大。鉴定人群体的态度应该更具有代表性,因为鉴定的次数对于开展鉴定业务的鉴定人员来说,具有直接的利害关系。但还是有54.7%的鉴定人认为鉴定的次数最好限制在2次以内,有35.8%的鉴定人认为应当将鉴定次数限定为1次。鉴定人群体对于鉴定次数限制的支持一定程度上还是反映了鉴定的本真面目,但是仍有相当一部分人认为不应该限制鉴定的次数,只要案情需要,就不应当限制鉴定的次数,而应以获得案件真实为目标。

(五) 法院人力资源现状

建立在中国特色社会主义的经济基础之上的我国司法制度,存在法官等司法工作人员的综合素质有待提高的情况,为摸清目前我国审判机关的人力资源现状,本次调研对具有代表性的上海市某基层法院和四川省某中级人民法院进行了专访,因为法官的综合素质涉及面广,本次调研只对两级法院干警的学历状况做一实地调查。上海市某基层人民法院现在(2012年5月)在编干警157名(不包括非公务员的书记员和特聘人员),具有博士学历学位的8名,占本院干警人数比为5.09%,具有国家普通高等院校硕士研究生学历学位的37名,占本院干警人数比为23.57%,那么具有较高级学历学位者的总人数为45名,在全体干警中所占比例为28.66%。其余干警大多为非高等教育或成人自学考试的大学专科以上学历,或者为部队转业军人和转业干部。四川省某中级人民法院(截至2012年5月)共有干警129人(不包括非公务员的书记员和特聘人员),具有博士学历学位的有1人,占本院干警总人数比为0.77%,具有普通高等院校硕士研究生学历学位的有18人,占本院干警总人数比为13.95%,具有硕士研究生以上学历学位的总人数占法院干警总数的14.73%,与上海市某基层法院相差13.93个百分点,其余干警大多数为各类国家承认学历的大中专毕业生或为部队转业干部和军人,其人力资源结构与上海市所访谈法院总体相似。综上所述,两地法院干警共 286 人,博士学位获得者是 9 人,占两地干警总数的 3.15%,硕士学历学位获得者共 55 人,占两地干警总数的 19.2%。

根据我国目前法院干警知识结构现状,有针对性地访谈了呼和浩特市某基层人民法院、北京市某中级人民法院和重庆市某基层人民法院。经过与三地法院的干部与法官座谈,得知这三个单位中呼和浩特市和北京市受访法院在 2009—2012 年期间并没有任何经过特殊渠道选聘的综合性的(鉴定)法律专门人才(综合型的法学博士与教授)到本单位工作和服务,只有重庆市某基层人民法院在 2009—2012 年间有 9 人次,以合同和挂职形式前去工作。该法院给这些选聘来的法律专门人才提供了包括车辆、经济补贴和安排住房等充足的后勤保障工作,当地政府也有专项经费给予支持。对这些法律综合性专门人才的工作态度、业务和工作质量通过向法院干警发放问卷的形式进行了调查了解,认为这些选聘来的法律综合性专门人才对本单位的业务、人才培养等方面起到了积极作用的法院干警占 95.5%,而认为那些法律专门人才受聘到此(法院)工作对本院职工提高自身的素质具有积极影响人数比也达到了 91.9%,认为这些聘请来工作或服务的法律综合型人才为本单位的工作层次提升了一个等级并在全市法院综合评比中取得的优异成绩作出突出贡献的人数,占到 87.9%。

对于如何评价"鉴定/审判职能机关选聘高级的综合性专门人才"这项政策意向(成本与收益相比),在五市五类主体包括法官、鉴定人、律师和社会普通群众共 231 人的问卷调查中,有 190 人认为我国目前司法机关(法院)应该改革人力资源结构,在社会上选聘具有实际工作经验和工作业绩的综合型法律专门人才既有必要性也有可行性,约占受访总人数的 82.25%;认为我国司法机关(法院)应该进行人事体制改革,有必要引进综合型法律专门人才但现实情况并不可行的有 36 人,约占受访总人数的 15.58%;认为我国司法机关(法院)引入综合型的法律高级人才既无必要又不可行的有 5 人,占受访总人数的 2.16%。

综合性法律人才选聘到司法机关工作的必要性与可能性之群众意见如图 2-8 所示。

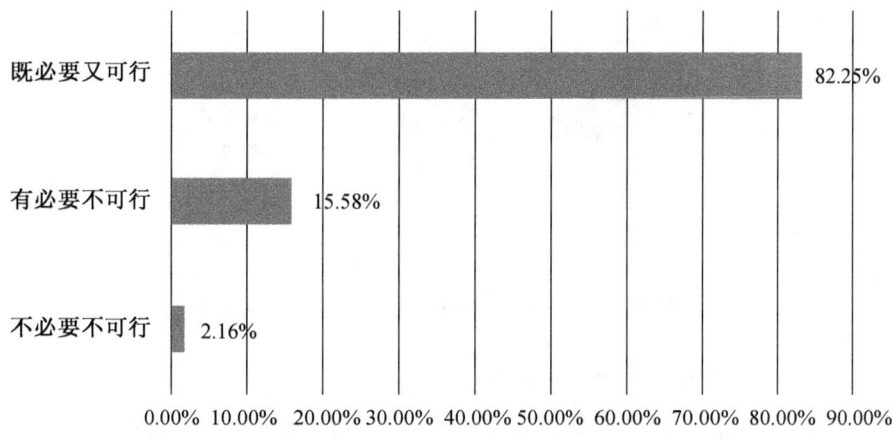

图 2-8 选聘综合人才的必要性与可能性调研结果

三、我国民事鉴定程序运行调研总体分析

(一) 改革意向分析

1. 民事鉴定程序宏观改革意向

关于现行民事审判中鉴定制度是否迫切需要进行改革的问题,总体而言,被调研人员中有近87%的人认为有必要,只有近11%的人认为无须进行修改。北京市90名受访人员中有79人认为应当修改,占87.8%;上海市45名受调研人员中表示修改现行民事鉴定程序制度很有必要的有41人,占本地区受访总人数的91.1%。在重庆市接受调研各类人员为80人,认为应该修改的人数比为85.7%;在呼和浩特市,接受调研的各类人员有80名,赞同修改现行民事鉴定程序制度的,占该地区被调研总人数的83.9%。从我国民事鉴定制度改革意愿的统计数据进行对比分析可以发现,绝大部分受调研人员认为需要对现行民事鉴定制度进行改革。修改现行民事诉讼鉴定程序制度与保持现行民事诉讼鉴定程序制度比较见图2-9:

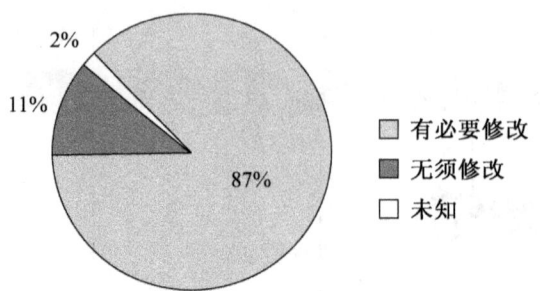

图 2-9 修改与保持现行民事诉讼鉴定制度比较

2. 主要内容改革意向分析

对我国民事鉴定程序涉及鉴定的"主体管理""启动""质量保证""鉴定意见质证程序"和"认证程序"五个方面的选择进行调研。在调研过程中,向鉴定行政主管机关发放问卷66份,向法院系统法官发放问卷91份,向社会鉴定机构发放问卷55份,向律师发放问卷25份,向社会普通群众与部分案件当事人发放问卷63份。主张修改的人数比从高到低依次排序为"鉴定管理体制"占总数的28.9%,"鉴定启动权"占26%,"鉴定质量保证"占19.1%,"鉴定意见认证程序"占13.9%,"鉴定意见质证程序"占12.1%。由此看出,五项改革内容虽然都很重要,但受访人群最关心的还是决定鉴定实施效果与鉴定结果直接相关的事项更受重视,如鉴定管理体制和鉴定启动权的行使,由于认知不同,庭审程序支持度相对居中。民事鉴定程序制度主要内容改革意向分析见图2-10。

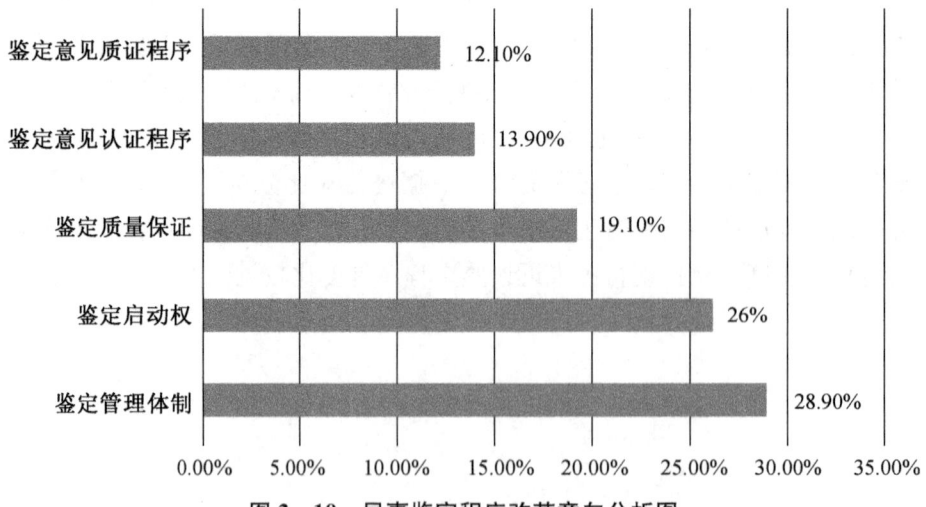

图 2-10 民事鉴定程序改革意向分析图

以地区为主线,北京市90人中有39人选择了首先修改"鉴定管理体制",有28人选择首先修改"鉴定启动权",有23人选择首先修改"鉴定质量保证"和庭审中的"鉴定质证""鉴定认证"程序。在上海市被调研的46人中,有27人选择首先修改"鉴定管理体制",19人选择首先修改"鉴定启动权""鉴定质量保证""鉴定质证""鉴定认证"。在呼和浩特市80人中,有53人选择修改"鉴定管理体制",11人选择修改"鉴定启动程序",16人选择修改"鉴定质量保证""鉴定质证""鉴定认证"。在泸州市和重庆市的调研中,80人的选择前三地的情况大致相同,唯一略高于呼和浩特市的数字是对于民事鉴定的启动和质证认证程序的重视程度,有47人选择,这与当地的法律建设和法治教育水平相关。

以主体为主线,发现针对民事鉴定程序制度进行彻底改革的态度是毋庸置疑的,但因为各自所涉利益不同,所以对于改革以何为突破口不同受调研主体的回答是不同的。在接受调研的90名法官中,36人选择修改"鉴定管理体制",24人选择"质量保证",11人选择"庭审程序",19人选择"鉴定启动权"。在接受调研的64名司法鉴定行政主管机关中,15人选择修改"鉴定启动权",11人选择"庭审程序",13人选择"鉴定管理体制",25人选择"质量保证"。在接受调研53名鉴定人中,24人选择"鉴定管理体制",12人选择"鉴定启动权",10人选择"庭审程序",7人选择"鉴定质量保证"。在25名律师中,9人选择"鉴定管理体制",5人选择"鉴定启动权",3人选择"质量保证",8人选择"庭审程序"。在63名普通人群(含部分当事人)中,有27人选择"鉴定管理体制",20人选择"鉴定启动程序",8人选择修改"质量保证",8人选择"庭审程序"。按调研的不同主线统计数据对比改革意向,如表2-1所示:

表2-1 民事鉴定程序制度主要内容改革意向分析表

主线	以地区为主线的数据统计				
内容	鉴定管理体制	鉴定启动权	质量保证	鉴定质证	鉴定认证
北京 (90人)	39人	28人	5人	8人	10人
上海 (46人)	27人	7人	3人	5人	4人
内蒙古 (80人)	53人	11人	6人	5人	5人

主线 内容	以主体人群为主线的数据统计			
	鉴定管理体制	鉴定启动权	质量保证	庭审程序
法官 （90人）	36人	19人	24人	11人
行政管理 （64人）	13人	15人	25人	11人
鉴定人 （53人）	24人	12人	7人	10人
律师 （25人）	9人	5人	3人	8人
普通人群 （63人）	27人	20人	8人	8人

以上统计数据可以说明以下三个问题：

第一，对于民事鉴定管理体制，在调查中绝大部分受访人都认为是必须首先改革的项目。受访的主体普遍认为民事诉讼中的鉴定启动程序的修改迫切度仅次于"鉴定管理制度"，但是不同的人如参加过或正处于民事诉讼过程中的当事人，因为对民事司法实践理解不同，在各主体中认为鉴定意见的庭审程序首先应该修改的比例比其他人群占的比例要大得多。这说明，虽然《关于司法鉴定管理问题的决定》对司法鉴定体制进行了一定程度的改革，但不管是民事鉴定的管理体制问题还是鉴定的其他程序问题在社会群体中要求改革的呼声都很高。值得注意的是，对于"鉴定质量管理制度"较其他事项在受访人群反而不是最主要的首选项，在某种程度上也反映了我国人民群众对于程序制度的理解有了变化，较改革前有了很大的提高。

第二，不同主体关注的问题各有侧重。如正处于诉讼中或已有过民事诉讼经历的一部分当事人对鉴定意见的质证和认证问题尤为关注。鉴定人则对管理体制改革最为关心。在接受调研的法官中，最关心的同样是民事鉴定管理制度问题。这在一定程度反映了各主体对于改革事项的侧重点依据不同的职业所享有的利益关系，作出了具有鲜明的职业特征的选择，但这种选择不是根据所从事的职业来划分的，而是以其所取得的利益和地位所划分的，在选择所要改革的首选项上具有严重的趋利避害（针对个人或群体而不是针对所有的社会群体）的态势。由是观之，在推动民事鉴定程序制度改革的过程中，由于社会主体自身利益的存在，在设计或安排改革方案时要注意各社会主体之间的利益平衡问题。

第三，以地区发展不平衡来看，五城的受访者大都认为"鉴定管理体制"为最需要修改的事项，其次为"鉴定启动权"，在呼和浩特市受访主体中有10人选择修改"鉴定质证""鉴定认证"，约占受访人数的13%。在泸州市和重庆市的调研中，对于民事鉴定的启动和质证认证程序重视程度更高，占到受访群众总数的59%，这二者相比较的话，对程序制度的重视程度与受访人群所在地的经济发展水平有一定联系，更进一步说，在经济基础之上与当地的文化教育程度也有一定关系，也与当地的法治建设水平相关。比较调研所得之数据可以发现：不同的受访群体对民事鉴定管理体制项选择比例最高，远远超过其他选项。在上述调查中，受访人群反馈的信息也说明不管是鉴定人群体还是普通受访群众在鉴定程序中首先关注的就是民事鉴定管理体制的改革。

（二）总体认识

通过对我国现行民事鉴定程序运行现状和各社会主体对未来司法审判体制的改革趋势所作的实证调研，可以看出《关于司法鉴定管理问题的决定》的颁布和实施解决的仅仅是司法鉴定实践中存在的部分问题，例如法院的自检自鉴、自审自鉴的阶段性问题，在本次调研过程中发现的大量亟待解决的鉴定程序问题，深深地嵌套在整个民事诉讼程序制度内核之中，成为民事诉讼制度改革的绊脚石。根据以上统计数据，表明现行鉴定程序制度在民事审判实践中存在的问题总体可以概括为"对民事鉴定性质认识不全面""民事鉴定权行使难落实"和"司法改革配套措施不到位"三个方面。

1. 对民事鉴定性质认识不全面

随着科学技术的发展，当事人运用各种高科技成果的实践活动也逐渐增多，民事诉讼对鉴定的需求也在不断扩大。但是对于民事鉴定的性质问题许多人的认识并不全面，只看到民事鉴定现象普遍存在的一个或几个方面，却忽略了少数人的看法和意见。

从调研的统计数据来看，随着全国人大常委会《关于司法鉴定管理问题的决定》实施，在民事诉讼实践中鉴定资源得到了广泛的运用。同时，也出现了民事诉讼中多次鉴定、重复鉴定和多头鉴定的问题，但是对这种现象的看法却各不相同，有的人惊呼，有的人欢呼，也有的人叹气，认为鉴定就应该是一锤定音，给审判人员一颗定心丸。这种心态的出现一方面是因为原属于法院和检察院等机关内部的鉴定事务被剥离了出来,涉及鉴定的大量民事案件进入社会性的鉴定机构中,增强了社会性鉴定机构在民事鉴定领域的社会服务作用;另一方面是因为存在司法实践中绝大部分民事案件中的鉴定意见由国家机关内部鉴定机构出具的证明力大于其他社会机构作出的鉴定意见的证明力的传统思维习惯。从而在涉及鉴定事项的民事审判中,审判人员由于人员素质和审判体制等原因,并不常常考虑鉴定意见的科学性和客观性,而习惯于省时又省力地以鉴定机构的级别和鉴定人的权威性为标准判断鉴定意见的效力。正是由于法官判断鉴定意见效力的标准简单又粗暴,一定程度上造成了在民事诉讼实践中当事人对法院委托进行鉴定的怀疑,才出现当事人更倾向于委托级别较高的鉴定人或具有官方背景的鉴定机构的情形,才出现大量普通的民事诉讼案件反反复复地重复鉴定的情形。而在调研中发现对于目前民事诉讼中存在的鉴定证据的滥用、鉴定次数过多等现象虽然大多数人认为是存在的,占所受访人数的近一半,但是包括律师、鉴定人在内的社会普通人并不是像我们想象的一概否定重复鉴定的有效性,也有不少人对于民事诉讼鉴定中存在的重复鉴定事项持肯定态度,如仍然有22.2%的受调研人员认为目前民事诉讼中不存在鉴定证据滥用或鉴定次数较多的现象,而认为这是涉及鉴定的案件查明事实真相的正常现象。而在对那些认为现阶段我国民事诉讼中存在鉴定次数过多现象的69人进行的再次访谈中发现,有35人认为多次鉴定是民事案件审判中的正常现象,占50.7%,而认为重复鉴定这种现象不正常的只有25人,所占比例为36%。相当规模的法官、司法鉴定管理机构工作人员也持相类似的看法,这从另一侧面说明我国民事鉴定案件审判中的重复鉴定、多次鉴定和多头鉴定问题并不是民事诉讼改革的根本性问题,它仅仅是我国审判体制改革的附属产品。

2. 民事鉴定权行使难落实

在现行民事审判体制下,法院的审判权与当事人的诉权配置的合理与否直接关系到民事鉴定程序能否在司法实践中有条不紊地顺利运行。法院审判权与当事人诉权的配置并非完全是鉴定程序体制内存在的独立问题,它与民事诉讼中当事人诉权与法院审判权的博弈以及当事人之间诉权的对抗有着千丝万缕的司法理念和价值取向上的联系。

第一,对于审判机关而言,法律赋予的司法审判权并未真正有效行使。法官作为民事诉讼中的当然裁判者,主要是通过对证据(鉴定意见)进行科学合理的审查和判断来对民事纠纷中的争点作出让人信服的最终裁判。民事诉讼中的鉴定意见作为民事诉讼法定的证据形式，理应并自然也要经过法庭的质证程序，由主审法官对其证据能力有无及其证明力大小进行有效审查，对在民事诉讼中提供的鉴定意见之证明效力作出综合判断。这既是法律赋予国家审判机关和审判人员的一项基本权利也是基本义务。但是在涉及鉴定问题的民事诉讼中，我国的司法审判机关和审判人员的审判权并未真正得到有效实施。这就是在民事诉讼领域中有关鉴定的案件反反复复，案件不能及时得到审结的原因之一。造成这种局面一方面是由于我国目前司法机关审判人员的综合素质不高，另一方面我国司法体制并没有开通综合性的法律专门人才合理流动的正常渠道，这样一来真正赋予法官个人独立审判权的前提条件自然不可能形成。我国司法审判机关的基本组织结构是合议庭和审判委员会，法官在案件的审理过程中权力有限，这样也就导致了审理案件的做不了案件的主，不直接审理案件的才是真正的案件裁判者，这要让审理涉及鉴定事项案件的民事审判人员真正地承担审判的说理与论证义务，就强人所难了，因为民事审判中的责任权利没有得到真正的统一。

　　第二，对于当事人而言，其渴望的诉讼权利无法真正享有。我国现行《民事诉讼法》及相关司法解释也赋予了当事人依据诉讼法享有启动民事鉴定程序的权利，但是处于诉讼阶段的当事人极少运用民事鉴定程序的启动权，当事人对鉴定意见的监督审查同样名存实亡。事人并非怠于或不屑于行使提起民事诉讼的鉴定启动权力，而是根据现行法律对民事诉讼权的配置，当事人难以真正行使鉴定权，民事诉讼结构难以保障当事人的诉权行使。在民事诉讼过程中当事人并不真正享有鉴定程序的启动权，无法自行启动鉴定程序，其只能就鉴定程序的启动向法官或法院提出申请，对于这仅有的一点权利，还存在相当高的被法官当庭驳回的风险。在民事诉讼中，当事人双方是否需要鉴定程序的启动权利，这个答案无疑是肯定的。但是从诉讼程序对抗的法治理念而言，我国现行民事鉴定程序制度中当事人根本无法与对方展开诉讼程序上的平等对抗，更不可能与握有绝对审判权的司法机关和法院审判人员的审判权相抗衡。不仅当事方在诉讼中没有鉴定程序的启动权，其对鉴定意见作出过程的知悉权也无法正常行使。由于鉴定意见产生的封闭性特点决定了当事人无法触及鉴定的过程，当事人无法当庭审查鉴定的科学性、客观性和合法性，鉴定人出具的鉴定意见在司法审判实践中也往往没有鉴定过程、鉴定材料提取、实验室条件和鉴定标准等的记录,当事人对民事鉴定事项的监督与法院的庭审审查的目的都无法完成。由是观之,当事人任何一方在民事鉴定程序中所行使的所有权利如重新鉴定的申请、补充鉴定的申请、鉴定人回避的申请以及鉴定意见的审查监督权等都得依赖其他主体的认可或批准才可发挥效用,这也就不可避免地决定了在民事诉讼实践中当事人有关鉴定的仅有的几项权利,当事人任何一方都难以真正实现。

3. 司法改革配套措施不到位

目前我国民事鉴定程序制度产生的所有问题最终都与我国司法审判制度等配套措施的缺失有着不可分割的因果关系,在本次调研中民事鉴定实施过程中所暴露出的许多问题都与我国司法审判制度的配套措施不到位有关。

根据上文所述,一个我国最发达地区的法院和一个为我国欠发达地区的法院干警共286人,博士学位获得者是9人,占两地干警总数的3.15%,具有硕士学位的共55人,占两地干警总数的19.2%。从中我们可以看出,司法审判机关的人力资源相对于我国的社会发展所期望的诉讼目标,远远地落后于现实的需要。所以接受调研的各类社会主体对于我国现阶段法院对鉴定证据的采信结果是否能够反映鉴定服务质量评价问题上,包括法官、司法鉴定管理机关工作人员、律师、鉴定人以及社会普通群众在内的大多数人都认为目前我国法院对于鉴定意见的采信结果并不能完全反映鉴定意见的科学性与准确性。这种现象的发生一定程度上是由于我国民事审判体制与组织人事制度的缺陷。在我国现行诉讼程序制度中,司法体制配套措施改革不到位情况较多。比如,在鉴定人出庭问题上,由于社会整体安全、诚信环境的缺失等原因,鉴定人在主客观上都排斥出庭作证,但这也与"无经济救助途径""无人身安全保护"等配套措施的不到位有重要的关系。再如,在民事诉讼阶段不赋予另一方当事人提起再次鉴定的决定权,那又如何保障鉴定意见的公正性、科学性和客观性。更严重的问题是在民事审判过程中,审判人员有时为了省时省力,规避法律裁决错案率的升高,也极力主张通过鉴定了结纠纷,息事宁人,这就更损害了法律的公正。目前在民事司法鉴定实践中产生的问题,如"民事鉴定性质认识不全面""民事鉴定权行使难落实"以及"司法改革配套措施不到位"三者并非互无关联,互不影响,三者之间存在着互为因果的紧密联系。对于民事鉴定性质认识的不正确,某种程度上影响了我国民事诉讼证据制度的改革方向,而我国民事审判证据审查机制的不科学,一定程度又影响了我国鉴定程序制度设计的合理性,使得当事人诉权与各项鉴定权利配置严重失衡。

(三) 民事鉴定程序运行态势总体研究

1. 民事鉴定启动程序

(1) 缺乏诉前鉴定启动衔接机制

《最高人民法院关于民事诉讼证据的若干规定》第二十八条规定:"一方当事人自行委托有关部门作出的鉴定结论,另一方当事人有证据足以反驳并申请重新鉴定的,人民法院应予准许。"这条规定了在诉讼中一方当事人对另一方当事人的提供的鉴定意见不服的情况下,当事人提起异议权和法院对重新鉴定申请的审查批准权,并没有明确规定在进入民事诉讼之前,当事人有无权利将自行委托鉴定机构或鉴定人得出的鉴定意见提交法庭的法定权利。当事人在诉前有无鉴定的启动决定权,在我国现行的民事诉讼法和相关司法解释中没有明确规定。在这种情况下,即使当事人在诉前进行了民事鉴定,也没有法律法规确认其向法院提交鉴定意见的举证权,法院对于当事人提供的专门问题证据是否可以进入庭审享有最终决定权。

我国《民事诉讼法》第六十四条规定:"当事人对自己提出的主张,有责任提供证据。"可见现行民事诉讼的举证责任主要由当事人来承担。为了使自己的诉讼请求最大限度地得到法院的支持,任何负有举证证明责任的当事人主体都会想尽一切办法提供一切可以证明其民事诉讼主张的证据,而鉴定意见作为证据的一种法定形式,当事人也同样享有对鉴定意见的举证权。既然如此,由证明责任人即当事人自己决定鉴定的事项乃是他们的责任也是他们的权利,当事人民事鉴定启动权的立法空白,或者由法院享有启动决定权的做法都与《民事诉讼法》规定的举证责任主要由当事人承担的证明责任精神不相符合。

(2) 缺乏当事人诉中的鉴定启动决定权

从《最高人民法院关于民事诉讼证据的若干规定》第二十八条的规定看出,民事案件进入诉讼阶段,鉴定能否启动由人民法院决定,当事人无权在庭审举证期限内自行决定委托自己选定的鉴定人鉴定,可见诉中的鉴定举证权属于人民法院,当事人及其代理人没有诉前鉴定的实质启动权,在诉讼举证期限内也仅有鉴定启动的申请权。《最高人民法院关于民事诉讼证据的若干规定》第二十六条对"鉴定人的选任(鉴定启动)"较《民事诉讼法》作了改动,该条规定:"当事人申请鉴定经人民法院同意后,由双方当事人协商确定有鉴定资格的鉴定机构、鉴定人员,协商不成的,由人民法院指定。"从本条规定看,此处并没有规定当事人的鉴定申请应当符合何种条件,也没有规定法院依据何种标准审查当事人的鉴定申请,这种诉讼中的鉴定,其启动的真正决定权仍在审判机关手中。我国有学者这样描绘我国的司法鉴定领域的鉴定人,"经司法机关或者仲裁机构聘请,按一定的程序对案件中的某些专门性问题,运用其专门知识和技能进行勘验、分析、鉴别、判定,从而对专门问题作出结论性判断的人"①。可见在我国司法实践中,民事鉴定的启动权主要由案件的裁决机关行使,当事人的鉴定启动权只能有限行使,根据现行法律法规规定,民事争议进入诉讼之中,指定鉴定机构或鉴定人的决定权掌握在审判机关手中,当然,当事人有权向法院申请补充鉴定或者重新鉴定,但这种申请的批准权依然由法院享有,当事人无权自行委托鉴定机构或鉴定人行使鉴定权。

(3) 审判机关享有最终的鉴定启动权

在我国民事诉讼中,鉴定启动的最终决定权在法院,②鉴定启动权由审判机关所享有具有合法依据,虽然根据《最高人民法院关于民事诉讼证据的若干规定》第二十七条规定,赋予了当事人申请重新鉴定的权利,但同时严格限定了当事人提起重新鉴定的情形,而对于人民法院批准重新鉴定却没有规定审查申请的衡量标准及其所应该承担的法律义务。③ 在过去和现在

---

① 贾治辉、徐为霞:《司法鉴定学》,中国民主法治出版社 2006 年版,第 56 页。

② 《民事诉讼法》第七十六条规定:"当事人可以就查明事实的专门性问题向人民法院申请鉴定。当事人申请鉴定的,由双方当事人协商确定具有资格的鉴定人;协商不成的,由人民法院指定。当事人未申请鉴定,人民法院对专门性问题认为需要鉴定的,应当委托具备资格的鉴定人进行鉴定。"

③ 《最高人民法院关于民事诉讼证据的若干规定》第二十七条规定:"当事人对人民法院委托的鉴定部门作出的鉴定结论有异议申请重新鉴定,提出证据证明存在下列情形之一的,人民法院应予准许:(一)鉴定机构或者鉴定人员不具备相关的鉴定资格的;(二)鉴定程序严重违法的;(三)鉴定结论明显依据不足的;(四)经过质证认定不能作为证据使用的其他情形。对有缺陷的鉴定结论,可以通过补充鉴定、重新质证或者补充质证等方法解决的,不予重新鉴定。"

的司法实践中,①人民法院系统内部设立司法鉴定机构或者设有鉴定人名册的合理性令人怀疑。作为国家审判机关的人民法院应当始终保持中立的社会地位,虽然人民法院内设鉴定机构已被取消而法院内设鉴定机构或鉴定人名册的做法却依然会导致人民法院裁判中立地位的丧失。从目前鉴定程序的运行情况来看,不管是民事案件的初次鉴定启动还是重新鉴定的启动,最终的决定权仍然由审判机关所享有。

法院的主要职能是对双方提供的证据进行审查,并在此基础上适用法律,居中公断。鉴定意见是我国诉讼法规定的法定证据形式之一,鉴定程序的启动会直接导致鉴定意见的产生,而鉴定意见又必然会成为当事人用以证明案件真实情况的证据,并最终为当事人的诉讼请求服务。法院享有鉴定程序的最终启动权,当事人仅享有相对有限的补充或重新鉴定的申请权,这在程序权利结构上具有明显的权力与权利配置失衡偏向性。② 这样看来,由法院来决定鉴定事项及鉴定启动程序,从某种意义上说就是干预了当事人的举证活动,实质上影响了当事人双方的举证活动,某种程度上侵犯了当事人的鉴定权。

2. 我国现行民事鉴定实施程序的运行状况

鉴定的实施是鉴定机构受托后,鉴定人按照委托人要求,对专门性问题进行鉴别和判断并提供鉴定意见的活动。③ 根据2007年10月1日起实施的《司法鉴定程序通则》的规定,鉴定机构和鉴定人接受委托后,鉴定机构和鉴定人必须根据鉴定对象不同的特点制订鉴定方案,并对鉴定过程进行客观、准确和全面的记录,在规定的期限内按照相应专业技术的检验规则和方法规范完成鉴定任务,否则要承担相应的法律责任。

---

① 2001年11月16日最高人民法院颁行的《人民法院司法鉴定工作暂行规定》第四条的规定:"凡需要进行司法鉴定的案件,应当由人民法院司法鉴定机构鉴定,或者由人民法院司法鉴定机构统一对外委托鉴定。"2002年4月1日起实施的《人民法院对外委托司法鉴定管理规定》第十条对当事人的司法鉴定人选择权作出了规定:"人民法院司法鉴定机构依据尊重当事人选择和人民法院指定相结合的原则,组织诉讼双方当事人进行司法鉴定的对外委托。诉讼双方当事人协商不一致的,由人民法院司法鉴定机构在列入名册的、符合鉴定要求的鉴定人中,选择受委托人鉴定。"

② 郭金霞:《鉴定结论适用中的问题与对策研究》,中国政法大学出版社2009年版,第261页。

③ 李晓钟:《最新司法鉴定法律条文理解与适用》,中国检察出版社2006年版,第125页。

(1) 现有的鉴定标准不能满足民事诉讼的要求

鉴定对象和鉴定人员具有专门性,鉴定方法和形式具有规范性,鉴定结论(才)具有权威性。① 2007年8月7日司法部审议通过并于2007年10月1日起施行的《司法鉴定程序通则》是目前我国鉴定主体(机构和个人)组织实施鉴定的行政管理规范,对以证据形式出现的鉴定文书的审查判断作用有限。《司法鉴定程序通则》规定鉴定结束后鉴定机构和鉴定人应当出具书面形式的检验报告书或鉴定意见,2007年11月1日司法部颁行的《司法鉴定文书规范》规定鉴定文书内容包括委托单位或当事人签名的委托书、鉴定的对象及范围、受理日期、鉴定所依据的检材和样品、鉴定方法和步骤、鉴定仪器和设备、鉴定过程、鉴定结论得出的根据和理由等。② 这是目前我国司法(民事)鉴定活动应当遵循的法定的方式、方法、步骤的一般程序规则,关于鉴定实施过程的诉讼意义上的程序标准规范,我国民事诉讼相关鉴定程序的法律规范没有进一步的规定,民事鉴定的实施过程成了民事诉讼证据规范体系中的盲区。

我国目前鉴定领域的鉴定标准有很大空白,由于没有规范的鉴定实施程序和统一的参照标准,为了规范司法鉴定执业活动,2001年1月1日司法部颁行了《司法鉴定执业分类规定》,确定面向社会服务的司法鉴定人的执业资格和司法鉴定机构鉴定业务范围的依据。③ 但执业分类并不是各类鉴定的标准要求,众多的鉴定机构由于行业或专业的特点,必然出现完全不同的鉴定标准,现实的鉴定工作也表现出相当的灵活性。如同样的人身损伤进行伤残等级鉴定,适用公安部制定的《道路交通伤残评定标准》和司法部、公安部、最高人民法院、最高人民检察院联合制定颁行的《人体轻伤鉴定标准》《人体重伤鉴定标准》与劳动部制定的《职工工伤和职业病鉴定标准》结果往往不同,④鉴定委托人(当事人或司法机关)亦常根据自身利益选择鉴定机构。在利益面前,各类鉴定机构可以接受诉讼当事人或者司法机关

---

① 田平安:《鉴定结论论》,载《现代法学》2000年第22卷第6期。
② 参见司法部司法鉴定管理局编:《司法鉴定工作手册》,中国政法大学出版社2008年版,第77页。
③ 参见最高人民法院选编:《司法鉴定司法解释及相关法律规范》,人民法院出版社2003年版,第68页。
④ 参见最高人民法院选编:《司法鉴定司法解释及相关法律规范》,人民法院出版社2003年版,第90页。

的委托进行任何鉴定项目,法官对鉴定意见的采信也缺乏切实可行的评判规则,而且从鉴定实施到证据采信过程中处处存在不由人会想的"暗箱操作"或"逃避责任"之嫌。不少民事案件之所以反复多次鉴定,如果排除违法鉴定的情形,缺少科学的鉴定标准也是主要原因之一。为了使鉴定证据程序规范化与科学化,使鉴定意见更能接近客观、公正、科学的目标,有必要对鉴定实施过程的技术质量制定严格的标准以完善鉴定质量管理体系。

(2) 缺乏严格的鉴定资质认定和质量认证认可制度

我国目前运用理学、工学和医学等自然科学的理论和技术,解决民事纠纷中有关专门性问题的法科学(forensic science)鉴定机构主要有检查机构和实验室,检查机构主要从事法医病理、法医临床、精神疾病、文书、痕迹物证等鉴定事项,实验室主要从事法医物证、法医毒物、微量物证、声像资料等鉴定事项,它们都是在分析检测和实验的基础上出具数据和结果。对于这两类鉴定机构的认证认可是鉴定实施质量管理和质量保证的重要手段。

我国实验室和检查机构认证认可工作是随着改革开放不断深化而逐步推进的,主要由政府主管部门(国家认证认可监督管理委员会和各省市自治区质量技术监督部门)实施实验室和检查机构的资质认定工作和政府授权中国合格评定国家认可委员会开展的实验室和检查机构的质量认证认可评价和承认活动。[①] 实践中,由于主管机关对民事鉴定机构的鉴定程序实施缺乏质量上明确的标准限制,也缺乏开展工作所必需的强制性程序规定和淘汰机制,导致检查机构与鉴定机构资质条件参差不齐,鉴定人员专业技术水平、鉴定质量高低不一,鉴定机构和鉴定人对鉴定事项难以作出让人信服的鉴定意见。如果在检查与鉴定机构领域采用严格的资质认定和质量认证认可的管理办法,实质上是对鉴定机构和鉴定人设立高水平的技术门槛,一定程度上可以弥补鉴定管理工作中行政手段的不足,提高公共管理水平,增强民事鉴定行业的治理力度。

(3) 鉴定实施过程的程序规范不完善

2007年8月7日司法部公布了《司法鉴定程序通则》,《司法鉴定程序通则》在鉴定实行"回避、保密、时限和错鉴责任追究制度"的基础上,增加了司法鉴定的"独立、客观和公正原则""出庭制度和收费制度",明确了"保密、

---

① 沈敏等:《司法鉴定机构质量管理与认证认可指南》,科学出版社2009年版,第3页。

回避和依法接受监督与加强鉴定人管理"等制度内容,但是该《司法鉴定程序通则》是从行政管理的角度对鉴定进行的规范,是鉴定机构和鉴定人组织实施鉴定的工作规范,而不是诉讼证据意义上的民事鉴定程序规范。

《司法鉴定程序通则》虽然也规定了有关鉴定的检验方案的制定、鉴定实施的操作、鉴定文书的制作等鉴定过程所应用的原理、方法步骤等程序,但现阶段我国相关法律法规中还没有对鉴定实施过程予以诉讼意义上的程序规制,我国民事鉴定实施过程还没有被纳入诉讼证据的程序范畴。[①] 作为诉讼主体的法院和当事人以及其他诉讼参加者在鉴定机构和鉴定人鉴定实施过程中所处的地位、应享有的权利和应承担的义务等均无规定,鉴定意见作为特殊的专家证据,鉴定人的宣誓作证没有提上立法日程,鉴定机构或者鉴定人重大过失和故意错鉴的民事、行政和刑事的责任追究体系还没有建立起来。鉴定实施过程目前尚未被纳入诉讼证据法规范的范畴中,导致在鉴定实施过程中当事人没有知情权,当事人(或其他鉴定委托人)无法对鉴定实施过程进行监督。鉴定的实施过程没有其他任何外部力量的制约,如在庭审中的质证和认证过程中没有对鉴定实施过程的审查判断,鉴定过程的真实科学合法性被排除在鉴定的诉讼程序之外,这样违背了证据正当程序的最低标准。尤其是我国目前的司法审判机关享有无限的鉴定启动权,鉴定活动就会成为司法机关的职权取证行为,鉴定的实施过程完全在司法机关掌控的状态中进行,没有其他任何来自当事人的外部力量的制约,鉴定意见的权威性就会大打折扣。在这种情况下,不仅会增加当事人的诉讼成本,也会损害司法的公平与正义。一种越来越走向社会化和专业化的民事诉讼鉴定制度,鉴定意见的科学性和可靠性就越需要由诉讼程序来加以约束,这种来自诉讼程序内的限制对于维护正义就显得越来越重要。

3. 民事鉴定意见质证程序

当事人对鉴定意见进行质证的目的是对其合法性、客观性和关联性提出意见,从而影响法官对案件事实的认定。[②] 鉴定意见作为独立的证据类型,应当经过查证属实后,才能作为定案的根据,但在民事诉讼中鉴定意见

---

① 李晓钟:《最新司法鉴定法律条文理解与适用》,中国检察出版社2006年版,第126页。

② 田平安主编:《民事诉讼法原理》,厦门大学出版社2005年版,第292页。

的质证程序仍存在许多缺陷与不足。①

(1) 缺乏庭前鉴定证据开示程序

《最高人民法院关于民事诉讼证据的若干规定》第四十七条:"证据应当在法庭上出示,由当事人质证。未经质证的证据,不能作为认定案件事实的依据。"弹性这样大的证据质证规定,致使当事人对鉴定意见的质证权形同虚设。在民事诉讼中,作为控方的当事人和作为裁决者的法院垄断着启动鉴定程序的权利并可在委托鉴定过程中与鉴定机构或鉴定人保持紧密联系。在质证活动开始之前,对方当事人对鉴定没有任何机会参与,当事人之间的诉讼力量对比明显失衡。当事人在诉讼过程中不服鉴定结果,只能通过向法院申请重新或补充鉴定来解决,这又将鉴定的决定权交给了司法审判机关。

长期以来,我国民事诉讼法将鉴定意见定为"鉴定结论"作为诉讼证据种类之一,虽然也规定了鉴定意见书应当在法庭上出示,经过质证程序,查证属实后,才能作为定案依据,但在司法实践中,由于法律没有具体规定鉴定人不亲自出庭作证的法定情形,②再加上鉴定人常常不愿意出庭作证,法院也不能强制传唤鉴定人出庭,常常直接对书面的鉴定意见书进行审查认定。在庭审中,当事人双方或其代理人也无法直接面对鉴定人发问,产生的疑问法官无法回答与庭审前不开示鉴定意见书一样都不影响开庭。鉴定意见作为言词证据,鉴定人不亲自出庭作证释疑,既不利于通过法庭审理及时发现、纠正鉴定结论(鉴定意见书)中的错误,同时剥夺了当事人的公平质证权,有违公开、辩论、直接言辞审理原则的基本要求。③

(2) 鉴定意见质证权难以得到保障

我国民事诉讼虽然在庭审中增强了诉讼控辩双方的对抗性,但由于鉴定意见质证方式欠缺,质证内容片面,交叉询问效果有限,当事人对证据的质证权仍难以得到充分的法律保障。不管鉴定人出庭或者不出庭,鉴定意

---

① 《最高人民法院关于民事诉讼证据的若干规定》第五十九条规定:"鉴定人应当出庭接受当事人质询。"第六十条规定:"经法庭许可,当事人可以向证人、鉴定人、勘验人发问。"

② 《最高人民法院关于民事诉讼证据的若干规定》第五十九条第二款规定:"鉴定人确因特殊原因无法出庭的,经人民法院准许,可以书面答复当事人的质询。"

③ 杜志淳、霍宪丹:《中国司法鉴定制度研究》,中国法制出版社2002年版,第168页。

见书经宣读后,当事人双方及其代理人发表意见,即使经法庭准许后向鉴定人发问,审判人员对当事人及其代理人的质疑常常视而不见、置之不理,客观上也不得不视而不见。因为《民事诉讼法》没有规定法官对鉴定意见采信的阐明义务,也没有规范法官的"法庭准许或不准许"的条件和标准,作为法庭依据何种事实准许或不准许当事人向鉴定人发问,法律没有作出进一步的详细规定,法庭调查中主客观上的判断都是模糊的。民事鉴定质证程序形式公正性的被扭曲,法官就会从裁决人的角色走向当事人的对立面,最终影响案件的实体公正。

虽然民事审判方式有了许多方面的改革,但由于我国鉴定意见质证程序的立法规则匮乏,司法实践中鉴定意见的质证简单化而形同虚设。① 在庭审过程中,对于质证鉴定意见结论作出的过程没有详细规定,我们知道,从委托与受理鉴定开始,到鉴定报告书的制作形成,一份鉴定意见书的产生是一个非常复杂的科学检查实验过程,在庭审质证鉴定意见时,至少要对鉴定机构和鉴定人的资格条件进行质询和答疑。鉴定材料的充分、可靠,鉴定设备的齐备、先进,技术方法的科学有效,都是影响鉴定意见证明力的重要因素,这些内容都应该成为质证的主要对象加以规范化管理。加之鉴定主体在进行鉴定时的工作态度,有无受贿、徇私,或受到引诱、威胁、欺骗而产生重大过失或者作虚伪鉴定的情况,对鉴定意见的可靠性也有重大影响,有必要对鉴定结论的可靠性与科学性在庭审中以法定的形式规范并由当事人双方进行对质询问。

根据上述的规定和实践中存在的情况可以看出,②如我国《民事诉讼法》第六十八规定:"证据应当在法庭上出示,并由当事人互相质证。"第一百三十九条第二款规定:"当事人经法庭许可,可以向证人、鉴定人、勘验人发问。"《最高人民法院关于民事诉讼证据的若干规定》第五十条规定:"质证时,当事人应当围绕证据的真实性、关联性和合法性,针对证据证明力有无

---

① 在我国的民事审判实践过程中,鉴定结论的质证程序为:1. 向鉴定人进行发问,应当先要求传唤的一方进行。2. 对方当事人对鉴定人发问,应事先要经法庭的准许,其发问并非为传唤鉴定人的相对方的当然权利。3. 审判人员认为有必要时,可以询问鉴定人。4. 向鉴定人发问的内容应当与案件的事实相关,不得以诱导方式发问,不得威胁鉴定人,不得损害鉴定人的人格尊严。

② 李晓钟:《最新司法鉴定法律条文理解与适用》,中国检察出版社2006年版,第371—373页。

以及证明力大小,进行质疑、说明与辩驳。"我国民事鉴定的质证程序只作了一些原则性的规定,这样的规定很难找出鉴定意见的不足,鉴定意见具体质证程序的细节规划仍然存在不少问题,需要进一步予以完善甚至重构。

4. 民事鉴定意见认证程序

认证是法官审查与评价证据最后形成内心确信的一个认识过程,民事诉讼证据的审查与判断是事实裁判者对当事人的诉讼活动进行评价的活动,直接关系到当事人诉讼活动的结果,在民事诉讼中鉴定意见的认证程序也是民事证据制度的重要内容,直接反映了一国民事证据立法的基本模式。①

(1) 鉴定意见证据能力的审查判断状况

① 鉴定意见必要性审查虚无。鉴定意见的必要性,是指鉴定意见必须在法官不具备认识案件专门性问题的知识与能力的情况下方能引入诉讼。在司法实践中,有些审判人员往往有意无意地违反这一规则,把本应由自己认知的问题推给了鉴定机构和鉴定人,这是因为在立法上缺乏鉴定意见必要性审查的前置条件。

② 鉴定材料可靠性审查宽松。鉴定材料的充分与翔实是鉴定机构与鉴定人展开鉴定的前提条件,也是鉴定意见赖以发挥效用的基石,鉴定材料的客观可靠性是决定鉴定意见证据效力的关键因素之一。但司法实践中对此并未引起足够重视,对鉴定材料可靠性没有任何标准要求,对鉴定材料的客观真实以及关联性的审查过分宽松。

③ 忽视鉴定主体适格性审查。鉴定主体的适格性,是指鉴定机构及鉴定人是否具有实施鉴定的资格和条件。我国对鉴定机构和鉴定人实行严格的登记准入制度,且鉴定往往由法院委托实施,这导致在司法实践中,审判人员一般不重视对这一鉴定主体适格要件的审查,一些不具有鉴定资质的鉴定机构或鉴定人作出的鉴定意见书(结论)也会在鉴定主体没有任何淘汰机制过滤的情况下被认定为具有鉴定证据的证明能力,而被审判人员轻易地采信作为定案依据。

鉴定意见本质上是鉴定人的推断性意见,在证据分类上应归于言词证据的范畴。根据直接原则和言词原则,鉴定人应出庭接受当事人的对质和

---

① 田平安主编:《民事诉讼法原理》,厦门大学出版社 2005 年版,第 296 页。

诘问，否则，鉴定意见便不具有证据能力和证明力。但实践中，法官对鉴定人不出庭或只出具书面结论的鉴定意见书的证据效力也会予以确认。

(2) 鉴定意见证明力的审查判断状况

① 认证过程任意化。民事鉴定程序立法对鉴定意见认证的程序性规则缺乏，导致审判人员对鉴定意见证明力的自由心证几乎不受任何约束，呈现随意化的现象，认证过程流于形式。出于对科学权威的盲目崇拜，一些审判人员视鉴定意见书(结论)为圭臬，不经认证便予以采信，据此认定案件事实。

② 自由心证简单化。审判人员专门知识的缺乏、鉴定判断标准及审查判断证据规则之缺失，使得他们主观上没有公开心证的勇气和意愿，客观上也不可能通过精准的法律及专业术语对其心证确信的形成过程进行流畅的表达。在现行法律法规中确立的鉴定意见的证据"优势地位"往往也使法官不注重或惰于心证过程的公开阐明。民事裁判文书中对鉴定证据自由心证形成过程的只言片语的描述，自然使当事人对判决的公正性产生怀疑。由于我国民事诉讼证据证明标准制度的不完善，审判人员在面对相互冲突的鉴定意见时，根据鉴定机构级别的高低或鉴定人的资质确定证明力。虽然法律并未规定以鉴定机构级别的高低或鉴定人的资质确定证明力的大小，但仍然倾向于以级别、资质高低等形式要件确定鉴定意见的证明力，若不公开心证，其中缘由当事人自然无从知晓。

③ 认证规则体系缺陷。目前我国尚无完备的民事鉴定证据法，民事鉴定证据审查判断的认证规则简单松散，未能形成内在结构有机统一的认证规则体系。在《民事诉讼法》《最高人民法院关于民事诉讼证据的若干规定》等法律、司法解释中，关于鉴定意见的认证规范不仅数量较少，而且对于法官在审查认定鉴定意见形成内心确信过程中的实践操作性也不强。诸如鉴定意见依据的科学原理以及使用的专业知识和技术方法的"科学性"评判标准和规则，鉴定意见的内容与证明对象之间有无客观上和法律上的关联性等许多认证规则均未被纳入现行立法体系，致使审判人员在认证时对鉴定意见的审查存在任意性。

民事鉴定认证规则的立法不仅缺乏，而且对鉴定证据审查判断的形式要件的规定还有自相矛盾的地方，如《最高人民法院关于民事诉讼证据的若干规定》第二十九条规定，鉴定书应当有鉴定人员及鉴定机构签名盖章，然而原卫生部(现为卫计委)于2002年9月1日生效实施的《医疗事故技术鉴定暂行办法》第三十四条规定："医疗事故技术鉴定书应当根据鉴定结论作出,其文稿由专家鉴定组组长签发。"医疗事故技术鉴定书盖医学会医疗事故技术鉴定专用印章,鉴定人员不签名成为常态,这种立法上的矛盾严重损害了法律的权威性、程序的正当性。《最高人民法院关于民事诉讼证据的若干规定》第六十六条规定："审判人员对案件的全部证据,应当从各证据与案件事实的关联程度、各证据之间的联系等方面进行综合审查判断。"而第七十七条第二款则与第六十六条的立法精神自相矛盾,直接规定鉴定结论的证明力"一般大于其他书证、视听资料和证人证言"。① 这一立法规定使鉴定意见(结论)较其他证据的证据能力和证明力具有立法上的天然优势,给审判人员规避难以取舍的鉴定证据的采信过程提供了法律依据,鉴定意见具有合法的预定证明力,导致审判人员对鉴定意见证据能力与证明力的采信过程简单化异常突出。②

---

① 《最高人民法院〈关于民事诉讼证据的若干规定〉》第七十七条："人民法院就数个证据对同一事实的证明力,可以依照下列原则认定:(一)国家机关、社会团体依职权制作的公文书证的证明力一般大于其他书证;(二)物证、档案、鉴定结论、勘验笔录或者经过公证、登记的书证,其证明力一般大于其他书证、视听资料和证人证言……"

② 参见最高人民法院选编:《司法鉴定司法解释及相关法律规范》,人民法院出版社2003年版,第87页。

第三章 我国民事鉴定程序存在问题之根源探析

一、民事鉴定程序的立法表现与改革状况

(一) 改革内容不全面

1. 质量管理规范缺乏

民事鉴定领域(不含公安、安全和检察机关中的鉴定机构)中现在面向社会提供鉴定业务的技术鉴定机构类型众多,业务品种多样,许多鉴定机构进行低成本运作,不能严格按鉴定程序规范进行鉴定,自律管理流于形式,鉴定人员素质参差不齐。与此同时,还有一些如质检机构、物价部门等非专业鉴定机构,一些如交通、文物、环保等行政管理部门,一些行业协会或专业学会等社会团体,以及其他组织设置的鉴定机构,也接受委托并承担相应的鉴定工作。现有民事诉讼鉴定体制已经不能适应民事鉴定形势的发展变化,对鉴定主体的管理混乱,缺乏系统具体的设计规划,对鉴定机构和鉴定人资格认定随意性很大。司法鉴定机构与鉴定人的职能界定不清,二者职能的混淆和错位,导致对鉴定机构和鉴定人权利的保障和法律责任的追究全面失措。

随着社会主义市场经济的发展,鉴定范围日益扩大,鉴定对象的数量日益增多,《关于司法鉴定管理问题的决定》第五条规定,鉴定机构"有在业务范围内进行司法鉴定所必需的依法通过计量认证或实验室认可的检测实验室"。从目前民事鉴定的发展看,绝大多数技术鉴定机构难以通过国家法定的计量认证或实验室认可。一方面,因为鉴定机构购置仪器设备需要大量的资金,民营鉴定机构往往不愿意投资;另一方面,我国鉴定技术特别是一些敏感的痕迹、文书、声纹等特殊鉴定技术长期掌握在国家侦查机关手中进行保密处理,导致社会鉴定能力严重不足。总之,民事鉴定主体管理制度的

不科学、不合理造成了目前社会鉴定机构力量弱小、鉴定人水平不高、鉴定力量发展不平衡的局面。对此情形,有学者归纳为混乱的主体、不透明的程序和无奈的当事人。①

2. 鉴定证据程序冲突

按照现行《民事诉讼法》的规定,鉴定程序的启动权主要掌握在司法部门,当事人启动权有限。② 我国《民事诉讼法》第六十四条规定:"当事人对自己提出的主张,有责任提供证据。"③体现的是"谁主张,谁举证"的证明责任原则。为避免败诉,当事人会在诉前尽可能地提出有利证据。目前的审判方式,一方面要求当事人只有提供充足的证据材料法院才会立案审理,另一方面在法律层面又没有明确规定当事人为证明自己的主张而进行的委托鉴定有权利自然地进入法庭调查,我国目前庭审过程又缺乏严密的证据审查判断程序制度,法官会主动或在一方当事人的申请下,指定鉴定人,作出新的鉴定意见。立法与实践是相互矛盾的,这种状况与民事诉讼法的现代法治的精神要求明显相悖。

所以说《关于司法鉴定管理问题的决定》的颁布实施,对民事诉讼鉴定问题的解决并不全面。近年来,国家民主法制建设进程加快,审判体制也由传统的职权主义纠问式逐渐向当事人主义辩论式转变。在诉讼中为了得到强有力的证据证明效果,当事人在民事诉讼案件对鉴定的依赖程度也会越来越高,因此,我国鉴定程序制度的改革急需进一步深化。

(二)改革力度不彻底

1. 对《关于司法鉴定管理问题的决定》的基本认识

2005 年全国人大常委会通过并实施了《关于司法鉴定管理问题的决定》,全国各地纷纷成立鉴定机构,大量社会资金涌入鉴定领域,民间开办鉴定机构形成了雨后春笋般的局面,在某种程度上满足了社会各界对鉴定的需求。但鉴定机构的社会化并没有使民事鉴定的权威性、公信力得到显著

---

① 李玉华、杨军生:《司法鉴定的诉讼化》,中国人民公安大学出版社 2006 年版,第 97 页。
② 何文燕:《民事诉讼法新论》,中南大学出版社,1999 年版第 217 页。
③ 参见最高人民法院研究室编:《司法文件选》,人民法院出版社 2013 年版,第 472 页。

提高,反而出现了不少粗制滥造不负责任的鉴定意见,在民事诉讼领域产生了不良的社会影响。

《关于司法鉴定管理问题的决定》中有进步意义的变化就是将侦查机关设立的鉴定机构的工作范围部分地局限在了根据侦查工作的需要开展业务,不得面向社会接受委托,但也并没有明确针对在人民法院和司法行政部门取消鉴定机构的设立权之后,如何面对和处理法院、检察院等国家司法机关的鉴定委托问题。《关于司法鉴定管理问题的决定》第九条第一款虽然对鉴定的委托有所规定,但这同时也侵犯了当事人选择鉴定机构与鉴定人的自由,①即使是针对"三类鉴定"重新进行鉴定或补充鉴定的主体所作的限制性规定,其本质与我国民事诉讼应该遵循的司法理念和诉权保障精神也不相符合,是对当事人自由委托鉴定机构与鉴定人权利的侵犯。

2. 实施效果有限

目前我国实行的是各级鉴定行政机关在鉴定管理中的统一分工负责制,在司法实务中,法院普遍设置了鉴定机构名册供当事人选择,对被列入人民法院鉴定机构名册的鉴定人与鉴定机构进行公告并报上级法院(在北京报最高人民法院)备案,以供当事人与法庭证据调查时选择鉴定之用。②在民事案件中,法庭认为需要鉴定或者当事人申请进行重新或者补充鉴定的事项,都统一由法院委托鉴定名册所列之鉴定机构进行鉴定。③ 法院的这一做法实际上对鉴定主体行使着间接的管理权,法院的鉴定业务都交由固定的几家鉴定机构,直接或间接地影响着整个鉴定市场的健康成长。从我国民事诉讼中鉴定制度的运作实践来看,也只有数量极少的一部分鉴定机构能成为人民法院的固定合作伙伴,即使是进入名册的鉴定机构也难以

---

① 参见最高人民法院研究室编:《司法文件选》,人民法院出版社2006年版,第203页。《关于司法鉴定管理问题的决定》第九条第一款规定:"在诉讼中,对本决定第二条所规定的鉴定事项发生争议,需要鉴定的,应当委托列入鉴定人名册的鉴定人进行鉴定。"

② 人民法院在选择委托鉴定时面对众多鉴定机构的作法是:在相应的地域范围内选取几所专门的鉴定机构,选取同行业中技术设备最先进、鉴定人员水平最高且没有受过行业协会处罚的几家鉴定机构编入鉴定名册。

③ 在法院内部,办案法官是不能直接将自己案件中的待鉴事项送交鉴定机构进行鉴定的,而要先通过法院内部设立的一个司法技术中心,再由司法技术中心送交鉴定机构进行鉴定。这样来使法官与鉴定机构分离,保证形式上的公正,目的是在一定程度上防止司法腐败的滋生。

证明其鉴定水平就比没有进入名册的机构高,而社会上大部分即使鉴定水平高超的鉴定机构连进入人民法院鉴定名册的机会都不存在。这样进去的会竭尽全力保住自己在鉴定市场的既定位置,外面未进入的则会想方设法挤进去盼望能分得一杯羹。① 可以想象,在巨大利益的驱动下,恶性竞争不可避免,民事鉴定是服务行业,其优化配置首先要遵循市场经济的发展规律,而法院的这一做法使得鉴定管理制度的建设与市场经济的发展方向和要求渐行渐远。②

在民事诉讼中,鉴定表面上存在的是多头鉴定、重复鉴定和屡鉴不定的问题,实际上是民事裁判过程中缺乏科学公正的程序问题,是民事诉讼程序结构没有对民事鉴定意见的审查进行严密的筛查设计,大多数司法审判人员没有正确判断民事鉴定意见真伪的素质和水平,没有能够针对多个鉴定结论作出具有令人信服的取舍裁决能力。针对这一问题,虽然《最高人民法院关于民事诉讼证据的若干规定》专门规定了重新申请鉴定的法定情形,③但从民事诉讼的实践看,重复鉴定问题仍未得到较好的解决,表现形式似乎是鉴定结论缺乏客观公正性,可实际上还存在裁判公正性难以得到保证的情形。为了保证鉴定结论运用的正确性,《最高人民法院关于民事证据的若干规定》要求对鉴定书的有关内容进行审查。但由于鉴定结论涉及专门知识的运用,目前司法审判制度规范的只是审判人员形式上的审查或凭自己狭窄的知识面提出异议,《最高人民法院关于民事证据的若干规定》作为司法解释对鉴定程序方面调整的力度和范围都没有得到最大限度的正能量释放,因此,要解决鉴定领域的问题,除了完善民事鉴定管理体制外,也应当进

---

① 选择鉴定机构的标准由法院制定,选择的行为也由法院作出,又没有相关法律法规的强力制约,可能会形成恶性循环,产生腐败现象。当然,这里面肯定也存在良性竞争。

② 2011年3月,第十一届全国人大四次会议期间,朱勇、傅延华等62名代表又提出两件议案,建议制定司法鉴定管理法。议案提出,随着我国诉讼制度和审判方式的不断改革,全国人大常委会关于司法鉴定管理问题的决定已滞后于实践需要。我国对司法鉴定的法律规定分散于三大诉讼法中,且缺乏可操作性。建议制定司法鉴定管理法。同时,对三大诉讼法相关规定进行修改,切实解决多头鉴定、重复鉴定、屡鉴不定的问题。全国人大内务司法委员会也认为制定司法鉴定法,进一步完善司法鉴定启动、质证、采信制度,是我国司法实践的迫切需要。

③ 申请重新鉴定情形:1.鉴定人不具备相应资格的;2.鉴定程序严重违法的;3.鉴定结论明显依据不足的;4.不能作为证据使用的其他情形。

一步改革鉴定意见的运用、审查、判断等程序性规范,在民事诉讼的立法上对司法审判制度及其管理体制进行全面彻底的改革。

二、我国民事鉴定程序制度改革之影响因素

民事鉴定程序制度的根源涉及法律的哲学问题(legal philosophy or philosophy of law),它是关于法学世界观及其方法论的思想体系,法律制度的思想体系赋予我们深邃的目光去探寻民事鉴定程序法的普遍性,体悟民事鉴定程序法的时代特征。探析民事鉴定程序法的根源就要重点研究"民事鉴定法是什么""民事鉴定法怎么样"的问题,也就是说要探析民事鉴定程序法存在的本源及最终根据。马克思主义者认为法的本体(本源性)是由一定的社会物质生活条件所决定的,人们只能通过它的存在方式(生产关系的总和)——一定的利益关系,对法(民事鉴定程序法)的本质进行阐释和描述。

(一) 民事鉴定程序的本质性认识

无论是现在还是过去,对法的本质性研究,都不可能满足于一个个法律文本或者法律规则,法律科学的发展必然要求探求法(民事鉴定程序法律)现象背后的普遍意义,探求法律彼岸的理想和价值。法(民事鉴定程序法律)的本质,是法(民事鉴定程序法律)的诸现象之间内在的、必然的联系,法的内在规定性,是法律与其他社会现象相互区别的根本标志。对于法的本质性认识学术界长期有着争论,法的本质应该既有利益性又具社会性。

1. 法(民事鉴定程序法律)的利益性本质

法体现、维护以统治阶级为主导的社会经济关系、政治关系以及由此形成的利益关系,反映了统治阶级的意志,由此决定了法(民事鉴定程序法律)的本质具有的利益性。

在一定程度上,民事鉴定程序法律是对社会各利益集团利益关系的确认给予程序上的维护。在一个社会中,生产关系决定着利益关系,在经济关系中占统治地位的利益集团,在利益关系中也必然居于统治地位,法律(民事鉴定程序法律)总是维护在政治上、经济上占统治地位的利益集团的利益。法律(民事鉴定程序法律)维护占统治地位的集团的共同和整体的利益,法(民事鉴定程序法律)是统治集团意志的体现。法的利益性本质具有

普遍性特点,因而法(民事鉴定程序法律)本质的利益性成为法的本体——是一定社会物质生产方式的展开,即在阶级社会中,在生产关系中占主导地位的利益集团在法的关系中必然居于支配地位,由此决定法律(民事鉴定程序法律)是占统治地位的集团的根本利益和共同意志的具体体现。

2. 法(民事鉴定程序法律)的社会性本质

法律提供的公共产品——社会稳定,归各个利益集团和个人所享用,民事鉴定程序法律本身是社会生活的公共产品,即为社会各阶层和每个社会成员提供一种相对平和、安全及有序的民事程序状态。平和、安全、秩序是人类社会得以存在和发展的必要条件,人类赖以生存和发展的社会正常秩序,若单以国家的权力维持,没有法律的约束和调节,会给社会带来动乱和不安全。而在一个健全的法治社会中,除了依靠政府的权力与道德的力量外,公共产品中必然包括程序法律制度,依靠法律,人们花很少的代价便可以产生较大的社会效益。总之,民事鉴定程序法律是提供和平、安全和秩序等的公共产品,社会成员都是这些公共产品的消费者,都从中受益,所以民事鉴定程序法律规范也同样具有执行社会公共事务的功能。

民事鉴定程序法律制度之所以具有社会性,是因为民事鉴定程序法要受社会物质生产方式的制约,生产方式是生产力与生产关系的有机统一,为了使生产关系中的生产、交换、分配、消费等环节有序地进行,统治集团必须充当不同利益集团之间的调整器,并执行社会公共事务。这样就更容易理解民事程序法是利益性和社会性的对立统一,理解社会主义程序法律制度是工人阶级领导下的广大人民群众意志体现的这一本质属性了。

马克思主义法的本体论认为,法本体是一定的社会物质生产关系,法的内核——权利与义务、权力与职责及其相互的关系和法律责任,法的存在的方式——一定的利益关系即法本质的具体化,这一存在方式体现了一定的利益集团和个人在一定的社会生产关系和政治关系中的地位与意义。这就从根本上说明了权利与义务、权力与职责关系的来源与本质问题。程序法律制度也同样指向人们生活于其中的社会生产关系以及由此决定的利益关系:人的地位和人的意义。因此,民事鉴定程序法的本质是在一定的社会物质生产关系的基础上,通过国家意志的中介实现的利益性与社会性的统一,法的国家意志性、利益性和社会性是民事程序法本质中不可或缺的要素。

(二) 诉讼民主欠缺对民事鉴定程序的制约

任何时候、任何国家的法律都具有一定的政治性能,政治分析民事程序法的主要目标在于分析和揭示民事程序法律规范与政治现象之间的真实关系。这些关系包括许多具体的方面,如在中立和客观的标榜之下,民事鉴定程序法律原则与教义是否隐藏了实质性的政治担当;法院是超越政治之上的独立机构,还是仅作为政治机构的一部分;法官作出裁判是严格依照法律和事实,还是以对公共政策和意识形态的认知为基础的;等等。

1. 社会主义政治民主与诉讼民主的关系分析

法律与政治既相互独立又相互联系,我们常将法律和政治分离开来,或者将两者完全混同在一起,这样的严重后果是将法律政治化,用政治的方法来解决法律问题,最终导致对类似鉴定程序法律的否定。对待政治与法律关系的另一个极端是将法律与政治完全分离,这同样会导致政治失去法律的约束,使政治民主的发展受到阻碍。

将在人类社会并存的两种社会现象——政治民主与诉讼民主进行比较,就可以发现它们的一致性,法律所涉及的各种各样的诉讼程序问题,无不直接或间接地受制于政治性。也有的法律间接受制于政治的影响,例如,环境保护、交通规则、医疗技术和民事鉴定的具体实施过程。虽然这些法律制度与政治并不具有直接的联系,但规范这些实体法律运用过程的程序性问题就不得不受政治性质的制约。美国政治学家罗伯特·A.达尔认为:"无论一个人是否喜欢,实际上都不能置身于某种政治体系之外……政治是人类生存的一个不可避免的事实。每个人都在某一时期以某种方式卷入某种政治体系。"[1]不管是从动态还是相对静态的意义上分析,民事程序法律与政治制度在性质和发展方向上总是一致的,每个社会的民事程序法律与政治制度都保持着性质上的同质性,即使程序法律与政治制度在具体发展进程中可能出现波动,但是在总体上不会错位。从绝对动态的意义上讲,当政治的性质发生变化,政治的主导者一定会努力地改变民事程序法律,以使民事程序法律的性质与政治保持一致。二者总是彼此互动的,当一个社会的政治发展变化了,其民事程序法律的状况必将发生相应的变化。

---

[1] [美]罗伯特·A.达尔:《现代政治分析》,王沪宁、陈峰译,上海译文出版社1987年版,第5页。

2. 对社会主义民事鉴定诉讼民主的解读

"民主,指人民直接或通过其代表来统治。"①马克思在《哥达纲领批判》一文中也指出,"民主"这个词,在德语里是"人民当权的"意思。② 从本质上讲,诉讼民主也就是人民通过一系列程序来保证其实现自由、平等以及公平正义等诉讼权利的司法制度。在社会主义国家,民主更是社会主义法治的生命线,相关民事鉴定程序制度的诉讼民主也是政治民主的必然要求,是政治民主在民事诉讼中的具体体现。

(1) 社会主义民事鉴定程序在立法中的民主

在处理公共事务和进行公共管理的过程中,随着社会主义政治民主的产生,社会主义的诉讼民主也会随之产生。社会主义民事鉴定的程序制度作为诉讼范畴的重要内容,在立法过程中必然反映社会主义政治的民主色彩。民事鉴定程序法律因其在制定主体、制定过程和表现形式等方面的特殊性,总体上比政治民主产生要晚,甚至是在民主政治产生之后,经过一定时间的酝酿,为了整个社会发展的需要才产生。作为一种社会制度现象,立法机关在进行相关民事鉴定程序的立法过程中必然要有严格的民主形式要求。

民主本身就是与程序紧密联系在一起的概念,民主就是一种程序,是公众寻求解决问题的一种途径。程序民主化与民主程序化是一对紧密结合在一起的孪生兄弟,民事鉴定程序制度的立法民主要求制定的程序法律能够得到社会大众普遍的接受和认可。立法上的民主要求立法机关在程序上必须具备民主的基因,能够充分反映民意,通过民主的过程制定与民事鉴定相关的程序法律制度,立法程序上的民主要求立法程序公开、民众广泛参与、过程能够得到公正监督。民意是社会存在、运行、发展的意识形态基础,在民事诉讼证据程序的制定与发展过程中,鉴定制度也必然要反映广泛存在的社会民众的意见,民事鉴定程序的制定如果能够充分反映建立在科学意义之上的民意,那么民事鉴定程序制度就可能更接近于司法的公正廉明。民众对于民事鉴定程序立法的广泛参与是程序正义的集中反映,有助于人民群众基本诉权的保障,从而最大限度地防止国家公权力的滥用。当然,民

---

① Bryan. A. Garnered. *Black's Law Dictionary* (7th edition),West Group,2000,p.444.

② 《马克思恩格斯选集》第2卷,人民出版社1995年版,第312页。

事鉴定程序的立法民主,并不要求在民事诉讼的立法过程中泛群众化和运动化,也并不是没有原则、没有规则地不加甄别地吸收任何人的所谓意愿,民事鉴定程序立法必须是通过程序民主反映大多数人的愿望和意志。

(2) 社会主义民事鉴定程序在实施中的民主

社会主义民事鉴定程序制度的实施是政治民主规则内容有效运行的独特的表现形式之一,民事鉴定实施过程中的民主要求当事人的有效参与权和诉讼程序中的人权能够得到充分保障,这既是对当事人诉讼地位的确认,也是对当事人诉讼权利的尊重。如民事鉴定采信过程的公开,就成为保障当事人合法权益的有效方式,是防止司法腐败和权力滥用的重要手段。在民事诉讼中,对当事人的参与权和诉权的尊重,更多地体现了对当事人在民事鉴定证据提供上的意志处分权和意见表达权的保障。给予当事人充分表达意见的机会,对于公开审判、直接言词、交叉询问等正当程序发挥应有的效能能够起到一定的监督作用,一定程度上形成裁判人员吸收其意见的畅通途径。当然,民事鉴定程序制度的民主是以政治体系的民主为前提和基础的,如果整个社会生活本身不民主,民事鉴定程序的民主也必然是镜花水月。在民事诉讼中,民众的广泛参与既使得民众直接地行使了部分司法权,充分体现司法在民的法治精神,又是对司法机关和司法工作人员的一种监督和制约。人民群众通过在民事诉讼中的广泛参与来捍卫人类的基本人权,防止司法人员的权力滥用。

在一定程度上,民事鉴定程序规则是政治意志民主化的外化标志之一。我国民事程序法律是社会主义民主政治主体的意志表达。在社会主义民主政治环境下民事程序政策、民事程序法律都是民主化了的政治主体意志的载体与反映,在社会主义民主政治体制下主导社会的政治主体会千方百计地把自己的意志表现于最具有权威性和强制性的民事程序法律制度之中。①

(三) 改革民事鉴定程序制度缺乏内在推动力

在民事诉讼程序中人们建立起的法律关系,同样是以个人的成本—收益计算为基础而形成的,我国民事诉讼鉴定程序制度就像市场经济中的交易规则一样,其中的所有行为主体都会被诉讼中经济利益所左右。在民事诉讼活动(民事鉴定)中,政府管理者往往被看作公众诉讼利益的代表,这是

---

① 卓泽渊:《法政治学》,法律出版社2005年版,第159页。

理想主义的认识,与现实距离较远,没有理由把政府官员看成是超凡脱俗的神造之绝对理性圣物。国家制度和法律的制定者、实施者同样在民事诉讼制度的实施运用中具有自身利益或效用最大化的追求,而政府过多的干预只能扰乱和破坏诉讼活动自身内在的动作秩序,带来一系列灾难性后果,严重危害民主制度的存在。①

1. 民事鉴定程序立法与运行的内在经济效益分析

(1) 民事鉴定程序立法的内在动因

民事立法的一系列程序制度创制了一个立法经济利益市场(market for legislation),立法经济利益市场存在一个法律供求关系,就民事鉴定程序制度的立法来说,其是从程序法律供求不均衡到均衡再到不均衡的循环过程。民事鉴定程序立法供求非均衡就是人们对现存民事诉讼程序立法的一种不满意或者不满足,意欲改变而尚未改变的一种没有达到帕累托最优的状态。② 我国民事鉴定程序的立法之所以没有上升到迫切需要进行改革的程度,是因为民事鉴定程序立法的净收益小于现阶段已经选择的立法方案的净收益,当民事鉴定程序的制度立法出现了潜在的制度经济利润,整个社会就产生了民事鉴定程序新的潜在的立法需求,这时就必然会出现民事鉴定程序制度的供应。民事鉴定程序立法的潜在需求与实际供给的不平衡构成民事程序立法改革与发展的内在动因。

我国民事鉴定程序的立法成本是指民事鉴定程序立法过程中全部活劳动和物化劳动的耗费,即进行民事鉴定程序立法工作所花费的人力、财力、物力和时间、信息等资源耗费量。具体而言,民事鉴定程序立法成本包括立法机关及其工作人员的办公与生活费用、采集立法信息与形成立法草案的费用、审议立法草案与修订立法文本的费用、制作和公布法律法规的费用、传播法律法规信息的费用以及政治意义上的利益得失等。民事鉴定程序立法是否有效率,要看立法工作能否节约立法成本,用尽量少的立法活动和立法费用的投入,获取尽可能大的立法产出,即产出高质量的法律文本和高价值的民事鉴定程序立法预期效果。在我国进行民事诉讼程序的立法活动还

---

① 波斯纳:《法律的经济分析》(上),蒋兆康译,中国大百科全书出版社1997年版,第3—13页。

② "效率"是指任何偏离该状态的方案都不可能使一部分人受益而其他人不受益,这就是帕累托最优。

会考虑一旦进入立法程序之后，所付出的劳动和辛苦能否得到所期望的政治和经济收益。从民事鉴定程序立法的经济效益角度分析，民事鉴定程序立法市场与传统经济市场的运行机制是一样的，它是以利益集团对民事程序立法活动的需求，以自身利益获取的大小对民事程序立法活动的供给需求进行考量作为民事鉴定程序制度进行变革的经济基础。

（2）民事诉讼（鉴定）运行的内在经济效益分析

民事诉讼是一种需要支付成本、能够产生效益的法律活动，从诉讼的经济效益角度看，民事诉讼（鉴定）制度的目的就在于使诉讼（鉴定）的成本最小化，当事人所获取的利益最大化，这类成本有直接成本（direct costs）、错误成本（error costs）、道德成本（moral costs）。[①] 民事诉讼程序效益表现在可以用经济指数来计量的政治收益和财产收益上，也表现在非经济性的社会秩序、司法正义和公民自由等伦理性价值，如民事诉讼周期的长短影响着诉讼主体成本的投入量和诉讼收益，影响整个诉讼的民事经济效率。

在当代中国，司法作为纠纷解决的重要途径，社会对司法资源的需求不断扩大，司法资源的稀缺性日益显现，司法诉讼资源的配置并不是通过"理性人"自发行为的合力来实现的，而是对于司法权力和当事人权利进行主观设计的结果，因此主要通过程序制度的建构和完善、司法资源的科学配置来提高司法资源的有效利用率。[②] 民事鉴定程序制度的确是一种国家（政府）提供的公共品，但这种公共品并非无成本，相反，恰恰是因为公共品的产出需要巨大的成本，普通市场主体无法提供，而只能由国家来提供。因此，司法成本或者司法资源都来自公共财政，并最终来自税收，这是一般意义上讲的程序（鉴定）制度的产出所需成本的支出。就个别涉及鉴定的民事诉讼案件来说，尽管寻求司法救济是一项权利，但案件当事人在诉讼中为避免司法权的滥用，仍必须支出一定的鉴定成本和法院共同承担案件需要的司法总成本支出。对此，用C总代表司法解决一个案件所需要的总成本，用CP来代表当事人的各项诉讼成本，用CC来代表法院支出的诉讼成本，用Cf代表鉴定费用，用Co来代表其他诉讼成本，如诉讼耗费的时间和精力，收集

[①] 直接成本是指诉讼制度的直接运行成本。错误成本是指错误的司法运行产生的成本。道德成本是指国家专门机构、当事人以及其他诉讼参与人在进行诉讼过程中所遭受的精神利益的损失。

[②] 景汉朝：《司法成本与司法效率实证研究》，中国政法大学出版社2010年版。

和保全证据、聘请律师等费用。在整个诉讼(鉴定)过程中,可以得出这样一个公式:C总=CP+CC。其中,当事人诉讼成本CP可以进一步分为Cf(鉴定费用)和C0(其他诉讼成本),进而公式可以转化为C总=Cf+C0+CC。从上述两个公式可以看出,在一个案件中,在Cf降低,C0不变的情况下,如果要保持C总不变,就必须同时增加CC。也就是说,如果C总不变,那么随着当事人鉴定费用的降低,其分担的诉讼成本减少,必然带来法院承担的司法成本增加,法院必须相应增加成本的投入。当然并非不存在相应增加C0的可能性,比如进一步强化当事人的举证责任,以减少法院投入人力与物力在查明案件事实方面的成本。在民事诉讼案件中,如尽可能使当事人在举证(鉴定)或者在其他非诉C0途径增加成本,增加司法程序中当事人的诉讼负担(增加Cf鉴定付出),这时CC的成本投入就会降低,也就是说司法机关所付出的人力与物力就会减少,这是表面现象,实际相反,在C总司法总量不变的情况下,从国家或政府支出的长时期来看可能会付出用财物无法衡量的更大的社会成本。在司法实践中,为了追求案结事了的社会司法效果,缓和社会矛盾,国家或社会自发地增加Cf的可能性非常小,在国家对CC的投入没有紧迫性的状况下,国家或政府不会为了降低司法(鉴定)成本而放弃目前社会经济高速运行带来的巨大利益,进一步加大投入能够带来立竿见影的社会综合治理效果。如果(在诉讼中民事鉴定的证据效用不大)在民事诉讼实践中当事人的Cf投入不断减少,C0其他因素不变情况下,当事人原本承担的诉讼费用随着诉讼鉴定费用的降低而必然转移到CC法院的身上,在C总不变的情况下,就会引起国家司法成本投入的增加,也就是说国家在司法资源的投入上必须更多,这只能通过加快我国司法制度的改革,才能改变目前司法投入不高的诉讼困境。但是国家在进行司法投入的过程中,会考虑成本与产出的比例,若是不从整个社会和国家考虑,而只是从一个利益集团的角度出发,就不会也必然没有动力增大每个个案法院的CC投入,整个司法动作的总成本不会变,那么在诉讼中只有C0必然上升,这样整个国家不仅不会和谐稳定,相反诉讼当事人在诉讼之外必然投入更多的成本,社会就会产生更大的动乱和不安。由于追求的经济政治目标不一致,源自国家财政的司法资源财力也会惰于支出,或者不愿意投入司法领域,而一旦他们无法投入其应承担的司法成本,将最终影响司法的产出——公正高效地解决纠纷,在这种情况下,为了保持社会的稳定,那么就只能通过投入社会其他更大成本(如在公安、安全等领域投入)利用社会综合治理的方式来达到整个 C 总的平衡。C 总平衡各要素投入变化见图 3-1 作形象说明。

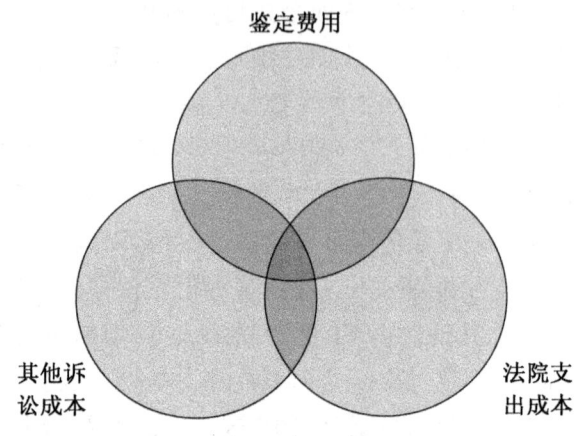

图 3-1 民事诉讼鉴定成本因素图

这个论述是在 C 总保持不变的前提情况分析下,但这个前提有可能并不成立,因为一个个案的 C 总如何测试,目前也没有明确的标准,对于非市场条件的行为如何测度则更是一个天大的难题。① 如果 C 总的量成为一个变量,一定条件下,提高一定司法的工作效率,司法投入的总成本就会降下来。② 也就是假设我们在司法实践中提高审判工作的效率,以较少的国家司法成本投入解决较多的民事诉讼案件,但法院在司法资源的生产利用上不能像工厂的机器设备一样运转,所以依靠提高法院审判效率降低国家成本可能会成为一个永远无解的问题,若又希望当事人尽量不去另辟捷径,寻求司法之外的其他方法解决纠纷,那么最好办法就是提高 C 总中 Cf 的生产效率。③

伴随着中国司法的现代化进程,科学的司法实践是我们一直努力的方向,极力营造公平与正义司法市场环境,但在客观实践中出现了很多案结事不了的情况,给社会埋下了不安隐患。从表面原因看,在于当事人不服司法

---

① [美]波斯纳:《正义/司法的经济学》,苏力译,中国政法大学出版社 2002 年版。
② 如我们实现 100 的效益,需要投入 100 成本,要是我们提高生产劳动效率,可能 100 的收益只需要 50 成本。
③ "效率",《辞海》的解释是:效率是劳动成果与劳动力之比。在《现代汉语词典》的解释中,当我们说机械、电器等劳动工具的生产效率时,是指有用功在总功中所占的比例;当我们说某人的工作效率时,是指单位时间内完成的工作量。

裁决不断缠讼,但实际问题不在于司法资源的供给与需求发生了错位,而是供需不平衡造成了司法资源的浪费。① 当事人不断寻求司法救济,不断占用司法资源,就因为通过司法审判得到的并不是他所想要的,寻求救济的次数越多可能失望越大,反而更强化了"司法不公平"的社会印象,促使当事人不得不寻求法外救济,从而造成社会资源浪费。

2. 我国民事诉讼(鉴定)的支出成本及其控制方式

维护社会的公平正义需要支付一定的司法成本,有时甚至是高昂的,按经济学的标准衡量诉讼程序法,国家投入的成本相对来说是明确的,但私人的成本投入在司法制度设置不科学的情况下就会成为无底洞。我们通过案例材料说明诉讼成本的变化情况:

钱某诉某公司人身损害赔偿案。钱某诉请赔偿的金额为683600元,起诉时钱某交纳诉讼费280元,实际应付12076元,因经济情况法院决定让其缓交,支付律师代理费8000元。判决后,钱某不服提起上诉,交纳上诉费50元,支付代理费7000元。诉讼中,钱某进行了两次伤情鉴定,支付鉴定费3700元,其他费用850元。本案钱某的诉讼成本为31676元,其中诉讼费占38%,代理费占47%,鉴定费占12%,其他费用占5%。钱某败诉后法院对钱某给予了免交的决定。所以钱某的实际支出比又发生了变化。这时钱某的诉讼成本为19880元,其中诉讼费占1.66%,代理费占75.5%,鉴定费占19%,其他支出占4.2%。②

(1)诉讼成本明确时,当事人的诉讼支出随着国家经济投入的变化而变化。国家对司法投入增加,当事人的投入就会减少;当事人的诉讼支出增加,国家耗费相对就会较低。按照法定诉讼费用估计的交费比例来计算案例的成本投入情况,诉讼费支出占总的诉讼成本比例为38%,私人投入就比较大了,而这时代理费占到47%,与诉讼费相比略高一点,这时鉴定费占总诉讼成本的12%。从这样一组数字的对比看出,在诉讼总成本明确的条件下,诉讼费和代理费的支出相差不大或略有升高,鉴定费的比例就会趋于

---

① 在影片《秋菊打官司》中,秋菊要的是个说法,但是司法审判机关给予的是"法办"村长的案件审理结果。若审判机关或审判人员当时能公正合理地鉴别案情,那秋菊的这个"鉴定案件"可能早已案结事了了。

② 选自万鄂湘:《司法解决纠纷的对策与机制》,人民法院出版社2007年版,第783页。

稳定甚至会下降,这是因为在整个诉讼成本中国家财政占有量提高,相对而言其他费用(鉴定)的比例就降了下来。就实际支出而言,当事人诉讼的私人直接投入成本主要由诉讼费、代理费和鉴定费组成。在钱某败诉后,法院免去其一部分诉讼费的情况下,费用比例关系就发生了很大变化,代理费占75.5%,鉴定费占到了19%。通过个案,民事诉讼实际情形可见一斑,不同案件的费用支出中诉讼费、代理费和鉴定费的投入比例高低各不相同,国家诉讼费用通常是明确的,代理费相对来说是固定的,而只有作为证据使用的鉴定(费用)反反复复,没有止境,与当事人投入的其他费用此消彼长。

(2)当事人诉讼成本的投入与诉讼结果并无直接关系。与经济学的一般规律不同,当事人投入一定的成本也可能是零收益或负收益,诉讼结果最终要由司法裁决作结论。在民事诉讼中当事人为了争取诉讼的最大效益,在其他费用不增加的情况下,一定会加大鉴定成本,鉴定费用的消长一定程度上决定着当事人的私人成本投入的多少,构成鉴定成本的要素有:a. 民事案件在审判阶段的纠缠会提高当事人的鉴定成本。b. 国家的财政支出对当事人鉴定成本的影响。c. 诉讼环境优劣会改变私人诉讼成本的投入方向,私人鉴定成本或其他诉讼机费用随诉讼环境坏好而升降。民事诉讼鉴定成本变化因素见图3-2所示。

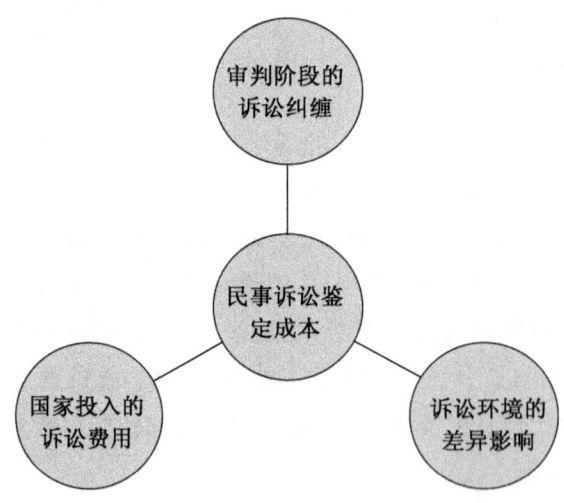

图3-2　民事诉讼鉴定成本变化因素图

在超职权主义审判环境下,鉴定领域又逐渐实行市场化,而司法制度的基本结构没有随之改变,当事人的鉴定投入只会不断增加,而绝无减少的可能。若要既保持当事人不增加诉讼外其他费用,又要降低当事人的诉讼(鉴定)费用,那么只有通过司法审判运行机制的全面彻底改革,才能获得公正效率的司法裁决,还一个清正廉明的诉讼环境。

(四) 机构性利益集团左右民事鉴定程序制度

利益就是每一个人根据自己的性情和思想使自身的幸福观与之联系的事物,是适合社会主体存在与发展需要的因素或条件,那些利益地位相近的社会主体由于存在共同的目标,而构成一个或一类在政治、经济和司法等领域能够采取共同行动的群体。①

1. 民事(鉴定)程序制度本体的存在方式——利益关系

社会存在决定社会意识形态,社会存在的广泛利益关系从本质意义上讲也是民事鉴定程序法本体的存在方式,民事鉴定程序法的本体是那些具有共同利益关系群体所表现出的一定社会的经济关系,其存在方式也不例外是特定的司法层面的利益关系。这类司法层面的物质生产关系表现为一定的司法利益关系,在司法领域很少有不表现为利益关系的社会关系;特定的利益关系依赖于一定的物质生产关系,离开了一定的社会物质生产关系的利益关系是不存在的,民事诉讼(鉴定)程序的法律关系上的物质生产关系,只能通过特定的利益关系才能对司法领域的种种现象作出合理解释。

社会物质生产关系是司法领域(民事鉴定)利益关系的社会存在基础,民事鉴定程序制度中的利益关系是一定社会关系的表现,经济利益关系是一切社会关系的最基本关系,所以物质生产关系是民事鉴定利益关系的基础,一切民事程序(鉴定)利益关系都是从其中衍生出来的。社会物质生产关系决定着人们的经济利益关系,社会物质生产关系作为一定生产力水平决定的生产关系,是社会存在的经济基础,它决定着民事诉讼程序(鉴定)的利益关系。司法领域存在的各式各样的生产关系的占有制形式决定着民事诉讼程序人们之间利益的分配关系,也就是说社会物质生产关系决定民事诉讼(鉴定)程序利益关系。从以上分析可以看出,特定的民事鉴定经济利益落实到一定的民事主体上,便有民事诉讼程序制度(鉴定)的个人利益、集团利益、社会利益和国家利益之分。

---

① 利益关系是指人们在社会生活中形成的具有一定利益内容的社会关系,是特定的社会主体之间一定社会关系的具体表现。

2. 机构型利益集团影响民事(鉴定)程序制度的途径和危害

总体上,在我国目前民事诉讼程序司法实践中,(鉴定领域)机构型利益集团主要通过三种渠道和方式影响我国民事诉讼程序(鉴定)的法律制定和实施。第一种是法定性利益表达渠道。在司法(鉴定)领域代表特定阶层和群体利益的官方或半官方的组织和团体,如各层级的行政机构(包括司法行政机构等)、各民主党派组织,他们主要通过人民代表大会和政治协商会议等法定的活动场所表达式自己的诉求。如本利益集团成员在会议期间代表本群体利益提交议案,并发表建议和意见,或者通过各种场合将本集团的利益远景传达到各级立法机构和立法部门,通过参与相关鉴定程序立法的机会影响法案的提起、起草和论证来影响民事鉴定领域程序制度制定和实施。第二种是行政性利益表达渠道。进入这一渠道的主要是各级各类相关鉴定领域的行政机构代表,他们使用人民赋予的强有力的行政权力反映各级各类行政机构有关鉴定的集团性利益,这类行政机构不止司法行政机关,在我国民事鉴定事项成百上千,涉及的民事鉴定项目也遍布各类行业的每个角落,在国家行政机关内部也存在着各式各样的鉴定机构。这些行政性机构占有先天的有利之地,国家赋予了它们非常广泛的立法和执法权,它们有足够的能力和能量通过合法的途径表达自己的利益诉求。第三种是社会性的利益表达渠道。进入这一表达渠道的并不固定为某一社会集团,如在制定政策过程中,相关领域的机构性利益集团可以通过各种形式与专家、学者保持密切联系,进而对政策的制定施加重大影响和压力。① 这类组织充分利用了像新闻媒体、学术期刊、学堂讲坛等群体性中介的形式扩散影响,但真正能够表达与人民群众民事鉴定利益相关的愿望的机会也很少,真正享有民事鉴定程序制度立法意愿和实施结果话语权的还是具有一定社会活动能力的机构性利益集团。这并非否定大多数学术精英人物的道德良知,许许多多的专家学者也奋不顾身地为广大的弱势群体奔走呼喊。

机构性利益集团通过上述途径参与我国民事(鉴定)程序的制度建立、决策制定,进而影响民事鉴定程序在司法实践中的实施效果,不可否认,其对我国民事诉讼立法的科学性、民主性的发展具有积极的作用,但是只要是存在自身利益,那些利益集团或群体为了追求最大的利益,会自觉不自觉地

---

① 王玉琼:《利益集团与政策决策机构》,载《探索》2001年第2期。

对民事诉讼的立法与实施过程产生消极影响。①（1）鉴定领域部门利益保护严重。目前，我国许多鉴定领域的立法工作是由相关国家行政机关或行政部门参与起草或制定的，这些上升为法律、法规或规章制度的具有普遍约束力的规范性法律文件，不可避免地带有行政利益和部门利益的色彩。（2）形成行业垄断，破坏社会和谐。在鉴定领域各类鉴定组织之间实力不平衡，那些弱小势力群体的诉求得不到足够的重视，在有关政策研究与制定过程中其话语影响的范围小，而那些机构型鉴定部门势力强大，在鉴定领域占据着垄断性的地位。（3）损害科学公正的鉴定效果。在民事诉讼（鉴定）领域，强势的机构性利益集团在追求本集团或群体利益的过程中，通过合法的渠道借用公正的语言进行自身利益的表达，进而影响整个鉴定领域的发展方向。那些形成垄断局面的鉴定机构或组织，利用自身得天独厚的政策优势，不可避免地会成为"权力寻租"的腐败领地，在没有外部环境竞争与约束下，鉴定效果的科学公正就难以保证。

"法律应该以社会为基础。法律应该是社会共同的，由一定物质生产方式所产生的利益和需要的表现。"②民事鉴定程序法也毫不例外，它也不会完全根源于理性或某项抽象正义，也不是基于具有人民代表性的国家权力等政治现象，它乃是以"社会为基础"，即根源于物质的生产方式，这才是法（民事鉴定程序）的本原或实质渊源。③ 具体而言，民事鉴定程序法来源于社会生产方式，是"一定生产方式所产生的利益和需要的表现"。

（五）中国传统管制型法律文化的习惯性影响

中国传统法律的历史性分析法也是因为法是生活在某一地域某一文化共同体的人类群体生活经验的总结和表述，一国法律传统观念的形成与表达是一个群体处理各种社会关系的主要和核心的行为规则。作为民事鉴定程序法律研究的一种方法，我国传统法律文化的分析研究主要是探究中国法律制度的文化历史起源和沿革，以及法律制度背后文化观念的整体社会背景，旨在揭示当前民事鉴定法律效果实现的制约因素以及路径依赖，甚至于为改革民事鉴定程序法并制定相关措施提供权威的带有普遍性的规则渊源。

---

① 曾祥华等：《立法过程中的利益平衡》，知识产权出版社2011年版，第169页。
② 《马克思恩格斯全集》第6卷，人民出版社，第291页。
③ 《马克思恩格斯全集》第22卷，人民出版社，第101页。

1. 中国传统法律的历史分析

不管实体法还是程序法都与其他各种社会因素相互作用，统一于中国传统法律之中的我国民事诉讼不仅体现为单一的法律规则，也体现了包括经济、政治、文化、传统和社会日常生活因素在内的复杂关系，在任何时候法律都不是孤立的，法律的将来也不能脱离现实的物质生活条件凭空发展起来，我国民事诉讼中的鉴定程序制度就是社会各项因素相互影响、交往作用的结果。① 对于法律的过去和将来而言，过去是现在的一部分，现在是将来的一部分。法律有自己的演化规律，但若改革现行制度建构鉴定程序的未来，就必须在历史的法制经验中寻找理论的渊源。

我国法律制度的起源直观地来讲我们看到的是刑法与刑罚的发达，实际上中国社会自古以来就存在专制与礼制的交互作用，调整社会生活强调"礼刑并用"，其实质是专制统治的不同手法而已，对于调整社会关系的程序规则却视若无睹，因为那样会束缚统治阶级进行他们有效统治的手脚。如《商君书》就这样说："黄帝作为君臣上下之义、夫妇妃匹之合，内行刀锯、外用甲兵。"《荀子》中说，圣人为了教化人民，"明礼义以化之，起法政以治之，重刑罚以禁之"②，董仲舒明儒实法（此法为专制之法非现代意义之法），之后的统治者所谓的"半部论语治天下"（宋宰相赵普语）虽强调礼刑并存、相互为用，但礼制仅仅是刑罚的辅助手段而已，更何况专制之礼猛于虎甚于刑。礼制也就构成引导社会秩序规范社会关系的准则，被看作社会存在判断价值最为根本的原则，其实这是事物发展的皮，而真正的核则是刑。如周时代的政治家们提出了至今都发挥效能的政治理念——"刑罚服务德教，礼乐政刑综合为治"，我们常常看到的只是前半句，或者说是有的人故意看在眼里的是前半句，可实际上"礼乐政刑综合为治"，"治"才是统治阶级进行管理人民的真正手段。因此，在中国古代专指专制统治两千年的历史的司法实践没有任何动力努力将社会发展过程中涌现的科学技术方法纳入司法程序中来，并且根本上也不会将社会发展中的仅有的一点科学技术用于司法程序，因为中国社会自古以来一直没有形成对皇权至上的专制统治强有力的威胁因素。这样的一种司法制度状况也必然反映在民事诉讼审判的鉴定

---

① 如果一种生产方式持续一个时期，那么，它就会作为习惯和传统固定下来，最后被作为明文的法律加以神圣化。

② 参见《荀子》，中华书局2008年版，第157页。

制度上来，所谓"有旨无简不听"，虽然说的是控告无证据则不受理，至于证据的来源则首先是通过刑讯，就是要求必须有口供，这样一种司法审判制度怎能产生完善的民事鉴定程序的生存之地。

作为"悬法象魏"之制的《周礼》，也并不能成为严格意义上的司法诉讼制度，其实际上就是社会存在的指导性规范与禁止性规范，可见对于社会民事关系的程序性调节规则自古没有突出表现。春秋战国时期，宗法礼治衰败，新型国家建立，这时诸子百家兴起，思想政治领域产生了大变革，春秋五霸之一的齐国管仲进行改革，其成为以法学治国的先驱，也对后世法家和儒家的"法制"和"礼治"思想提供了重要的思想渊源。管仲的改革从"礼义廉耻"为"国之四维"出发，认为"四维不张，国乃灭亡"，但管仲管理理念与方法则是"凡牧民者，欲民之可御也；欲民之可御，则法不可不审。法者，立朝廷者也"。① 管仲的牧民之策，就是治理百姓，希望百姓服从管制，而让百姓服从管制的办法则是法条规章，最终目的是确立朝廷权威。故此后世的统治阶级并不纯粹是信奉以"礼"治国的，如韩非就这样讲："明主之所导制其臣者，二柄而已矣。二柄者，刑、德也。"② 故那种以为法家纯粹是以"法"治国的认识并不全面，其实所谓的法家也不是不重视"礼"，以汉时董仲舒为代表的所谓的"儒家"学说，也不是不用"法"治理国家。如汉宣帝就称"汉家自有制度，本以霸王道杂之，奈何纯任德教，用周政乎！"③一语道破天机，以韩非为代表的法家还是以董仲舒为代表的"后儒家"都不是单纯以法或以礼对国家进行治理，不管是法家还或是儒家都是用法和礼为手段约束人的行为，以维护统治阶级的统治为根本目的。在秦始皇统一中国以降，礼与法并用，此后"阳儒阴法"影响中国二千多年的司法制度历史进程，"礼"与"法"并蒂生存的状态在中国的土地上一直繁衍生息，绵延不绝，体现现代法治精神的民事诉讼鉴定程序制度也就无从生成了。

《礼记·月令》记载："孟秋之月……命理瞻伤、察创、视折、审断、决狱讼。"这说明中国社会早有对斗殴致伤身体检验的规定，秦自孝公启用商鞅实行变法以来，奉行法家的"法制"理念，进行了卓有成效的政治与法制改

---

① 参见《管子》，中华书局2009年版，第33页。
② 参见《韩非子》，中华书局2007年版，第21页。
③ 参见《汉书》，中州古籍出版社1996年版，第47页。"孝元皇帝……柔仁好儒，见宣帝所用多文法吏，以刑名绳下。……尝侍燕从容曰：'陛下持刑太深，宜用儒生。'宣帝作色曰：'汉家自有制度，本以霸王道杂之，奈何纯任德教，用周政乎！'"

革,秦始皇在泰山刻石中自称:"治道运行,诸产得宜,皆有法式。"在诉讼法领域的证据查验时,如果发现案发司法机关须立即派人赶往该地,进行现场的勘验与调查,并将整个勘察与调查结果详细记录下来,制作成各种"爰书",这也是中国社会较早的勘验记录,但也并不是由掌握一定科学技术手段的鉴定人作出的鉴定意见。在审理规则上,《唐律·断狱律》规定:"诸应讯囚,必先以情,审察辞理,反复参验;犹未能决,事须讯问者,立案同判,然后拷讯。"强调审讯中要动之以情,晓之以理,但也并不强调诉讼程序制度的重要性。《狱官令》规定:"诸察狱之官,先备五听,又验诸证信。事状疑似,犹不首实,然后拷掠。"所谓五听,就是《周礼》所记"辞听""色听""气听""耳听""目听",通过察言观色查清真情,类似于现在的审判心理学,也没有融会时代产生的科技因素于其中,而非现代程序精神之体现。秦律是后世各朝成文律典的基础和蓝本,深刻影响了以后各朝代的法律实践活动,初步形成了中国传统法律的若干基本特质。一般认为,秦统治者服膺法家学说,浸润法家"法制"精神,而排斥儒家礼教原则;西汉以后始法律儒家化。其实不然,在云梦秦简中我们也可以发现许多儒家"亲亲尊尊"伦理规范的元素,并非完全"刑无等级"或"刻薄寡恩"。子女"殴大父母,黥为城旦舂",父母可以"不孝"罪名将子女送官府惩处,子女告父母为"非公室告",不得受理,也强调"君鬼(怀)臣忠,父慈子孝,政之本也",等等,这些都是儒家伦理观念在秦时的存在。

董仲舒提出"罢黜百家,独尊儒术",北宋赵普讲"半部论语治天下"。那么就真以为汉以降的历朝历代真正以儒家文化来治理国家了吗?完全不是。董仲舒的儒术讲的是"儒为表"和"术为里",一句话利用圣贤学说帮助统治者利用官僚之术御民愚民而已,赵普讲的"半部论语治天下"实质上讲的就是半部"骗人"欺世,另半部就是"官术"御民。同时从学术范畴来讲,儒家和法家并无本质上的不同,也无好坏之分,儒家学说当中也有法制的因素,法家的学说当中也有儒家的精髓,儒、法两家在关于"礼"与"法"的著述中,只是对礼、法含义的侧重点阐述不同而已,但不同是这些学说被什么人利用的问题,也就是说中国两千年以来儒法一直就是被官僚统治阶级用来统治人民的利器,霸王道杂之而非程序法治,所以清末谭嗣同总结中国大历史时说:"两千年之政,秦政也。"①

---

① 张晋藩:《社会转型与法律变革研究》,中国政法大学出版社2011年版。

阅读历史时我们总希望"去伪存真,去粗取精","透过现象看本质","如果我想要在科学上建立起某种坚定可靠、经久不变的东西的话,我就非在我有生之年认真地把我历来信以为真的一切见解统统清除出去,再从根本上重新开始不可。"① 法律作为人类控制的手段,当然与社会存在着复杂而微妙的关系,而对两者之间关系的理性认识与经验分析,又恰恰又是全面理解法律的有效途径。② 法制是一个社会政治、经济、文化及地理条件的综合产物,同时又反过来影响社会生活的各个方面。③ 我国古代社会并不是从法治的角度去思考完善民事程序制度,如宋的检验制度就包括了对检验范围、检验程序、检验笔录的规定,对检验人员也规定了严格的责任制度,请官违法及请官不依法检验要承担责任,检验不实不尽的也要承担责任,更别说检验人员受贿舞弊要受到严厉处罚,但纵观宋史也难以看到对人民民事权利的切实维护。为了减少国家司法机关所承受的社会压力,官府积极倡导经由民间调解解决民事纠纷,④并对案件性质不加区分地通过从官府到民间各种不同的调解方式去疏导矛盾,民事诉讼"盖以情出于乡,必需府、州、县行问里老邻佑审酌,方可结案"。轻视科学技术在诉讼中的积极作用,不顾及、不尊重当事人的民事权利,过度强调民事纠纷案的和谐共赢,让调解成为融合社会关系的主要手段,那么民事鉴定诉讼程序的科学规划就无从谈起了。

2. 中国传统法律的文化分析

"文化"的含义从来都是众说纷纭,不同的学者对于什么是"文化"有不同的解释。英国学者泰勒对文化进行了一个整体性的描述,⑤后来马林诺夫斯基又从"满足人的需要"的角度去阐释文化概念,认为文化是指那样一种对传统的器物、物品、技术、思想、习惯价值而言的,它包含一切社会

---

① 笛卡尔:《第一哲学深思录》,庞景仁译,商务印书馆1986年版,第14页。
② 范忠信、陈景良主编:《中国法制史》,北京大学出版社2010年版。
③ 张晋藩:《中国司法制度史》,人民法院出版社2004年版。
④ 《至元新格》规定:诸论诉婚姻、家财、田宅、债负,若不系违法重事,并听社长以理喻解,免使妨废农务,烦扰官司。
⑤ 英国人泰勒在《原始文化》一书中指出,所谓文化或文明乃是包括知识、信仰、艺术、道德、法律、习惯以及其他人类作为社会成员而获得的各种能力、习性在内的复合整体。

科学,①归纳起来,文化大致产生了三种用法。② 由此而言,对于法律制度建设由社会文化意识的方式解释不失为解决民事鉴定程序问题的一种有效方法,也就是法律体现着文化,文化要阐明法律(程序)。③ 法律作为社会存在的整体文化的子系统也一定要由社会物质生产条件作用下的文化形态去具体体现出来。④

在中国传统法律文化中,与"天命""天罚""革命"的根本政治观念相应,法的道德性在中国社会活动及日常生活环境中的意义非同寻常,中国社会"道德"一词被赋予了广泛的使用意义,内容丰富多彩,涉及的范围存在于社会的方方面面,不仅仅是私人领域的个人行为规范,而且也成为公共领域的个人行为标准,这样道德观念或规范被赋予了法律意义上的使用价值了。《尚书·吕刑》认为"士制百姓于刑之中,以教祗德",《尚书·康诰》主张"明德慎刑",《礼记·乐记》则"礼以导其志,乐以和其声,政以一其行,刑以防其奸。礼乐刑政,其极一也,所以同民心而出治道也"。礼乐引导在前,政令督促在中,刑罚威慑在后,这些主张都表明中国西周时代就形成了以教化为主导、刑罚为辅佐的法律原则。到宋代,周敦颐、张载、二程等及后世理学家朱熹又从本体论、心性论、道德论等方面进一步深入发挥,形成了一个对后世中国乃至东亚地区都产生了更为巨大和深远影响的道统理学体系。理学家们认为人的道德在宇宙中有其根源,人应以身心性命的修养践履为本,同时道德的修养必须和人伦日用,与治国淑世的事业结合起来,完成有体有用之学。这种将道德修养为主的理学体系上升为一个治国安邦的理论高度,而

---

① [英]马林诺夫斯基:《文化论》,费孝通等译,中国民间文艺出版社1987年版。马林诺夫斯基理解中的文化应该是包括:1. 物质设备,也即物质文化,如器物、房屋、车船等。2. 精神文化,如各种知识、价值、思想观念。3. 语言。4. 社会组织。出自《文化论》,费孝通等译,中国民间文艺出版社1987年版。

② 第一,文化是指物质文化和精神文化的总和,包容了除自然界以外的所有人类之创造物、行为、思想等。第二,文化是指文化集中于人类精神之创造方面,包含与人的精神相关之创造物的制度、组织等。第三,文化被置于人类的思维能力上,包含作为人类观念形态或意识形态的知识、思想、价值、心理等。

③ 梁治平:《比较法与比较文化》,载《读书》1985年第9期。

④ [美]戴维·波普诺:《社会学(上)》,刘云德等译,辽宁人民出版社1987年版。美国社会学家戴维·波普诺认为,文化是一个群体或社会所共同具有的价值观和意义体系,它包括这些价值和意义在物质形态上具体化。……文化由三个重要因素组成:1. 符号、意义和价值观。2. 规范。3. 物质文化。

那些保障现代社会健康发展的法治至上的司法正义性理念也就失去了文化意义上的繁衍土壤,而代之以恪守中庸之道的社会调和论调去掩盖不断激化的社会矛盾。①

秦、汉以后,中国法律思想整体上受"变异"的法儒思想影响较大,专制与礼制交互并用的法律思想一直影响到今天我们法律文化的骨髓。中国传统社会秩序的灵魂,就是"圣贤教化愚民",而程序法律则缺乏健康成长的环境,因为程序的逻辑对于统治阶级来说,仅仅是一些繁文缛节,是皇帝的新衣,想要就要,不想要随时随地地丢就是了。只要有利于国家——"天子"的根本利益,调整社会存在的各种关系的手段就可以堂而皇之地行使,作为上天化民的使者,天子是圣贤的总代表,国家——君国的一切政治就是国内的圣贤"为民父母替天行道即行政",为了构筑这一秩序,对上保皇敬天,对下教化治民,从而也必然会轻视一切束缚统治阶级管理民众的程序和规范,也必然不会注重追求和探索有效监督国家权力的终极真理,因为国家的暴力手段都是为了教化百姓服务的。如宋明以来,主要依靠道德说教的调解活动不仅成为民事诉讼的主要审理方式,而且调和论调也逐渐成为民事诉讼的重要审判制度之思想基础。对于统治者来说,调解会产生调节社会矛盾的稳压作用,因此在中国社会的各朝各代都受到最高统治者的青睐。"和乡党以息争讼……息诬告以全良善。"实际在社会生活的方方面面都存在着广泛的调解,政府机构的上上下下也都存在着广泛的调解活动,经最高统治者的倡导,调解这样一种民间纠纷的处理方式日趋制度化和普遍化。② 调解依据的民事法律渊源主要是那些有利于统治阶级的道德说教,不拘一格(无严格程序要求),形式灵活多样主要以统治阶级认可道德说教为标准的调解息讼方式,对于统治阶级来说确实起到了案结事的作用,但它的负面影响也

---

① 如在明代,民间调处最重要的方式是里老调处,里老对民事纠纷的调处主要于各乡里均专门设有的"申明亭"中进行,一般的民事纠纷经里老的调处是一个必经的程序。官府的调处并不是法律的一个固定程序,但处理民事纠纷的实际运作当中具有重要的地位。

② 如州县调解是在州县官主持下的诉讼内调解,有时州县官通过"不准"状的办法,促成双方和解。民间调解作为诉讼外的调解,其主要形式有宗族调解和乡邻调解。

不容忽视。① 因为调解重在息事宁人,以服务于统治阶级维护国家专制和纲常秩序为必要,广泛开展的调解活动是封闭的小农经济和悠久的地缘关系的产物,当事人权益事小,国家安稳事大,也就是说维护统治阶级的统治事大,维护统治阶级的统治利益事大。如调解不成,当事人坚持告官审理,便被指斥为"刁民妄滋,兴讼成习"。由此在民间产生普遍的畏讼、厌讼的心理。缺乏依法保护自己正当权益和应有诉权的社会基础和程序体制,缺乏法治至上的程序制度化(民事鉴定程序制度)的环境氛围,这也就是我国古代法律制度一直存在并发展,但为何人民群众的幸福感从来都不高的原因之一。

"无讼"的社会和谐在阶级社会里一定会成为统治阶级追求的目标,而要达到"无讼"的社会理想状态,调处显然比利用科技手段来完成案件的鉴定工作去追求民事纠纷的事实真相更具经济性,比依据鉴定结果依法实事求是裁决,社会效果会更具理想性。任何法都是以一定的道德标准作为自己的整体文化基础并在一定程度上引导法律的发展的,在我国民事诉讼领域说教与法律的冲突,主要是由于中国是一个有着长期专制传统的国家,许多本应该由法律调整的领域却由说教在支配,这就极不符合现代社会法治至上的理念与精神,一定程度上阻碍了以科学为圭臬的民事鉴定程序制度的健康发展。

三、民事鉴定程序制度改革的必要性与可行性

自清末以来,中国法律制度发展是在内忧外患双重压力下不得不应对时局的变化,从来都不是发自内部的自我进步。清末沈家本等人虽然在修律中坚持会通中西、双向开放的文化立场,但是对于超稳定的中国社会,法治精神的挥发从来就是外在被逼接受的而不是心甘情愿地内在生成的,因而不管是实体法律改革抑或程序法律修正的结果一直以来并没有发生人们期望的公平正义价值的出现。在司法实践中盛行的所谓的"潜规则"仍在横

---

① 如宗族内部身份也有严格的尊卑之分,支派有远近亲疏之别,人丁的财势有强弱不等,嫡庶之间的权力有高低之别,因此宗族内部成员在接受调解时,往往因在族内的地位不平等,即无法抵制族长的意志干预,又不得不忍受某种偏袒处罚。可见宗族调解存在着许多不平等和强迫性。

行无阻,中国法律制度引入无数先进的现代思想文化意识之后其还能潇洒自如地发挥作用,还在于现代法律理念的移植并没有彻底改变中国社会人们的交往模式和司法运行机制,法律移植并不能彻底改变中国根深蒂固的社会物质生产生活环境。

(一) 必要性

1. 贯彻落实科学发展观的必然要求

(1) 科学发展观是一种价值取向

马克思主义认为,未来社会应该是以每个人的全面而自由的发展为基本原则的社会形态,未来社会存在的中心思想就是以人为本,一切从人民群众的需要出发,促进人的全面健康发展,保护并实现人民群众的根本利益。[1] 在涉及鉴定的民事诉讼领域贯彻落实科学发展观就在于涉及鉴定的一切都要以人为本,就是要对当前民事鉴定发展过程中鉴定机构、鉴定人以及当事人的主体地位和作用做到充分的肯定和认可,在司法实践过程中,不是把鉴定机构、鉴定人或者当事人作为案结事了、息讼止纷的因素,而要把民事诉讼中涉及的一切人都看作民事鉴定事业发展的根本。在涉及鉴定的民事诉讼中以人为本也是一种价值取向,即尊重人、解放人、依靠人、为了人而塑造人。尊重人,就是尊重民事鉴定程序当中的一切人的社会价值和个性价值,尊重鉴定人与当事人的独立人格、需求,以及每一个人的平等,创造个性和权利的要求,尊重鉴定过程中一切人的诉讼要求与个性发展。从鉴定制度的运作实践来看,民事诉讼的多次鉴定和多头鉴定是社会反响较强烈的问题,重复鉴定往往出现两个或两个以上相互矛盾的鉴定意见并存的现象,貌似使审判人员在辨别真伪时无所适从。针对这一问题,《最高人民法院关于民事诉讼证据的若干规定》专门规定了申请重新鉴定的法定情形,[2]但是不管从哪个方面考虑,都忽略了审判人员应当提高自身科学文化素养的问题。在民事诉讼中的鉴定意见绝不是为了审判人员的便利提供其一个完全正确的鉴定结论,这也就是现在的民事诉讼证据规则中规定的"鉴

---

[1] 参见:《中国国情与科学发展观》,中国传媒大学出版社 2005 年版,第 164 页。

[2] 申请重新鉴定的情形:1. 鉴定机构或者鉴定人员不具备相关的鉴定资格的;2. 鉴定程序严重违法的;3. 鉴定结论明显依据不足的;4. 经过质证认定不能作为证据使用的其他情形。

定结论"已经不知不觉改为了"鉴定意见"一词的原因之一,专家学者的鉴定意见不是也不可能提供给法院一个鉴定事项的现成结论,鉴定只是鉴定人为了查清案件事实提供给当事人的一个科学性意见而已,判断鉴定意见的采信与否还在于审判人员运用诉讼法中的证据规则进行准确裁定。

民事鉴定程序法价值的多元化和动态性决定了鉴定程序法价值序列有其价值目标及实现这一目标的手段,在民事鉴定程序中尊重及保障每一个人的权利就是科学发展观的具体体现,即所有不同系列的价值在民事鉴定程序中最终的目的性价值构成民事鉴定程序价值的终极目标——保护鉴定领域每一个人的权利。①

(2) 科学发展观是一种思维习惯

科学发展观的核心就是以人为本,②要求我们在思考、分析、解决问题时,要确立并运用人的尺度,要关注人的生活世界,要对人的生存和发展的命运确立起人的自主意识并同时承担责任。在民事诉讼领域以人为本意味着要把增进全社会和诉讼过程中的每个人的个体与整体利益总量作为评价和衡量我们一切程序制度、一切法律规范,以及司法政策措施得以施行并且得到遵守的终极标准。科学发展观中的以人为本就是要求我国社会一切制度、规范和政策措施的创建和制定,都要遵循公正、平等、人道、自由和法治等人类文明发展已经反复证明了的定理规则,彻底改变法律变革过程中相对主义思维方式,通过程序制度的科学化改革使我们的社会走上平稳发展的健康正道。

对于民事鉴定主体的管理必须明确提出的是我们的民事鉴定管理工作所遵循的根本宗旨是为民事鉴定程序的各类主体提供优质服务,而绝不是依传统思维习惯希望对社会中的事物发展进行全面彻底的管制,司法鉴定行政管理工作的重点在于形式上的管理,对于行业性的专业鉴定资质应该包括积极条件和消极条件两个基本方面,作为鉴定主体的积极条件最主要的应当是具有一定科学专业知识专业技术水平,鉴定机构应当具备一定的鉴定设备条件;对于鉴定机构和鉴定人的消极条件则是要求作为司法鉴定

---

① [美]罗伯特·A. 达尔:《现代政治分析》,王沪宁、陈峰译,上海译文出版社1987年版,第95页。

② 胡锦涛:《高举中国特色社会主义伟大旗帜,为夺取全面建设小康社会新胜利而奋斗》,载《中国共产党第十七次全国代表大会文件汇编》,中央文献出版社2007年版,第14页。

机构或者鉴定人员不得违反职业道德规范和执业纪律规则,作为承担民事鉴定管理工作任务的司法行政部门有权对鉴定人员和鉴定机构的司法鉴定活动进行监督,以保障其在执业活动中遵守法律、法规和恪守职业纪律和道德操守。而在民事诉讼中对于鉴定机构或者说鉴定人的最终的资格认定主体应该是司法审判机关而不能也不应该是司法行政管理机构,所以说在民事诉讼涉及鉴定的程序规范中"以人为本"的首要的问题是承认民事鉴定机构、鉴定人以及当事人的正当性需要及其基本法律价值的实现,因而民事司法鉴定制度化的设计也必然离不开尊重和满足涉及鉴定的民事诉讼中每一个个体发展所必需的价值要求。当代民事司法鉴定制度虽然一定程度上肃清了多年来计划经济管理模式中形成的思维定式,但目前存在的一些行政法规的具体制度规范和行政机构的管制性行为习惯还没有达到科学发展观所要求的人性化执法管理水平,如何克服我国民事鉴定领域忽视个人价值实现的藩篱是我国进行民事司法鉴定制度改革所必须要面对的重要课题,科学发展观的"以人为本"司法理念在民事诉讼程序的确立对于理顺民事鉴定关系无疑具有很强的理论和实践意义。①

在民事鉴定程序制定和实施过程中坚持以人为本的科学发展观,就是要从涉及民事鉴定的人民群众的根本利益出发在程序法律的立法、司法、执法中谋发展、促进步,②在涉及鉴定的民事程序制度立法过程中就是要坚持全心全意为人民服务,立党为公、执政为民,始终把人民群众的程序与实体利益作为民事鉴定工作的根本出发点和落脚点,坚持在鉴定领域尊重市场经济与社会发展规律,尊重人民群众历史主体地位的科学性。③

(3)科学发展观是一种改革方式

人类总是不断发展的,自然界也是不断发展的,永远不会停止在一个水平上。因此,人类总得不断总结经验,有所发现,有所发明,有所创造,有所前进。④ 解放思想,开动脑筋,实事求是,团结一致向前看,首先是解放思

---

① 吕世伦、文正邦:《法哲学论》,中国人民大学出版社1999年版,第359页。
② 胡锦涛:《在中央人口资源环境工作座谈会上的讲话》,《十六大以来重要文献选编》,中央文献出版社2011年版,第850页。
③ 胡锦涛:《在纪念毛泽东同志诞辰一百一十周年座谈会上的讲话》,载《十六大以来重要文献选编》,中央文献出版社2011年版,第646页。
④ 毛泽东:《学习马克思主义的认识论和辩证法》,载《毛泽东文集》第8卷,中央文献出版社,第325页。

想。"只有思想解放了,我们才能正确地以马列主义、毛泽东思想为指导,解决过去遗留的问题,解决新出现的一系列问题,正确地改革同生产力迅速发展不相适应的生产关系和上层建筑。"①从民事程序法律价值对于个体发展的意义来看,民事鉴定程序法律制度的改革主要表现在为民事诉讼中涉及鉴定的人们提供一个获得能力的可行性和利益的可能性,改革民事鉴定程序制度适应社会发展的需要就在于为民事诉讼提供一个方便保护诉权的共同体或切实可行的人类诉讼理性联合和交往的平台。马林诺夫斯基认为:"法律规则之所以与其他规则不同,就在于它们能被感受并确定为一个人义务和另一个人的权利诉求。……它们是由建立在互补基础上和互惠服务的同等安排的认同上的特定社会约束力机制所强制执行的,并把这些权利主张融入错综复杂的关系网才能实现。"②总之,在民事鉴定程序制度的改革实践中,民事鉴定程序制度的法律价值为满足涉及鉴定的人们的需要提供了制度化的可能性,民事鉴定程序制度就是为作为客体的鉴定程序法律与作为主体的与鉴定相关的每一个个人之间提供链接而设计制定的。

　　马克思主义认为,任何人的任何权利都是由一定的社会生产方式赋予的,并随着生产方式的改变而改变,民事鉴定程序中相关人员鉴定权利的保护也是科学发展观中强调的"以人为本"权利保障不可分割的一部分。在科学规划民事诉讼程序制度中,应当明确鉴定人负责制,鉴定人应当对鉴定结论负责。但又往往忽视了我国目前社会环境中对于鉴定人的权利保护机制的科学设置与运行,鉴定程序制度的改革要有利于每一个个人的权利保护,而不仅仅是对民事诉讼主体或国家权力机关的权利保护,对于鉴定意见直接负有责任的鉴定机构和鉴定人的权利保护也不应该被忽略。所以改革民事鉴定管理体制是完善我国民事诉讼领域方方面面的系统工程,在民事诉讼司法实践中不仅要改革当事人权利保护的法律规范,也要完善与鉴定相关的其他所有人的权利保护机制。每一个人的权利保护是公民所拥有且不可或缺的基本人权要求,民事诉讼鉴定权利人作为人应当而且必然享有的固有权利,它不能被转让与剥夺。在所有与鉴定相关的权利人的权利保护

---

① 邓小平:《解放思想,实事求是,团结一致向前看》,载《邓小平文选》(第2卷)中央文献出版社,第141页。
② 马林诺夫斯基:《原始社会的犯罪与习俗》,原江译,法律出版社2007年版,第36页。

中要贯彻落实科学发展观的核心原则——以人为本,这是改革民事鉴定程序制度所必须遵循的根本性方向问题,如果不能保证鉴定中的每一个人的基本权利的实现,那么势必影响裁判的科学性,从而影响有关民事鉴定的裁判权威性。由于鉴定意见本身涉及专门知识的运用,目前在司法审判实践中审判人员往往只能在形式上进行审查或凭自己仅有的一点知识提出异议,要真正对鉴定的依据、技术手段的运用等专门问题进行实质性的审查由于法院人事制度改革的裹足不前也成为不可能。若要完善证据制度保证鉴定意见在民事审判中的公正性,还需要在立法上对不仅仅是司法行政管理体制而且还应该从我国法院组织结构和人事制度等方面全面转变思维路径并进行彻底改革。

民事鉴定程序中的"以人为本"不是一个纯抽象的概念,而是有它丰富的内涵,有很强的现实感和针对性,"一切为了人,为了一切人"应该成为民事鉴定程序的核心价值,终极目标就是要在民事鉴定程序的保障下促进相关人员的权益和自由得到全面的尊重和保障。尊重和保障民事鉴定领域的人权价值观是民主法治社会的基本要求,在现代法治社会里,"以人为本"就是要求以每一个个人的利益为本,一切要从人的利益出发。

2. 建设社会主义和谐社会的现实需要

(1) 社会主义和谐社会是"以人为本"而非"以民为本"

我国传统统治思想中的"以民为本"是中国特殊的亚细亚生产方式下,统治阶级为了维护专制统治采取的统治方式,即水能载舟亦能覆舟式的承载其专制的非正义的统治手段。我国目前在各条战线都贯彻实施"以人为本"的思想理念,选择的是"以人为本"而不是"以民为本",对"人"的理解既继承了中国传统文化的精华,又超越了"以民为本"的窠臼。我们要向先进的国家和民族学习,学习本民族有用的东西,但不是所有的方面都要学别的民族,而要保持本民族的特点。[①] 从社会发展的本质来看,以人为本在于确立人在社会生活中不断促进每个人个性的全面发展,人的全面自由发展是社会历史发展的终极目标。民事诉讼领域人的发展讲的就是人的主体能力的发展,就是作为文化存在物的人的个性发展,在民事鉴定程序制度设计中的"以人为本"体现的是对生命和人性的深度关切,凸显鉴定程序中人的价

---

① 毛泽东:《毛泽东西藏工作文选》,中央文献出版社,第113页。

值和尊严,突出鉴定程序中人的人格和需要,肯定民事诉讼中人的自由和幸福,以体现鉴定程序制度对于生命和人权的尊重和保护。

构建社会主义新中国的和谐社会,为包括诉讼法学在内的各学科健康发展开辟了新的研究视角,诉讼法学作为在诉讼领域保护人权的基本法律部门,与构建和谐社会的发展要求有着内在的联系,因为诉讼法的立法宗旨就是追求诉讼的公平与正义。和谐社会首先取决于法治的进步,在法治基础上建立起公正廉明的由各类经济活动主体组成的有机整体,只有各部门能够充分发挥自身功能,调整个体利益的冲突,使其相互补充、相互促进,严格履行自己的职责和义务,形成社会合力,才能建立起人与人之间互相尊重、相互协调的和谐的社会关系,也才能进一步推动社会主义和谐社会的健康发展。

(2) 社会主义和谐社会应建立在以法治为基础的矛盾化解基础之上

大多数阅读者首先对阅读对象就给予了事先的假定,进而从某种可能被接受的命题出发进行阅读,这类方法会是一种认知上的偏见,①当今社会中对于我国民事调解的理解不乏存在认识上的偏差,许多人总以为调解是解决民事纠纷的最有效的方法,但客观上这也成为我国目前鉴定程序制度改革前进乏力的原因之一。

调解作为人类控制与调节社会关系的手段之一,与社会各主体之间存在着复杂而微妙的关系,而对两者之间关系的理性认识与经验分析,是全面理解调解本质的有效途径。基于此通过分析调解与社会的动态关系,来理解与阐明传统中国社会背景下的调解制度。② 调解是社会政治、经济、文化及地理条件下的综合产物,同时又反过来影响社会生活的各个方面。我国的古代社会在处理民事纠纷方面就非常注意民间与官府的调解的作用,为了减少地方司法机关所承受的皇权与民间双重压力,通过各种渠道疏导矛盾,化解争讼,以稳定社会秩序,所以历朝历代官府都倡导经由民事纠纷尽量由调解解决。即使元朝统一中国以后虽然存在许多民族问题,但仍然沿承了两宋商品经济发展的传统,与此相联系的针对民事法律关系的解决方法也没有从根本上改变。明清以来,也重视诉讼过程中证据的作用,但总的来说,对民事纠纷的解决主要仍是靠调处来宁事息讼。调解成为民事诉讼

---

① [英]笛卡尔:《第一哲学深思录》,庞景仁译,商务印书馆1986年版,第14页。
② 范忠信、陈景良主编:《中国法制史》,北京大学出版社2010年版。

的主要的审理方式,是因为调解会产生调节社会矛盾的超稳压作用,因此倍受最高统治者的青睐,经过历代的修葺,使调解制度日趋制度化和普遍化。①

在中国封建社会不管是族内尊长主持或乡村其他组织主持的民间调处或者说是由官府组织的调解,虽说在中国传统社会实践中对于民事纠纷的化解也确实起过重要作用,但是其中存在的局限性和消极作用也是显而易见的。不管是官府调处还是民间调处都蕴含着巨大的强制性,由于没有任何程序制度来确保官府调处的公正性,当事人对调处的接受不得不带有被迫的强制性质。即使民间调解(宗族调解和乡邻调解),由于其宗族内部身份有严格的尊卑之分,支派有远近亲疏之别,还有人丁的财势强弱不等,因此,民间调解也往往因其在族内的地位不平等存在着许多不对等和强迫性因素。

那种脱离法治基础的调解注重的是息事宁人,以服务于统治阶级维护国家专制和纲常秩序的需要为宗旨,纠纷当事人缺乏保护自己的正当权益应有的诉讼程序制度,不可避免地会存在损害当事人正当实体与程序权益的恶法横行现象。建立社会主义和谐社会则一定是在尊重社会中每一个个人权利的基础之上的社会矛盾的化解,如果不能充分调动社会的积极因素,那么社会主义和谐社会在中国就不可能形成。如最近接连报道的大规模群体性事件中的乌坎村委会卖地事件、什邡铜矿事件、石首厨师坠楼事件、瓮安少女溺水事件、济南女警打人事件等等,无不反映出我国司法机关在解决社会矛盾时的无奈,如果不能通过司法正当程序获取民众的信任和支持,那么无异于是在鼓励民众不遵守法律,不按规章制度办事,甚至鼓励暴民心理的发泄。例如湖北石首酒店厨师坠楼事件和贵州瓮安少女溺水事件,家属和本地群众拒绝接受法医的非他杀尸检报告,并导致大规模抗议活动。而处理的方式却是上级政府的介入,并对死者家属作出补偿,不管尸检结果如何,这种做法虽然让群众得到了暂时的满足,却是对司法正当程序的极度讽刺和蔑视。通过行政手段而不是司法程序来主持正义,这是对社会正义事业的践踏。建立在以人为本基础之上的社会主义和谐社会,是为每个人实现自我价值创造一个公平竞争、机会均等的平台,而不是远离法治基础通过

---

① 如从顺治的《圣谕六条》、康熙的《圣谕十六条》到雍正的《圣谕广训》,都含有重视息讼的内容。

政府(行政机关)无限地介入司法活动解决民事纠纷。建立社会主义和谐社会依靠的是法治的力量,实现社会整体利益和个体利益的平衡,构建融洽和睦、安居乐业的社会环境。

3. 实现公正与效率的前提与基础

(1) 鉴定程序改革是实现诉讼公正的前提条件

"维护和实现社会公平正义,涉及最广大人民的根本利益,是我们党坚持立党为公、执政为民的必然要求,也是我国社会主义制度的本质要求。"① 在我国,立法者在强调法院主导审判过程的同时,限制剥夺了当事人许多重要的诉讼权利,如当事人在进入民事诉讼后的举证权——提起鉴定的权利。加强民事诉讼当事人利益保护,增强当事人在解决民事纠纷中的主动权和决定权,在民事诉讼中赋予当事人充分的提起鉴定权是民事诉讼公平与正义的重要体现。

在对抗式的现代司法模式中,当事人之间在一个平和的环境中与对方进行平等交流,从而在自愿条件下形成一个合意的结果,而不再是传统审判模式下的强制调解,这样的审判方式有助于减轻当事人的焦虑与不安,尽快恢复心理与情绪的稳定,从法律纠纷的阴影中解脱出来。传统司法模式的价值追求是国家利益高于一切,国家利益不是不要维护,但打着维护国家利益的旗号,保护的是一些机构性的集团利益,这是对社会主义民主与法治的最无耻的践踏,也是对社会主义人权的最无道的侵害;在责任承担形式上,不是建立在科学方法基础之上的调解,而是崇尚国家或组织进行的强制调解,这种司法审判模式虽然一时看似调和了纷争,但社会不安定因素在不知不觉中已经酿成,最终会激化更大程度上的社会矛盾,社会中的每一个人都避免不了灾难的降临。而在崇尚科学性司法的现代审判模式中要求发挥当事人在解决民事矛盾中的能动作用,通过赋予双方当事人充分的诉讼权利,在平等互利的基础上进行协商、让步,从而化解矛盾、平息纠纷。对一方当事人而言,可以赢得对方的谅解并获得充分的补偿机会;对另一方当事人而言,可以在较为充分的科学方法面前获得心理上的进一步认可,从而使社会也因此而真正复归于平静,达到当事人、司法机关、社会整体三者不同价值、不同利益之间的适度平衡,实现社会的安定团结,这正是我国推进"以人为

---

① 胡锦涛:《科学发展观重要论述摘编》,中央文献出版社2008年版,第70页。

本,构建和谐社会"的内在要求。

(2) 鉴定程序改革是提高诉讼效率的基础工程

民事鉴定程序的效率①是指在诉讼活动中民事鉴定程序的效益与该活动所花费成本之间的比例,它不仅描述诉讼进行的快慢程度,解决纠纷的数量多少,而更强调要尽可能地快速解决纠纷和尽可能合理地利用民事鉴定程序的各种资源。民事鉴定程序效率范畴包括时间效率和民事鉴定程序活动的成本效率。民事鉴定程序的时间效率要求司法制度能够迅速而有效地解决争端,尽可能快地恢复法律秩序,实现法律公正,是民事鉴定程序效率最直接最基本的表现形式。民事鉴定程序的资源(成本)效率要求以最小的资源投入获取最大的效益,是实现民事鉴定程序效率最核心的表现形式。②

基于成本与收益的分析,民事鉴定程序活动就是将一项活动所耗费的资源与取得或预期取得的收益加以比较,以便用尽可能少的付出换取尽可能多的收入。人们通过理性选择,能够比较各种可能行动的成本与收益,从中选择出净收益最大的行动方案。民事鉴定程序成本——效益原则在司法活动中的体现应该落脚在个案民事鉴定程序成本最小化上,以最少的人力物力,用最少的时间尽快完成案件的鉴定,以尽可能少的资源换取尽可能多的民事鉴定收益,对有限的资源加以最有效的利用,最大限度地满足人们对公平、正义、自由和秩序的需求。③ 制度安排是提高民事鉴定程序效率的关键,制度经济学派认为,对于经济的增长,唯有制度是最重要的,资源配置的真正决定因素不是市场,而是社会的组织——制度、权力——结构。根据科斯定理,不同的制度安排会带来不同的资源配置结果,制度安排的不同会直接影响到经济效率的高低。诺斯教授也认为,当存在交易成本时,制度是至关重要的。④ 正如人们可以在不同的可互相替代的产品之间进行选择一样,人们也可以在不同的可互相替代的制度安排之间进行选择。如果效用相同,制度的选择取决于成本的最低化,制度安排人们一般倾向于成本较低的。从成本与收益的角度分析,制度的进步体现为更有效率的制度不断地

---

① 经济学的效率,表示所获得的劳动效果与消耗的劳动量之间的比值关系,体现的是投入与产出之间的比率。

② 景汉朝:《司法成本与司法效率实证研究》,中国政法大学出版社2010年版。

③ 波斯纳:《法律的经济分析(上)》,蒋兆康译,中国大百科全书出版社1997年版,第3—13页。

④ 梁小民:《微观经济学》,中国社会科学出版社1996年版,第6页。

替代成本高、效率低的制度。

据此，在现实条件下提高民事鉴定程序效率，在于优化现有的司法职权和司法资源的配置。而这一切，关键在于作出科学的民事鉴定程序制度安排，创造和谐的民事鉴定程序制度环境。民事鉴定程序效率的实现必须依赖于民事鉴定程序制度的有效运作，因此我们应该设计更为经济的民事鉴定制度或者诉讼程序，本着降低成本的原则对民事鉴定职权和民事鉴定资源进行有效配置，尽量在个案的微观民事鉴定程序活动与整体宏观民事鉴定程序活动两个层面都实现成本最低化和收益最大化。① 只要对民事鉴定程序制度进行了切实有效的改革，不仅会节约司法成本而且也有助于社会资源的充分利用和整合。我国当前处于社会主义市场经济建设时期，各类民商事案件大量涌现和增加，国家司法资源显得越来越不足和短缺，因此，我国传统的以国家对社会全面管理为标志的司法鉴定管制模式或以行政监管为主的民事鉴定领域的管理体制越来越不适应社会发展的现实需求，现行的民事鉴定管理制度已经不能完全胜任社会主义市场经济发展的多元需要，势必迫使人们不得不对国家司法鉴定管理资源配置与涉及鉴定的民事纠纷处理效益展开思考。如果在我国民事鉴定管理工作中适用行业自律的机制，抓大放小将管不好的事务从国家行政管理中分流出去，充分发挥社会主体的积极性，则可以快速、有效地解决大量民事纠纷，国家审判机关也可以将有限的司法资源用于处理不得不需要由其调查并处理的案件，进而提高办案的法律效果与社会效果。

目前我国实行的是国家管控主义的司法观，认为只有进行有效的社会管理才能很好地保护人民理顺社会关系。从以人为本的司法理念来看，这种观点是十分片面的。因为保护人民的合法权益至少应当保护人民的合法权益不受或不再受非法非理侵害，而现实情况是侵犯社会与公民利益的最大化的力量恰恰是有着超强力量的社会公权机构。因此，要想全面保护人民的合法权益，就必须赋予社会与公民充分的自治权，民事鉴定资源的充分自治则正是对传统民事鉴定制度在使用效率之不足的最恰当补充。美国学者考特、尤伦说："如果一个生产过程以最少的投入总成本生产出既定水平的产出，即厂商在生产过程中不能以更低的成本生产既定水平的产出，我们

---

① 在整个民事鉴定程序活动中，政府、法院、诉讼当事人减少自己的成本，追求民事鉴定程序利益的帕累托最优。

就说这个生产过程在生产上是有效率的。"①效率强调的是资源配置和利用的最优状态,是投入与产出间最佳函数关系,即以最少的资源耗费取得最多的效果,或者用同样多的资源消耗取得最大的效果。也就是说民事鉴定程序效率强调的不仅是当事人最大限度地发挥自己能动作用的过程,而且更强调涉及民事鉴定的民事诉讼审理的结果效益——成本投入与主体的利益状态。

(二) 可行性

1. 社会主义市场经济决定鉴定体制发展方向

社会主义市场经济是我国民事鉴定法改革(法律规范、法的意识、法的实施等)发展的最终根据和理由,是民事鉴定法律现象存在的本源。不是人们的意识决定人们的存在,相反,是人们的社会存在决定人们的社会意识,包括鉴定在内的民事诉讼法律制度②民事鉴定程序法现象是社会上层建筑的一部分,要解读隐藏在民事鉴定程序法之中的决定力量,必须从经济基础与上层建筑、社会存在与社会意识之间关系的原理出发去加以揭示和认识。③

(1) 社会存在决定社会意识。作为不以人们的社会意识为转移的社会物质生活过程和条件之社会存在具体包括:人们的物质生产活动赖以进行的自然条件——生产力,人的物质生产活动借以实现的社会关系即生产关系。对社会意识起决定作用的是生产力与生产关系二者统一构成的生产方式。就生产方式与社会意识的关系而言,生产关系对社会意识的作用更直接、影响更大。因为生产关系是人们在生产过程中结成的社会关系,是生产力得以进行的社会形式。生产关系把人的自然能力和自然条件以一定的社会形式结合起来,从而使人的自然属性转化为社会的属性,使人的自然血亲关系转入社会阶级(利益集团)关系。

(2) 经济基础决定上层建筑。经济基础与上层建筑的统一构成了一个社会的基本社会形态。经济基础是人们在社会生产过程中结成的社会生产

---

① 考特、尤伦:《法与经济学》,张军等译,上海人民出版社1994年版,第24页。
② 马克思指出:"法的关系,是一种反映着经济关系的意志关系,这种法的关系或意志关系的内容是由这种经济关系本身决定的。"马克思:《资本论》第1卷,第102页。
③ 马克思在《〈政治经济学批判〉序言》中作了经典性的论述:人们在自己生活的社会生产中发生一定的、必然的、不以人的意志为转移的同物质生产力的特定发展阶段相适应的生产关系。这些生产关系的总和构成社会的经济结构,即物质生活的生产方式制约着整个社会生活、政治生活、法律生活和精神生活过程。

关系的点和,它包括所有制关系、交换关系、分配关系等社会关系。在经济基础构成要素中①起主导作用的是所有制关系,它决定着人们之间的交换关系和分配关系。上层建筑是指建立在一定经济基础上的政治、法律制度(民事鉴定程序法)以及哲学、宗教、政治观点和意识形态。经济基础与上层建筑的关系是,经济基础决定上层建筑(民事鉴定程序法律),上层建筑(民事鉴定程序法律)是适应经济基础而建立起来的。

民事鉴定程序法的现象既包括民事鉴定程序制度层次(规范、设施),也包括民事鉴定程序观念层次(意识、价值),它们属于上层建筑的范畴。要揭示民事鉴定程序等法律关系存在之源,必须深入到经济基础(社会生产关系的总和)的大厦去寻找。民事鉴定程序法的本源是指民事鉴定程序法的现象存在的根据,是民事鉴定程序法律现象的产生、发展变化的决定性力量和根源。马克思指出,法(民事鉴定程序等法律)的关系正像国家的形式一样,不能从它们本身去寻找,实际上它们根源于物质的生活关系之中,现阶段在我国这种物质的社会生产关系的总和即市民社会——社会主义市场经济。

我国建设的社会主义市场经济是一个自由开放的综合系统,市场经济条件下的人们能够过自己愿意过的政治自由、经济竞争、机会平等、行政透明、社会活动有保障等条件下共同组成的社会生活,在这样的社会环境中个人生活权利的扩张构成了社会经济发展的最大动力。市场的自由得到释放,民众权利不断增大,政府权力不断缩小,民众不断实现和拓展自由权利,以此观之,我国的社会主义市场经济的终极意义就是要把颠倒了的发展逻辑重新颠倒过来。通过返还和拓展民众的自由权利、完善自由竞争与选择市场体制、培育强大的公民社会来实现经济社会的可持续发展。中国若干年以来经济社会的高速发展见证了这种通过不断释放市场和社会自由所创造的能量,②由是可见,一个市场和社会力量得到更大发挥、政府作用相形下降的经济社会发展形势即将到来,民事鉴定程序的各项权利得到充分保障的诉讼机制也终将会建成。

---

① 经济基础是人们在社会生产过程中结成的社会生产关系的总和,它包括所有制关系、交换关系、分配关系等社会关系。

② 2012年2月,我国国务院发展研究中心和世界银行联合发布题为"2030年中国发展战略"的报告,根据中国经济社会发展面临的问题提出了相关改革建议:实施基于市场的改革来增强经济活力;加速创新;为所有中国公民提供更多的机会和社会保障。

2. 法治观念已成为国家立法指导思想

人类总是立足于现实世界去追求法的目价值目标和终极理想,民事鉴定程序就应是一套价值化的民主法治体系。"民主法治,就是社会主义民主得到充分发扬,依法治国方略得到切实落实,各方面积极因素得到广泛调动;公平正义,就是社会各方面的利益关系得到妥善协调,人民内部矛盾和其他社会矛盾得到正确处理,社会公平和正义得到切实维护和实现……社会主义和谐社会才能实现。"①

古代中国社会在法律制度的设计上,司法权一直以来从属于行政权。历代皇帝自称"口含天宪""奉天罚罪",以天命自居,握有国家最高的司法权,地方行政长官兼理同级司法审判,即使设立专门的司法机构,也处于行政长官的控制之下。② 在司法实践中直接以礼教原则决断案件屡见不鲜,中国古代"法律精神只是道德精神的劣等替代品。"③中国传统司法从属于行政权力,没有专门的司法职业阶层,也没有复杂的、技术程度高的自治自主的形式主义的法律程序体系。行政官僚治理社会,其目的在于维护封建专制统治秩序,因此不需要程序正义的司法制度,只需要牢记圣贤教诲,以礼治讼,所谓的实质公正自然也就成了达到这一目的的最好的口径,④我国改革现行民事鉴定法律程序制度不仅具有必要性,⑤而且随着社会主义市场经济的建立与完善,确立程序公正的司法价值追求也是可行的。在建设

---

① 我们所要建设的社会主义和谐社会,应该是民主法治、公平正义、诚信友爱、充满活力、安定有序、人与自然和谐相处的社会。引自胡锦涛:《科学发展观重要论述摘编》,中央文献出版社 2008 年版,第 66—68 页。
② 叶孝信:《中国法制史》,北京大学出版社 1996 年版,第 4 页。
③ [美]费正清:《美国与中国》,世界知识出版社 1999 年版,第 112 页。
④ 这也是明朝清官海瑞如是说:"窃谓讼之可疑者,与其屈兄,宁屈其弟;与其屈叔伯,宁屈其侄;与其屈小民,宁屈富民;与其屈愚直,宁屈刁顽。事在争产业,与其屈小民,宁屈乡宦,以救弊也。"梁治平:《法辨》,贵州人民出版社 1992 年版,第 259 页。
⑤ 2012 年 6 月 11 日,中国社科院与首都经贸大学共同发布的《中国 30 个省会城市生活质量调查报告》给出了相反结论:30 个省会城市(拉萨除外)没有一个城市的居民对生活质量感到满意。30 个省会城市生活质量主观指数平均值为 49.71,排名最高海口得分仅仅为 55.08。根据设计,城市居民对于生活质量主观满意,需要得分在 75 分及以上。该结论是对全国 7 万户的居民家庭调查得出的。在经济高速增长 30 年间,人们对生活质量的满意度仍处在一般的水平,这说明我国若干年以来快速的经济增长并没有带来生活质量主观满意度的提高。

社会主义法治社会的立法原则指导下，我国现阶段正在稳步推进包括法律制度在内的各项改革措施，如在2012年10月10日，我国政府公布《国务院关于第六批取消和调整行政审批项目的决定》，取消和调整了314项行政审批，并把广东省设为行政审批改革特区。这个决定明确提出"凡公民、法人或者其他组织能够自主决定，市场竞争机制能够有效调节，行业组织或者中介机构能够自律管理的事项，政府都要退出。凡可以采用事后监管和间接管理方式的事项，一律不设前置审批"。① 我国改革开放经历了从计划经济到有计划的商品经济再到社会主义市场经济体制的过程，这是一个政府角色从全能型向法治型转变的过程，政府干预在中国经济社会发展中的角色不断弱化，经济社会自由化进程较好地释放了市场活力，释放了法治政府的自由本质。② 建设民主法治、公平正义的社会主义和谐社会，体现了中国政府将继续在经济社会发展中弱化自身角色的态度和决心，逐渐解除套在市场和社会身上的各种束缚，为市场的归市场、社会的归社会，政府、社会、市场三者各就其位的政治社会格局转变铺路，中国特色社会主义市场经济的市场化和社会化改革的方向和路径在指导思想上得到确认。民事司法鉴定程序制度以法治与公正作为原则，以法治国作为社会主义和谐社会的立法指导思想，体现在鉴定资源的分配与司法实践方面就是社会鉴定资源分配的公平正义和审判法律适用的公平正义得到充分发挥。

3. 科学技术水平得到长足发展

马克思主义认为（民事鉴定程序法）法律规范、法的价值观念、司法行政过程都是法的现象，这些法（民事鉴定程序法）现象统一于一定的社会物质生产关系总和之中。社会物质生产关系决定着法（民事鉴定程序法）的内容和性质以及法的产生、发展和变化。法（民事鉴定程序法）现象体现和反映着社会物质生产关系的内在的、客观的要求，总而言之，社会物质生产关系与法（民事鉴定程序法）的现象统一了起来，在一定的社会物质生产方式基础上形成了人与人之间的法（民事鉴定程序法）利益关系。③

科学技术是第一生产力，科学技术属于社会物质生产关系的第一岛链

---

① 有人将此概括为"凡公民能自决的，政府都要退出；凡市场能调节的，政府都要退出"的"新两个凡是"。
② 梁治平:《法律的文化解释》，三联书店1994年版，第51页。
③ 马克思:《资本论》第1卷，人民出版社，第102页。

范畴,科学技术是人类认识物质世界的知识体系和改造物质世界的有力武器,对社会经济基础起着决定性作用。经济关系是第一性、基础性的,而法(民事鉴定程序法律)现象则是第二性、派生性的,民事鉴定程序法律现象在与社会经济生活的关系是由科学技术此第一生产力所最终决定和支配。中华民族在新的征途中艰苦创业、奋发图强,我国的科技事业获得了突飞猛进的发展,科技实力迅速增强,科研成果举世瞩目。① 1978年全国科技大会的召开,我国的科技事业又进入了一个新的发展阶段,1985年国家又作出了《中共中央关于科学技术体制改革的决定》,据不完全统计,截至2005年全国有1400多个科研院所与企业建立了合作关系,600多个参加或成为行业的技术中心,研究院所的自办企业已发展到5000多个。② 科学技术市场在"放开、搞活、扶植、引进"方针指引下,从无到有,健康发展,至1998年全国各类型技术贸易机构6.3万个,从业人员113.7万人,其中专职技术人员74.1万人,分别是1991年的3倍、3.4倍和3.3倍。③ 1982年开始对国家经济发展中遇到的重大科技问题进行了联合攻关,实施了"科技攻关计划",其中就"八五"期间就安排了180个国家经济急需解决的重大科技攻关项目,五年间获科技成果6万多项,累计取得直接经济效益超过600亿元。之后又计划实施了为引导农村经济走上科技发展的轨道的"星火计划",至1998年底已累计完成项目4.5万项。④ 为跟上世界高科技发展前沿,自1986年起国家开始实施高技术研究发展计划("863"计划)和之后的国家基础研究发展规划("973"规划),二十多年来这一计划取得了较大进步。1995年底,计划已取得研究成果1200项,其中540项达到国际水平,获国家级奖

---

① 为提高我国的科技力量,赶超世界先进水平,1956年我国制定了第一个科学技术发展长远规划——《1956年至1967年全国科学技术发展远景规划》,规划拟定了57项重大科学技术任务,将原子能的和平利用、无线电电子学、半导体技术、自动化技术、计算机技术等新兴科学技术列为发展重点。规划的主要任务在1962年就已提前完成。之后在1962年又制定了《1963年至1972年科学技术发展规划》,这一规划对指导我国科技事业的持续增长起到了重要的历史作用。
② 参见陈劲松编:《中国国情与科学发展观》,中国传媒大学出版社2005年版,第129页。
③ 参见陈劲松编:《中国国情与科学发展观》,中国传媒大学出版社2005年版,第130页。
④ 参见陈劲松编:《中国国情与科学发展观》,中国传媒大学出版社2005年版,第131页。

73项,获国内外专利244项。为引导和推进高技术成果商品化、产业化和国际化,国家从1988年开始实施"火炬计划",至1998年该计划已累计实施项目1.5万项,国家高新技术开发区从1991年的27个发展为53个,区内高新技术企业由2587家迅速增长至16097家,从业人员由13.8万人增加到174万人;当年实现技工贸总收入4839.6亿元,总产值4333.6亿元,出口创汇85.3亿美元,此三项分别是1991年的55.4倍、60.9倍和12.1倍。① 到1998年底,全国从事科技活动人员已达281.4万人,其中科学家工程师149万人,分别比1991年增长幅度达23.1和12.8个百分点;全国共有科研和技术开发机构21663个,其中高校研究和发展机构3241个,大中型工业企业办技术开发机构10926个。在这样的一种科学技术发展态势下,从1978年至1998年我国科学技术成果获得国家发明奖的有2903项,国家科技进步奖7297项。② 我国科技市场的持续稳定发展,加速了科技成果的转化,促进了科技成果的推广应用,进而彻底改变了社会主义社会的生产关系结构图,这就为在社会经济生产关系面貌的进一步改变创造了社会生产力上的科学技术支持。恩格斯也指出:"在社会发展某个很早的阶段,产生了这样的一个需要:把每天重复着的生产、分配和交换产品的行为用一个共同规则概括起来,设法使个人服从生产和交换的一般条件。这个规则首先表现为习惯,后来便成了法律。"③也就是说社会经济关系的性质和内容决定法(民事鉴定程序法律)的性质和内容,一般来说,有什么样的社会经济关系,便有什么样的法(民事鉴定程序法律)与之相适应,民事鉴定程序法的性质和内容随着社会经济(生产)关系的变化而变化。

社会物质生产关系不是纯粹的、脱离人的客观存在,而是人生活在其中并由人们的生产活动推动其向前发展的社会存在。在人类的各种社会实践活动中,社会物质生产活动是人类最基本的社会实践活动,它是人类赖以生存和发展的社会基础。人们在改造自然的同时,又不断改造自身的活动,从而出现种种法律(民事鉴定程序)关系。法(民事鉴定程序)的本源是一定的社会物质生产关系,而不是自由意志、人类理性,也不是国家权力。一切法

---

① 参见陈劲松编:《中国国情与科学发展观》,中国传媒大学出版社2005年版,第132页。

② 参见陈劲松编:《中国国情与科学发展观》,中国传媒大学出版社2005年版,第135页。

③ 马克思、恩格斯:《马克思恩格斯全集》第18卷,人民出版社,第309页。

律制度、设施都是为了适应一定的社会物质生产关系而建立起来的。从民事鉴定程序法律规范来看,它是在社会物质生产过程中形成的,经国家权力确认的程序法,实际上,那些绝不依个人意志为转移的社会物质生产方式,才是我国民事鉴定程序法律规范存在的现实基础,这些规范也将在我国市场经济基础之上发展并壮大。①

---

① 参见卓泽渊:《法政治学》,法律出版社 2005 年版。

第四章　两大法系主要国家和地区民事鉴定程序制度现状

一、英美法系主要国家和地区民事鉴定程序制度

(一) 英国

1. 民事鉴定主体管理现状

由于历史、文化渊源的不同,英国国内英格兰、威尔士、苏格兰和北爱尔兰四个地区的法律各有自己的特点,但法院和检察系统均不设立鉴定机构。在英国有两个较大的鉴定机构:鉴定科学服务局和鉴定同盟会。鉴定科学服务局(The Forensic Science Service,FSS),原系内政部的执行部门,1991年由内政部剥离出来,正式身份已转变为经营性的市场主体。鉴定同盟会(Forensic Alliance)是一家私营公司。① 在英国,鉴定机构与执法、司法部门是完全分离的,英格兰共有 11 所大学的医院、医学院设有鉴定机构。如谢菲尔德大学(University of Sheffield)的法医病理学科在大学之外与验尸官办事处共有的新建楼,对外名称是谢菲尔德法医中心,拥有现代化的解剖室和附属设施。威尔士大学有威尔士法医学研究所(Wales Institute of Forensic Medicine)。北爱尔兰全境设有 5 个验尸所,女王大学(Queen's University)法医学科接受北爱尔兰司法部的财政援助,负责处理北爱尔兰所有法医解剖。英国大学鉴定机构设置的特点即鉴定机构的中立性、服务性和科技性。②

---

① 刘朝宽、张建民等:《司法部赴英国司法鉴定考察团考察报告》,载司法部法规教育司编《司法鉴定立法研究》,法律出版社 2002 年版,第 422 页。
② 贾静涛:《世界法医学与法科学史》,科学出版社 2000 年版,第 392—396 页。

2. 鉴定主体诉讼地位

在鉴定机构的设立与鉴定人员的准入上，英格兰实行以鉴定人的能力为标准的方式，有人称其为能力任意型，但对初级鉴定人实行登记准入制度。苏格兰的鉴定同盟会实行法定资格的准入方式，也有人称其为法定资格型，要求鉴定机构和鉴定人必须进行培训和考核，对鉴定机构颁发许可证，对鉴定人颁发执业证。① 属于英美法系国家的英国，在民事鉴定领域接受法科学鉴定委托的只能是具有专门知识和技术的自然人，而不会是鉴定人所在的部门或行为的鉴定组织或机构。并且，接受当事人或其代理人委托鉴定的鉴定人可以是法科学专门鉴定机构的工作人员，也可以是非专门鉴定机构的工作人员。关于民事鉴定程序制度中作为鉴定主体的鉴定人的诉讼地位问题，在英国，法科学鉴定活动中的鉴定人与证人的区别并不大，只是将具有一定专业特长的鉴定人视为特殊证人——专家证人。② 在英国，关于鉴定人的法律法规和判例中没有就鉴定人的资格问题作出特别规定，裁判人员判断鉴定人是否具有辨明和判断专门问题的鉴定资格完全由审判个案的法官根据所涉案件的具体情况进行裁定。专家报告要载明其声明(宣誓)，专家证人如出庭作证还应声明确认事实，③否则，法院不予认可其专家证言。

3. 民事鉴定意见(证据能力)认证规则

(1) 专家证人资格条件

专家证人的资格条件，重视的是专家证人的实际能力而不只是学术能力，但也要求专家证人在相关领域之内有相应的经验和知识。④ 在英国，对鉴定意见可采性的判断和审核主要集中于对专家证人使用的必要性、适格

---

① 2000年，英国成立了鉴定人执业登记委员会(Coucil for Registration of Forensic Practitioners，即CRFP)，目前正在推行鉴定人登记工作。刘朝宽、张建民等：《司法部赴英国司法鉴定考察团考察报告》，载司法部法规教育司编《司法鉴定立法研究》，法律出版社2002年版，第424页。

② Alan Taylor, *Principles of Evidence*, Cavendish Publishing Ltd., 2000, p.401.

③ 其内容为："我相信，我在鉴定结论中陈述的事实全为真实，在鉴定结论中表达的观点是正确的。"

④ [英]麦高伟等主编：《英国刑事司法程序》，姚永吉等译，法律出版社2003版，第239页。

性和鉴定的相关性。① 专家证人向法庭提交的报告要对自己的专家资格条件进行详细说明,只要专家在特殊领域具有相当的知识及技能,即使在该领域没有受过正规教育的人也能成为专家证人。

(2) 专家证言必要性与相关性规则

英国确立了利益衡量原则,规范使用专家证人的必要性,即权衡专家证人在诉讼中的证明作用及其花费,考察专家证人的使用价值。英国专家学会的《专家证人指南》第 8 条列出了专家证据必要性的 7 个要素②,如果案件疑点在没有专家证言证明的情况下也能辨明判定,专家证言就会被排除。③ 如果法官依据广泛的常识认为作为科学证据的鉴定意见对案件审理没有帮助,如果科学证据似乎侵入作为事实发现者的陪审团的职能领域,那么鉴定意见不能被采纳。④ 法官需要专家协助的是有关某一行业中较深层次的知识与资料,因为某个行业的内部活动与行为(inner workings of a special profession)大部分法官是不知道的,从表面上也看不出来。如果法官在专家证人的帮助下知晓了这些专业"做法"(practices)与"行为准则"(standard of conduct),法官就能够更容易、更准确地判断被告在某种情况下的职责应当是什么,以及当时被告的行为是否构成过错,等等。如果专家证人只是直接判断事实行为的对与错,不能满足案件事实裁判的相关性要求,⑤那么,这样的专家证言是不会被法庭所接纳的。

---

① [英]麦高伟等主编:《英国刑事司法程序》,姚永吉等译,法律出版社 2003 年版,第 232 页。

② 专家证据的必要性因素:a. 在没有专家帮助的情况下能否发现事实的本来面貌;b. 双方的争端是否可以明确下来并能达成一致意见而不必另请专家进行调查;c. 对方所主张的事实在没有专家帮助的情况下能否得到全部或者大部分的接受或拒绝;d. 有关事实是否可以在不依靠专家帮助的情况下通过其他途径予以澄清;e. 当事人所提出的证据本质是否必须依靠专家证人的帮助才能够解释清楚;f. 双方之间是否能够有效地交往而不需要专家证人的帮助;g. 和解协议是否能够在没有专家证人帮助的情况下妥善地拟定条文。

③ 杨良宜、杨大明:《国际商务游戏规则:英美证据法》,法律出版社 2002 年版,第 490 页。

④ 徐继军:《专家证人研究》,中国人民大学出版社 2003 年版,第 481 页。

⑤ 刘朝宽:《近年来英国司法鉴定制度改革的动向》,载《中国司法鉴定》2007 年第 4 期。

4. 民事鉴定意见(证明力)认证制度

(1) 自由心证的笃行

在英国,传统上案件事实由陪审团认定,法律适用由法官来进行,虽然在民事诉讼中现在由陪审团审理的案件越来越少,但是对专家证言证明力的认定并没有实质性的改变,在庭审中仍然笃行自由心证制度。英国民事诉讼中虽然大量存在证据指引规则,但大都是对证据能力所作的规范,而对民事鉴定意见(专家证言)证据的证明力并不预先制定严格的规则。[1] 专家证言作为一种证据形式,在数量上被采纳是以与案件的相关性为基础,在质量上的要求就是专家证言的科学性。因此,事实审理者将根据法律赋予的自由裁量权确定专家证言的数量和质量。

(2) 证明力许容性的存在

在英国,证据证明力的评价判定不仅要考虑行为的结果,而且要考虑行为人的内心精神世界,如目的、预见、知识、实际态度和欲望等。[2] 法官庭前对专家证言证明能力的认证,主要涉及专家意见的最终可信性,从而与证人的可信性发生关联。作为证据予以采纳的专家证言,必须超出事实审理者的普通经验。当事人关于证据能力的庭前协议可以对专家证言证据能力提出附带简要理由的动议,对方当事人也可以提出反驳意见,法官对此予以审查;认为动议没有理由的,可裁定驳回,这样的裁定会受到上级法院的监督。关于证明力的问题主要是若法院认为专家证人的资格(证据能力)符合最低的标准或底线,即使资格存在某些缺陷或不足,这属于专家证言的证明力而非证据能力问题,这就是专家证言的证明力许容性问题,但也允许庭审中证据能力动议的提出。[3]

5. 英国民事鉴定专家证人制度的新发展

在社会分工日益精细的情况下,鉴定领域的专家证人制度对于民事诉讼所起到的作用确实卓著,然而在对抗制诉讼文化中,当事人都将竭尽全力

---

[1] 米尔建·R. 达马斯卡:《漂移的证据法》,李学军等译,中国政法大学出版社2003年版,第19—23页。

[2] [英]麦高伟等主编:《英国刑事司法程序》,姚永吉等译,法律出版社2003年版,第239页。

[3] 参见郭华:《鉴定结论论》,中国人民公安大学出版社,2007年版。

地发掘对已有利的证据,同时也包括有违道德规范地选择专家证人问题。①针对专家证人制度存在的弊端,1999年施行的《民事诉讼规则》(Civil Procedure Rules,CPR)对鉴定中专家证据的可采性作出了积极的调整:

(1) 使用范围限制。根据CPR第35-1条的规定,专家证据仅适用于解决诉讼程序涉及问题存在合理必要之情形。并且CPR第35-3条规定了专家证人的职责。为了加快诉讼程序、减少诉讼资源浪费,CPR第35-5条规定,除法院另有指令外,专家证据须以书面报告提交。对于快捷审理的案件,除非司法需要,法院将不传唤专家证人出庭。

(2) 专家证人职责。在对抗制诉讼模式下,专家证人是根据当事人的指示提出技术性意见服务于委托人,所以专家证人意见一般有利于委托人。② 为了保证专家意见的公正性,CPR第35-3条规定,专家证人应对法院优先承担职责。③ 立法要求专家证人客观地分析有关鉴定事项,④并且第35-10款规定,鉴定意见必须包含一项其理解和遵守法庭责任的声明,还必须包含一项所述内容真实性的陈述。

(3) 强化法官限制权。CPR第35-4条规定:"未经法院许可,任何当事人不得传唤专家证人,也不得提出作为证据的专家报告。"当事人根据本条规定申请传唤专家证人,⑤如得到法院核准,则应据本条第2款的规定,指定专家证人的姓名及其领域,法院对于许可专家证据制定了标准。⑥ 英国的民事诉讼制度对当事人委托鉴定制度进行的改革,其适用在英国范围内有限,并不全部受欢迎,许多方面饱受批评。

---

① 徐继军、谢文哲:《英美法系专家证人制度弊端评析》,载《北京科技大学学报》2004年第9期。

② 程春华主编:《民事证据法专论》,厦门大学出版社2002年版,第473页。

③ (法院)优先职责:a. 专家证人的职责在于就其专业知识领域内的事项协助法院;b. 这种职责优先于专家证人对委托或聘任他的当事人的职责。

④ 参见Charles Plant eds. *Blackstones' Civil Practice*, Oxford University Press, 2000, p. 560.

⑤ 须表明:a. 他所希望依赖专家证据的领域;以及b. 有关专家证人在其希望依赖专家证据的领域经验丰富。

⑥ 法院许可使用专家证据的标准细化为三个方面:a. 预计的专家证据是否强而有力;b. 是否有助于解决争端;c. 费用与案件金额的大小。

(二) 美国

1. 民事鉴定主体管理现状

美国的鉴定组织和机构的形式及结构呈多元化。一种是政府或官方投资设置的实验室,这些实验室主要是为执法机关提供鉴定服务,比如酒精烟草火器局中央实验室、财政部的反伪币制造组织——特工局实验室、药品强制管理(DEA)实验室等。另一种是以私人为主体开设的法科学实验室,由社会各行各业的私人经营,大部分是由大学或个人投资设立的,虽然这些实验室与官方的实验室相比规模较小,鉴定人员也较少,有的只是文件检验人(document examiner),但他们在美国的鉴定活动中发挥着非常重要的作用,①这些法科学实验室为包括政府机关在内的社会各界提供法科学鉴定服务。②

美国鉴定机构设置的主要特点:(1)设置的分散性。鉴定机构和鉴定人员的管理是分散的,没有统一的鉴定人资格确认制度,没有法国式的鉴定人注册登记制度。③(2)程序的规范性。无论是搜集用于鉴定的物证还是用于检测的样品,鉴定实施过程均有严格的鉴定行为法定程序和鉴定活动的统一标准,鉴定所涉及的程序法律由联邦制定,实施鉴定的标准有的是由国家权威机构制定的,有的是由行业协会制定的,鉴定实施程序中一旦出现违法现象,专家证人所提供的鉴定意见证据就失去了证明效力,也就是说失去了证据的能力,更别说证明案件事实的证明力的强弱了。这种严格的鉴定实施和证据采信的程序规范更能保证证据的科学、客观和公正。④

2. 专家证言质证程序

在美国庭审中陪审团认定事实,形成了"审前程序"(pretrial)和"开庭审判程序"的二分式的专家证言质证模式,承继英国直接询问与交叉询问质

---

① 王玲、李禹:《司法部司法鉴定走美考察团考察报告》,载《司法鉴定研究文集》,法律出版社2001年版,第418页。
② 贾静涛:《世界法医学与法科学史》,科学出版社2000年版,第770—771页。
③ 参见《湖北省司法鉴定考察团赴美考察报告》,载司法部司法鉴定管理局编《两大法系司法鉴定制度的观察与借鉴》,中国政法大学出版社2008年版,第109页。
④ 王玲、李禹:《司法部司法鉴定赴美考察团考察报告》,载《司法鉴定研究文集》,法律出版社2001年版,第419页。

证程序,专家证人作为当事人的证人,法庭调查通过交叉询问(cross examination)规则来充分保障当事人的质证权利。①

作为庭前开示证据的审前程序也可以被称为专家证言质证的准备程序,要经历专家证言的开示程序和审前会议程序两个阶段,②针对专家证言的《联邦民事诉讼规则》第26条第2款(b)规定:"除非双方当事人有其他的约定或法院作出其他的指示,专家证人须准备并出示签名的书面报告书。"③提交的报告内容十分丰富,涉及专家证人作证时所需调查核实的各种证据信息,当事人通过开示程序了解具有专门知识的专家,对专家报告书中的内容进行质疑,促使证据的准备内容符合集中开庭审理的要求,为在庭审中进行有效的质证奠定基础。④

3. 民事鉴定意见(专家证言)之认证规则

美国《联邦证据规则》对专家证言证据能力存在一般性规则与特有性规则的限制,专家证言作为证据应当满足证据能力的一般要求,如相关性规则、非法证据排除规则和传闻证据规则等。此外,针对专家证言特有的证据能力还有特殊的规则加以限制。

(1) 专家证言之资格性规则

《联邦证据规则》第702条规定:"如果科学、技术或其他专业知识有助于事实审理者理解证据或者裁决争议事实……专家的证人可以意见或其他形式就此作证。"该条将专家证言的必要性限定为"有助于事实审理者理解证据或者裁决争议事实",在任何情况下,向法院提供证言的专家证人必须

---

① 交叉询问是美国质证程序的代表性符号,其询问专家证人的顺序则为直接询问(direct examination)、交叉询问(cross examination)、再次询问(re-examination)和再次交叉询问(re-cross examination)。

② 专家证言的开示(discovery)程序是指一方当事人在进入法庭审理阶段之前口头询问或者书面质问对方当事人或专家证人取得证言的程序,通过出示专家意见报告书的形式来完成;审前会议程序,通过对专家证言的部分实质性问题的质证确定案件事实争执点,从而达到明确、限制举证范围的目的。

③ 杜志淳:《司法鉴定法立法研究》,法律出版社2011年版,第173页。

④ 报告书的内容应当包括表达的所有观点、根据和理由;专家证人形成其观点所考虑的数据或其他信息;被用来作为观点、概要或用来证明观点所考虑的数据或其他信息;被用来作为观点、概要或用来证明观点的所有证物;专家证人的资格证明,包括在前十年内专家证人所有著作作品清单;为该研究和作证所需支付的补偿;在前四年内该专家证人作为专家证人在法庭上或通过庭外证言为其他案件提供证言的清单。

拥有专业知识和技能,并且对陪审团的裁决具有帮助作用。① 专家以意见或鉴定意见形式提供证言是专家能够从某些特定的资料中凭借特别的训练、知识和技术得出普通陪审员所不能得出的结论。这种专业技术知识可能来自专家或技术人员对某一领域的学习(如教育),也可能来自其他领域的实践(如经验),或者二者兼有。问题在于专家证人在某一领域是否比陪审团和法官更有能力从相关事实中作出可靠的推论。②《联邦证据规则》第702的规定,任何人可基于"知识、技能、经验"获得作为专家的资格。③ 专家证人在相关领域必须能得出推论并帮助事实审理者发现案件的真相,如果该专家证言无助于事实审理者理解证据或裁决争议事实,专家证言应予以排除。④

(2) 专家证言之可靠性规则

美国证据法关于鉴定意见认证程序的焦点主要集中在证据的科学性判断标准上,采纳专家意见的前提必须是专家意见是可靠的,在此基础上专家证言令人信赖性源于鉴定所依据的科学性,但鉴定标准的科学性或经验、知识、技能是否经得住实践的考验?对此,美国制定了一系列专家证言证据规则规范鉴定意见,这些规则在发展过程中先后经历了弗赖伊规则、杜伯特规则、锦湖轮胎案规则和联邦证据的修改规则四个阶段。

2000 年《联邦证据规则》对 1995 年《联邦证据规则》的第 702 条又进行了修正,在原先的科学性规则的基础上又增加了三个限定性条件,⑤简言之,专家证言可采性的核心在于他的科学性和可信赖性,而判断专家证言是否值得信赖则需要法官处在守门人的位置上运用各项证据规则予以审查判断。⑥ 在

---

① [美]罗纳德·J. 艾伦等:《证据法》,张保生等译,高等教育出版社 2006 年,第 725 页。

② 约翰·W. 斯特龙主编:《麦考密克论证据》,汤维建等译,中国政法大学出版社 2004 年版,第 32 页。

③ *Frye v. United States*, 293F. 1013(D. C. Cir. 1923).

④ 美国《加州证据法典》第 801 条(a)规定:如果证人是专家,他以意见形式提供的证言仅限于这样的意见;(b)涉及一个足以超越一般经验的主题,就该主题专家将协助事实审理者。根据该规则,专家意见限于那些超越事实审理者一般经验的内容。

⑤ 专家证言须符合以下条件:a. 证言基于充足的事实或数据;b. 证言是可靠的原理或方法的产物;并且 c. 证人将这些原理和方法可靠地适用于案件的事实。

⑥ 孙业群著:《司法鉴定制度改革研究》,法律出版社 2002 年版,第 285—286 页。

法律和科学上,虽然对专家证言有质量要求,即专家证言的客观性,①但本质上证据优势须结合全案其他证据恰当地进行综合性的判断。②

4. 美国鉴定(专家证人)制度的合理性分析及缺陷补救措施

(1) 美国专家证人制度的合理性分析

a. 鉴定证据的科学性。在诉讼中,专家证人的意见要经过法庭的庭前审查和当事人双方的交叉询问,最后由法官认定,通过激烈的争辩展现其科学性。若当事人不服对专家证人资格的认定,可以向上级法院提出上诉。在鉴定证据的判断上,美国专家作证的基础是"科技或专门知识",判断其科学性的审查标准必须要能保障专家证言的科学性。

b. 鉴定证据的公开性。美国专家证人制度的公开性使对当事人有利和不利的鉴定事实和意见都能充分得到反映,这样有利于法官居中消极裁判。当事人及其律师可就专家的资格及判断标准进行对抗性辩论。专家证人的资格要受到当事人双方的交叉式询问,专家证言必须在法庭上公开展示。在审前开示程序中,专家须公开所有与鉴定相关的证据,同时,当事人及其律师有权要求专家公开其证词所依据的事实和各项数据。

(2) 鉴定人(专家证人)制度的缺陷补救

在实践中,当事人选任专家证人首先考虑的是是否有利于自己的诉讼,因而当事人各方所聘请的专家证人就极易出现依附性和倾向性,公正地开展鉴定工作就成了问题。

a. 批判性审查专家证据。诉讼体制的对抗性要求专家在审判前的开示程序中必须公开所有相关证据,一定程度上对不负责的专家构成了威胁。在证据标准方面,美国确立了特定领域的"普遍承认"标准原则,专家证言所依据的科学性原理和方法必须在该领域得到普遍承认。随着科技的发展,又产生了"实质证明标准",这种理论或方法只要得到实质证明就具有了可靠性。美国《联邦证据规则》第 702 条的要求同样体现了专家证词的科学性标准。对专家证言的这些审查标准对专家有极大的约束力。专家常常会担心如果其提供的证词被排除,那他的社会及学术声誉就会受到严重的不利

---

① [美]肯尼斯·R. 福斯特等:《对科学证据的认定——科学知识与联邦法院》,王增森译,法律出版社 2000 年版,第 27—28 页。

② 毕玉谦:《民事证据法及其功能》,法律出版社 1997 年版,第 120 页。

影响。①

b. 法庭指认专家的补偿。虽然案件双方当事人可以自由地自行聘请或选择专家证人,但根据联邦证据法的规定,法庭也可依职权任命专家,法庭自行指定的专家证人可以获得国家专门款项的合理补偿,这样在一定程度上可促使专家证人免受当事人利益的驱动而作出有倾向性的专家证词。②

(三) 澳大利亚

1. 民事鉴定主体管理现状

澳大利亚政府机关、大学和社会各界出资设立的法科学研究机构或单位均能够承担社会各界委托的鉴定任务。这些研究机构接受委托并独立进行法科学的技术鉴定工作,不管是鉴定机构还是鉴定人,其社会地位是完全独立的,其工作也是完全独立的。鉴定人不具有官方身份,仅以科学工作者的身份解决涉诉科技问题并为法庭调查提供服务,与鉴定机构是一种服务与被服务者的民事合同关系,进行法科学实验并参加诉讼活动时处于中立地位。

澳大利亚的鉴定管理体制架构由三部分组成。③ 澳新法科学鉴定协会(Nation Institute of Forensic Science),是全澳大利亚法科学鉴定领域的主要职能(执业)管理机构,④在全国各州和特区以及新西兰设有法科学鉴定

---

① 参阅[美]波斯纳:《法律的经济分析》(上),蒋兆康译,中国大百科全书出版社,1997年版。
② 参阅[美]理查德·A.波斯纳:《证据法的经济分析》,徐昕、徐筠译,中国法制出版社2001年版。
③ 管理机构包括:1. 政策制定机构,即澳新(澳大利亚和新西兰)鉴定高级管理者委员会(SMANZFL),主要职责是制定法科学鉴定实验室的管理政策;2. 实验室统一认证机构,即澳大利亚联邦国家测试认证中心(NATA),承担澳大利亚全国法科学鉴定实验室现场检查验收工作,每年派专家到法科学实验室检查,只有通过验收的法科学鉴定实验室才能开展法科学鉴定业务;3. 业务管理机构,澳新法科学鉴定协会。
④ 管理内容主要有:1. 每两年对全国所有的鉴定人进行登记注册,并颁发证书;2. 对各州的鉴定工作进行监督和指导,对鉴定人进行技术培训,负责鉴定质量,每2—3年对所有实验室进行测试和资格评估,制定通行的法科学鉴定技术标准。3. 全国每两年定期举办年会,回顾和展望工作,加强与世界各国同行的交流和合作。

分会。① 澳大利亚法科学鉴定工作管理体制有这样的特点：(1) 从管理模式来看，政府管理和行业自律管理相互作用，发达的法治环境支撑着成熟的法科学鉴定体制；(2) 在管理内容方面，强化鉴定的质量控制意识，对鉴定人主体施行资格推荐制、公告制、注册制，对鉴定机构施行评估认证制、制定统一的鉴定技术标准等。澳大利亚的民事鉴定主体制度体现了典型的普通法系特点，法官原则上不主动收集证据或选择专家证人，只决定是否最终采信证据。

2. 鉴定专家（专家证人）资格审查

在澳大利亚对专家资格的审查适用专家资格规则，就是说专家必须是真正的专业技术人员。尽管专家证人的资格规则着重强调必须是真正意义上的专家，但对专家资格的审查并没有要求专家证人必须是某科学技术领域的学术带头人或是资深的技术执业者，对专家证人只是要求必须拥有成为专家证人所必需的专业知识与技能。② 作为普通证人不能向法庭提供任何形式的意见证据，普通证人只能就自己的见闻如实陈述，对事实的陈述不作任何评价和推理。被法庭确认为专家证人的专家证人就案件的专门性问题就可以阐述自己的看法或提出自己的推断性结论，也就是说可以向法庭提供专家的意见性证据。

在澳大利亚，法官会主动审查案件中有关专家证人的资格及其证言的有效性问题，澳大利亚法律没有专门对专家证人的资格作出明确规定，能否以专家的身份在法庭上就案件的专门性问题提供意见证据，由法官自由裁量，根据具体情况判断专家证人的资格。

3. 专家证言终局性问题规则

在澳大利亚，终局性问题规则虽然一直在适用，但并没有得到严格的遵循，对终局性规则的适用也引起了许多争议，如威格莫尔（Wigmore）将它说成是"不可能的、错误想象，（终局性规则）缺乏合理性"，所谓避免僭越陪审团的功能"如空洞的花言巧语"，而麦考密克（McCormick）则认为终局性规

---

① 王磊、包建明：《司法部赴澳大利亚司法鉴定考察团考察报告》，载司法部法规教育司编《司法鉴定立法研究》，法律出版社 2002 年版，第 433 页。

② 顾敏康、王天：《从澳大利亚法律改革看香港普通法的发展方向》，载《法学》，2003 年第 1 期。

则属于"不适当的限制","不公平地阻止当事人陈述案件"。① 1976年,澳大利亚法律改革委员会曾建议在司法实践中取消终局性问题规则,但澳大利亚的很多法官和一些学者仍觉得应继续保留该规则,②因此,澳大利亚现在还没有取消终局性问题规则。在适用普通法的管辖区,人们认识到,有时要区分终局性问题与非终局性问题确实非常困难,在司法实践中,该规则仍有助于防止专家证人僭越陪审团的判断案件事实权。③

总之,在澳大利亚,无论是判例法对专家证言可采性的规定,还是法律条文中规定的专家证人的鉴定程序,都具有很强的操作性,这些证据规则使得法官在考虑专家证据的采信问题时有法可依,同时有助于不同的法官在审理不同的案件时能做到适用规则的基本统一。

二、大陆法系主要国家和地区民事鉴定程序制度

(一) 法国

1. 民事鉴定主体管理现状

（1）法科学鉴定机构的设置

法国的法科学鉴定人(包括法人和自然人)都要接受最高法院或上诉法院按照法律规定统一进行的资格审查和资格确认,进行注册登记的鉴定人员一般都是列入全国法科学鉴定人名册的专家,如因特殊情况必须从该名册以外挑选鉴定人的话,则须说明理由,并经过专门的审查和宣誓程序之后方能进行鉴定。④ 法医学技术鉴定工作实行的是大学法医研究所制度,各地区和城市大医院设立区域法医学中心（Regional Medico-Legal Center）,由大学法医研究所统一协调,开展多学科的法医科学技术鉴定服务工作。⑤

---

① ［美］约翰·S.斯特龙主编:《麦考密克论证据》,汤维建等译,中国政法大学出版社2004年版,第129页。

② 澳大利亚《1995年联邦证据法》第80条、新南威尔士州《1995年证据法》第80条以及塔斯马尼亚《2001年证据法》第80条都规定了终局性问题规则。

③ ［美］罗纳德·J.艾伦等:《证据法》,张保生等译,高等教育出版社2006年版,第269页。

④ 孙业群:《司法鉴定制度改革研究》,法律出版社2002年版,第149—150页。

⑤ 贾静涛:《世界法医学与法科学史》,科学出版社2000年版,第433—437页。

(2) 法科学鉴定人的管理工作

在法国,法科学鉴定工作者不隶属于任何法科学鉴定机构,鉴定人完全独立于司法系统之外,但要取得执业资格或者从事法科学鉴定工作则由法院行使管理权。法科学鉴定人的遴选确认工作由最高法院和上诉法院具体负责,法律没有赋予大审法院和初审法院遴选并确认法科学鉴定人的权力。法国有关鉴定的制度,分别由《刑事诉讼法典》《民事诉讼法典》和《行政司法法典》加以规定。那些专家技术人员在取得鉴定人资格之后,则列入本级法院的法科学鉴定人名册,可在本级和下级法院从事鉴定工作,但下级法院名册的鉴定人对上级法院的案件无权进行法科学鉴定。在承担鉴定任务时如果鉴定人是法人,其法定代表应将具体执行鉴定工作任务的鉴定师提请法官认可。

2. 鉴定启动特点

在诉讼中,法院可依职权或应当事人的请求,决定是否进行鉴定(《法国行政司法法典》第 R.621-1 条)。如果遇到专门性问题需要解决,法庭会依照当事人的申请,启动鉴定程序。如果法庭拒绝进行鉴定的要求,应在收到该请求起一个月内作出裁定并说明理由。鉴定专家应从最高法院或上诉法院的鉴定人名册中挑选。有例外情况的话,法院可裁定选择未载入名册的专家(《法国刑事诉讼法典》第 156 条)。在民事诉讼中,如果经过勘验仍然不足以查明案件事实,法官有权决定进行鉴定。但该裁定应阐明有鉴定的必要性以及任命鉴定人的理由,鉴定过程中当事人和负责法官还可以去鉴定处监督鉴定师的工作(《法国民事诉讼法典》第 263、265、266 条)。当事人应将鉴定材料全部交给鉴定人否则还要被处以罚款,法官也可准许依现有检材提交鉴定报告,鉴定师应告知法官鉴定的进展情况。如鉴定时法官和当事人在场,在笔录中要有所记述,并由法官签字。如鉴定遇到困难,提出申请后由法官作出是否延长鉴定日期的决定(《法国民事诉讼法典》第 281 条)。

3. 鉴定意见认证程序

(1) 鉴定人资格(证据能力)之确定性

法国同大多数大陆法系国家一样建有专门的鉴定人"资格"制度——"固定资格原则",将鉴定权固定地授予特定的人或者机构,由法律或权力机关明确规定具备鉴定人资格的人或者机构,具备鉴定资格的机构和人员有权利和义务向司法机关提供鉴定意见。确定鉴定人资格的权力由法院行使,法国法院系统备有"鉴定人名册"以供鉴定选择。法院鉴定名册上的鉴定人要在某专业领域受过高等教育并具备较高的专业水平,并在所在的行业具有特殊才能和很高的名望。在法国,明确要求鉴定师必须通过专门机构必要的资格考评,排除法定的各种禁止性规定,才能入选鉴定人名册,进而接受当事人或法院委托进行鉴定活动,提供鉴定意见。法国实行的是法科学鉴定名册制,凡取得鉴定资格的均录入名册,由法官在案件出现专业问题时选任。只有法院在特殊情况下作出附理由的重新或补充鉴定决定时,可在鉴定名册外选任,在选定的同时鉴定人的资格也就确定了。

(2) 鉴定意见(证明力)的自由心证

在法国,鉴定意见的审查判断严格遵循"自由心证"原则,①在包括鉴定意见在内的证据可采性问题上存在一项原则性的规定:不符合合法程序并损害了双方当事人权利的证据不可采。根据这一原则,只有在法庭审理中经过当事人双方质证的证据方可被采纳。除例外情况,鉴定意见不通过当事人双方质证就不具备可采性。在司法实践中,运用这一原则有很大的模糊性,并存在大量例外,在规范认证原则上法国主要靠判例,特别是最高法院的判决来调整。② 在法国,基于法科学工作者作出鉴定意见的确定性,法官受其知识深度和广度范围所限,在对鉴定结论的审查判断过程中,往往依赖鉴定专家的专业权威性,而在这种情况下作出的鉴定意见对司法最终裁决的影响异常巨大。

(二) 德国

1. 鉴定机构的认证认可管理体制

德国对鉴定机构和鉴定师的管理实行严格的质量认证认可制。1991年成立德国认证认可委员会(简称 DAR)。其认证领域涉及检测实验室、校准实验室、检查机构、产品认证机构、人员认证机构、质量体系认证机构、环境管理体系认证机构等 7 大类。DAR 是由政府及工业界代表共同组成,DAR 为德国认可机构提供了交流的平台,认可委员会内的德国国家认证公

---

① 卡斯东·斯特法尼等:《法国刑事诉讼精义》(下),罗结珍译,中国政法大学出版社 1998 年版,第 65—655 页。

② 孙业群:《司法鉴定制度改革研究》,法律出版社 2002 年版,第 286 页。

司(DAKKS),是一家自负盈亏的欧盟认证委员会的成员机构,并取得了国际实验室认证联合会的资格认可,公司下设的认证部负责认证认可工作,培训部负责认证认可人才培养,信息部提供认证认可的相关信息咨询,公司的工作内容和职责由《认证机构法》作出具体规定。该公司自2010年1月1日起承担德国认证认可的所有工作但不得自行经营技术鉴定实验室。实验室适用"17025"标准,法医学实验室要增加"15189"医学实验室标准,检查机构适用"17020"标准和"17011"标准,而对鉴定师适用"17024"标准。法科学鉴定机构实行自愿认证的原则,资格有效期为5年,在这期间认证公司要对其进行监督检查。期限届满前,被认证的机构需要延续的,必须提出复审申请,程序与首次相同。

2. 法科学鉴定师管理制度

德国法科学鉴定人被称为鉴定师,鉴定师即具有专业知识和技术特长的专家。鉴定师的执业种类比较广泛,[①]在诉讼活动中遇有特殊领域的鉴定事项,法官可指定公开的或未公开任命的鉴定师履行鉴定职责。

德国《企业法》第36条规定了鉴定师的具体管理内容。[②] 鉴定师在行业协会的准入条件由行业协会某一方面的专家制定,并由该协会认可。若要申请鉴定师职业必须带着自己的科研成果或工作业绩报告,由协会评审委员会评审。若取得鉴定师执业资格,还要进行公开宣誓。[③] 协会对其鉴定师登记注册,在互联网上公布,协会还要对鉴定师执业情况进行检查监督,发现问题及时查处。[④] 德国的法医类鉴定机构设在医科大学,法医类鉴定师一般不作公开任命,由法医协会统一管理和考核。[⑤] 德国诉讼活动中

[①] 根据德国《法科学鉴定机构薪酬与补偿法》划分的项目表明,法医协会可以提供245个专业领域的鉴定业务。

[②] 德国鉴定师可以是专职的(如协会会员),也可以是兼职的,还可以是自由职业者;可以是受国家委托的各专业协会公开任命的,也可以是自命的。

[③] 德国《企业法》第63条对宣誓内容有明确规定,"接受委托,保持中立,客观公正等",即对自己的执业行为作出承诺。

[④] 如当事人对鉴定师有投诉,并经协会核查确有过错,或鉴定师在诉讼活动中没有承担义务、履行职责等,都要受到必要的惩处,轻者警告并记录执业档案,重者取消执业资格、吊销执业执照。

[⑤] 考核内容包括:第一,进行正规的笔试和面试,内容既包括专业知识,又包括法律知识;第二,进行信誉度考核,即申请人过去是否因诚信问题出现过错或受到惩罚;第三,考察其职业道德和品格,及申请人的冷静、公正等。

的法科学鉴定人,主要来源于可信程度逐级递增的五类鉴定师,其民事诉讼法明确规定法庭选任鉴定人要优先选用公开任命宣誓的鉴定师。① 其管理机关是德国工商总会②和公开任命宣誓的鉴定师联合会。③

根据《德国工商会法》的规定,工商总会的主要任务是代表会员利益,承担公开任命宣誓鉴定师管理工作以及职业教育和资格考试等任务。德国工商总会并不直接对鉴定师进行管理工作,其下辖的工商协会,根据需要负责鉴定种类的设定和鉴定师的准入标准及质量监控等方面的监督管理工作。各工商协会的评审委员会负责组织对申请人进行评审,通过评审则由工商协会颁发鉴定资格证书。鉴定师有严重过失或故意违法可以被控诉,发现问题可随时撤销其鉴定职业资格。工商协会的监督标准:其一,鉴定师除法官批准外不能私自接触双方当事人,经法官批准接触当事人仅限于法律问题提问;其二,一方当事人或其律师接触鉴定师,鉴定师应当告知法庭,法庭应当告知另一方当事人,以保证鉴定师中立性;其三,鉴定师接受一方当事人鉴定材料而未告知法庭和另一方当事人,法庭应当撤换鉴定师。工商总会制定处罚程序,当地协会行使处罚决定,对处罚决定不服的可直接向行政法院提起诉讼。德国公开任命宣誓的鉴定师联合会属民间行业性组织,这些行业协会组织根据相关法律法规成立,其性质及其运作类似于德国工商总会。

---

① 第一类是自命的鉴定师,这类人自认为具有相关专业的专门知识,但无任何认证,也无相应资格证书,更无专门的监督检查,在司法实践中这类鉴定师发挥的作用不大。第二类是专业协会认证的鉴定师,一般隶属于某一特定的专业协会,接受该协会的规定,并获得相应资格证书,但不接受国家的监督检查。第三类是公共机构和国家认可的鉴定师,如 TÜV(德国技术监督协会,接受国家委托)。第四类是德国认证委员会及所属认证机构认证的鉴定师,欧盟对鉴定师有专门标准(4500 条款),以期达到统一标准、统一质量,该标准框架包括必备条件、认证程序和每一专业领域的具体要求。第五类是公开任命宣誓的鉴定师,程序最严格,管理最规范,因而可信度也高。

② 该工商总会提供的鉴定师专业涵盖领域,包括如房地产评估、建筑(结构、密封等)损害鉴定、车辆和机械设备鉴定、土壤保护评估、食品添加剂鉴定、企业(破产清算等)评估、财政(理财、保险等)评估等。

③ 该鉴定师联合会的主要任务为:1.就有关鉴定相关事宜进行与鉴定活动相关的立法建议、立法咨询等;2.代表鉴定师利益联系委托人和社会各界(如银行等),为法庭服务;3.与工商总会合作;4.就具体鉴定费用的法官询价提出具体报价;5.为鉴定师在法庭的过失行为提供律师辩护,或接受法庭委托调查鉴定师在法庭的过失行为。

3. 民事鉴定之程序禁止规范

德国的质证程序充分发挥鉴定人承担法官助手的功能，强调对鉴定内容、过程及结论的质证主要由法官依职权推进的庭审程序。德国对鉴定人的询问顺序一般由法官首先进行，当事人的询问只起辅助作用，①庭审法官在案件审理过程中具有主导性地位。②

在德国，鉴定的启动权是法院司法权的一部分，违反鉴定启动的程序规定，鉴定结论的证据能力也就丧失了。在德国，鉴定（结论）丧失证据资格（证据能力）的主要因素之一就是程序禁止。德国的民事诉讼立法除强调鉴定主体的法定资格外，对鉴定结论的证据能力规定了程序禁止性规则，要求鉴定人必须"宣誓"或"具结"，要求是鉴定结论必须符合证据适格性条件，某种程度上以此保证鉴定意见的真实可靠。由于待证事项不同，在德国民事诉讼中存在严格证明程序，鉴定需要经过严格证明程序，鉴定结论要取得鉴定证据能力，必须消除禁止使用的证据消极条件，并且符合严格证明程序的合法性条件。法院在调查鉴定证据时，只能依照法律规定的鉴定证据四项基本原则来进行审查判断：法官调查事实义务原则、直接性原则、言词原则与法官自由判断证明力原则。根据直接性原则和言词原则的要求，如果鉴定人应当出庭而没有出庭，没有接受法院和当事人的诘问和质询，鉴定（结论）则不具有证据的证据能力，违反严格证明程序或未经严格程序证明的鉴定（结论）也就丧失了证据能力（资格）。

4. 鉴定意见（证明力）认证制度

德国的民事鉴定程序立法，并未单独规定鉴定结论证明力评价的规则，对一般证据证明力的评判原则同样适用于鉴定结论证明力的评判。③ 德国《民事诉讼法典》第 286 条规定："法院应该考虑言词辩论的全部内容以及已有的调查证据的结果，经过自由心证，以判断事实上的主张是否可以认为是真实。"在诉讼中，证据的证明力由法官根据自由心证评断，法官对鉴定意见必须进行独立判断、确信，不能在未经审查的情况下就把鉴定人出具的鉴定意见用于判决中，鉴定报告只是用以认定事实的辅助手段，最后必须由法官

---

① 德国《民事诉讼法》第 402 条规定，除有特殊规定外，对人证询问程序同样适用于鉴定人。

② 郭华：《鉴定结论论》，中国人民公安大学出版社 2007 年版，第 266—267 页。

③ 朱富美：《科学鉴定与刑事侦查》，中国民主法制出版社 2006 年版，第 28—29 页。

根据包括鉴定意见在内的所有证据所反映出的具体情况作出判决并应当说明理由。①

德国的民事诉讼法对某些证据的证明力进行了规定,证明文书分为公文书证和私文书证,公文书证的证据内容具有完全的证明效力。在德国,某些形式有缺陷的证据并非当然排除,而是由法官依职权通过自由心证来判断该证据证明力的大小并决定取舍。② 对于鉴定结论的证据价值,在评判鉴定人基于其鉴定所完成的有关事实关联性的报告时,必须区分检查结果事实和附加事实。③ 依判例见解,只有检查结果事实结论可为法院无须再经其他证据之佐证,而为判决基础之用。相反地,对附加事实则需提供有关案情经过之人或将鉴定人得以证人身份就其对案件经过之所知,在审判中加以询问,如此附加事实得为佐证判决之用。④

在德国,对鉴定意见的认证审核,由于鉴定意见的专业性,同法国的司法实践一样也会导致法官对专家意见过度依赖,同样对司法最终裁决带来危害。

(三) 日本

1. 法科学鉴定主体管理现状

日本的司法制度在两大法系中是个特例,其法科学鉴定机构的设置呈多元化、分散性特点,日本的法科学鉴定机构分为官方和非官方两大类,⑤在日本,警察、检察系统、法务部、法院内部以及官厅或公署都设有鉴定机

---

① 程荣斌主编:《外国刑事诉讼法教程》,中国人民大学出版社2002年版,第297页。
② 德国《民事诉讼法》第419条规定,证书有删除、涂改、增添和其他外形上的缺点时,其证明力应否全部或一部分消失或减少,减少到何种程度,由法官自由心证作出判定。
③ 检查结果事实,指"鉴定人只能基其专业知识所得知者";附加事实,指"即使是法院本身,其依由案情中已获得之知识或证物予以认定之事实",如该鉴定人是从其他非具专业知识之人在审判程序外所得知案件事实的发展经过。
④ 参见[德]克劳思·罗科信:《刑事诉讼法》(第24版),吴丽琪译,法律出版社2003年版,第260—261页。
⑤ 日本鉴定机构的基本分类:1. 官方鉴定机构,即主要设置在作为追诉方的警察和检察机关内部的鉴定机构,该类机构主要负责犯罪现场的勘验调查和刑事侦查技术方面的鉴定及研发工作;2. 非官方的鉴定机构,即设在大学等教学机构或者社会研究机构内的鉴定机构。

构。日本还存在特有的法医鉴定体制,实行法医资格认定制度,对申请人实行考试、认定的管理方式,符合条件的由学会颁发资格证书。对鉴定人实行行业自律的管理方式监督其执业行为,对鉴定人的鉴定行为都有相应的技术参考规范,以期统一鉴定技术标准,通过行业自律的办法规范鉴定活动。

日本没有为了司法活动专门设立鉴定机构,对鉴定人员职业资格也没有制定具体的法律法规。在民事诉讼(也包括行政诉讼等)中,认定鉴定人(或机构)的资格,取决于当事人的选择和法官的判断。日本有许多行业协会,各行各业的协会组织一般都设有鉴定委员会,在民事诉讼中民间各类研究机构的科学技术人员常被聘进行法科学的鉴定工作。

2. 法科学鉴定人的诉讼地位

在日本,关于法科学鉴定人的诉讼地位,专家证人与法官辅助人两种情况并存。一种是把鉴定人作为"当事人的鉴定人",赋予鉴定人与证人同样的法律地位,鉴定人被称作"专家证人"。另一种是把鉴定人作为"法院的鉴定人",赋予鉴定人某种公共性的法律地位,鉴定人被称作"法官的辅助人员"。日本有学者认为,日本对鉴定人的这种法律定位既优于传统的大陆法系,也优于传统的英美法系。① 日本法科学鉴定制度的特色表现在鉴定人被赋予了较多的公共性法律地位,而在鉴定意见的质证和认证程序上却将鉴定人与证人同等对待。② 鉴定人的法律地位是中立的,鉴定人故意进行虚假鉴定则承担相应的刑事责任,一般过失造成错误鉴定并给当事人在诉讼中造成损失的,当事人可以请求国家赔偿,若鉴定人有明显的不法行为并引起错误鉴定,当事人可对其提起民事赔偿诉讼。故意违反宣誓内容进行鉴定的,则鉴定人构成"虚伪鉴定罪"。③

3. 日本法科学鉴定的问题与改革

第二次世界大战之后,日本进行了大规模的司法改革,诉讼的科学化和

---

① 松尾浩也:《刑事程序中的鉴定问题》,载《法律家》第 694 号第 30 页;平野龙一:《刑事诉讼法》,有斐阁 1958 年版,第 203 页。

② [日]木川一郎、清水宏:《为什么对鉴定人适用询问证人的规定》,载白川和雄先生古稀纪念论集刊行委员会编《有关民事纷争的法律诸问题》,信山社 1999 年版,第 239 页。

③ [日]春日伟知郎:《鉴定人的责任》,载《民事证据法论集》,有斐阁 1995 年版,第 279 页。

民主化是当时司法改革的重要内容之一。现行法科学鉴定制度就是在这种背景下创建的,①以追求诉讼的民主化。

(1) 日本法科学鉴定中存在的问题

a. 在日本,有关民事法科学鉴定的法律规定是以民事诉讼法以及根据民事诉讼法制定的规则出现的,主要是由行业协会设立鉴定实验室,但缺乏较为稳定的法科学鉴定组织,这给日本的民事诉讼也带来了很多问题,当事人寻找鉴定人也不是很容易。根据日本法律规定,法院有权命令行业协会的鉴定室研究人员进行法科学鉴定工作,但鉴定机构或个人在不情愿的情况下进行则也失去了鉴定的意义。

b. 由于没有专业的鉴定人(鉴定机构)和严格的质量控制的程序和标准,鉴定人所提供的鉴定结论严重影响了鉴定的科学性,这也成为日本民事案件错判的重要原因之一。甚至有的法院与民间鉴定组织形成了不正当利益关系,法官对所选的鉴定人同样有强烈的依赖性,鉴定常会得出法官想要看到的结论,严重损害了当事人的诉讼权利。②

(2) 日本解决法科学鉴定中存在问题的对策

在日本的司法改革中,法科学鉴定工作被列为改革的重要内容之一,"日本司法制度改革审议会"在其提交的"最终建议书"中,建议进一步完善"鉴定人注册制",进一步理顺鉴定人选任的过程,但也并没有提出实现设想的具体步骤。

a. 设立"诉讼专门委员会"。根据"最终意见书"的建议,在需要具有专业知识才能审结的诉讼案件中,法院应该选择一些专业人才组成"专门诉讼委员会",从专业技术角度出发,参与案件的审理工作,在不损害法院的中立性前提下,辅助法官对案件进行裁决。由专门委员辅助整理诉讼争点;负责或辅佐调解;参与有关需要专门知识的问题的调查、意见陈述或取证;等等。在此认识的基础上,进一步完善选任专门委员及参与审判的程序问题。

b. 强化相关人员的专门知识。"日本司法制度改革审议会"建议国家司法实践工作应该努力提高法官、律师等法律工作人员法律之外的专业技术知识水平。为此,应改变法律人才的培养和吸收机制,允许专业人才特别

---

① [日]浅田和茂:《科学侦查与刑事鉴定》,有斐阁1994年版,第4页。
② [日]村井敏邦:《冤罪防止策:以鉴定、上诉、再审为中心》,载《法律时报》第61卷10号39页。

是那些掌握科技知识的复合型法官进入司法系统,他们在审判中的大量存在可以大幅度提高审查判断鉴定意见的司法水平。可见,日本法科学鉴定机制的改革重点主要是放在了规范和完善民事诉讼的审判组织结构与提高审判人员综合性专业能力上,对鉴定机构和鉴定人资格的规定不多。

(四) 我国台湾地区

1. 民事鉴定程序的启动

我国台湾地区的鉴定启动程序采用任意方式,而不是强制鉴定。法院委托鉴定可依当事人的申请也可依职权。当事人申请鉴定时,应当表明其申请鉴定的事实,由法院断定有无鉴定的必要,所以法院启动鉴定的程序被限定在了"有无鉴定之必要"上。

学者林钰雄、法官王梅英认为,对于证据事实有无鉴定的必要性,主要涉及"调查范围"和"鉴定关系"两个层次来说明:一是待证事实是否属于法院主动或被动调查的范围,若是有证据关联性、调查必要性与调查可能性的待证事实,则法院须本于职权主动或依申请被动调查。二是虽属于法院调查的事项,而该事项的澄清,由法院认定即可,或者必须委请专业者来鉴定,即系待证事实的疑点,是否必须有特别的专门知识始能回答。具有调查必要性及可能性的待证事实,若是必须有专门知识始能判定,而法院并不具有该项专门知识者,则法院必须选择任鉴定,否则无法践行其调查范围内澄清义务,此即具有"鉴定之必要性"。① 台湾地区法院启动程序受"有无必要性"的限制,司法实务归纳为这样的条件:一是法院鉴定裁量的事项应当属于"专门性问题",这是纳入法院启动鉴定程序范围的先决条件,也是"鉴定有无之必要性"的前提与基础。"专门性问题"不是一般知识、经验或技能认定的范畴,而是需要专门的技术、科学或艺术等方面的知识来说明、判断或借助于一定的科学仪器、设备才能认定的问题。二是法院启动鉴定程序的事项应当属于法院通过调查不能查清或难以认定的事实,即法院穷尽了调查方法或手段无法判明的事实问题。三是法院启动鉴定程序的事项应当是对认定案件事实起主要作用的事实或情况,或者对确认案件事实起关键性

---

① 郭华:《台湾地区鉴定裁量权范围之研究——兼论我国法院指定或聘请鉴定的范围问题》,载《台湾法研究》2004年第4期。

作用的证据问题。①

2. 法院强制启动鉴定的范围

我国台湾地区的法院必须启动鉴定程序的范围包括：一是证物属性无法勘验与观察；二是特定的证物需要鉴定；三是属于需要特别知识判断的证据事实。不得启动鉴定程序的情形：一是法院以勘验之五官感觉即明确其区别，不必启动鉴定程序。二是非法程序收集的物证不得启动鉴定程序。对于鉴定之物只有取得的途径合法，才能启动鉴定程序，否则物证对于案件的事实认定不管有多重要，法院鉴定如何有"必要性"，皆不能启动鉴定程序。三是涉及被告以外的第三人的，非经第三人同意，不得启动鉴定程序。②

3. 鉴定结论的采信制度

鉴定结论的最后采信权在法庭，我国台湾地区有相关规定：鉴定，除另有规定外，准用关于人证的规定。所以鉴定结论必须在法庭上进行质证，我国台湾地区的鉴定人作证制度与民事诉讼证据基本制度相适应，在证据采信方面将鉴定人与证人平等对待，鉴定人有出庭作证的义务。在法庭上，鉴定人要接受诉讼双方当事人的质询。在质证程序上，有庭前审查与正式庭审之分以及主询问与反询问的区别，当事人对鉴定过程或结论有异议，可直接在法庭上提出自己的主张，也可以申请重新或补充鉴定，但是否满足当事人的要求，决定权在法院。重新和补充鉴定在鉴定程序上有严格的规定，必须由法院主持，当事人或代理律师和鉴定人共同在场时，申请重新鉴定的一方当事人要提出重新鉴定的理由，经在场各方陈述意见后，法庭最终决定是否重新进行鉴定，同时在对先前的鉴定经过质证后，法院可自行决定重新鉴定。在证据采信程序上，被委任的鉴定人与证人一样，有陈述鉴定意见的义务，鉴定意见与证人的意义大致相当，并不当然作为结论证据。鉴定人作出的鉴定意见应当经过法庭质证，所提供的鉴定意见书也要经过与证人一样的甄别与认定过程，法官借助当事人对鉴定意见的质疑和辩论作出裁决。③

---

① 郭华：《鉴定结论论》，中国人民公安大学出版社2007年版，第179页。
② 郭华：《鉴定结论论》，中国人民公安大学出版社2007年版，第183页。
③ 张永泉：《民事诉讼证据原理研究》，厦门大学出版社2005年版，第144页。

三、两大法系民事鉴定程序制度的比较与借鉴

(一) 民事鉴定启动程序

1. 英美法系主要国家与地区民事鉴定启动的特点

在英美法系国家和地区,大多数情况下,当事人选任鉴定人仍占主流。在美国,对抗式的鉴定难以得到抑制,最根本的原因仍在于历史文化中形成的对当事人对抗制的信仰。法院在具体案件中选任专家时,专家可以拒绝,当事人也可以阻却。[①] 英国的专家证人程序同样主要由当事人自己启动,专家由其选任,法院对于当事人自行启动专家证人程序一般不予限制。《英国最高法院规则》第 40.1-40.6 条规定了允许法院凭当事人的申请指定独立的专家,但事实上法院很少自行启动专家证人程序。英美法系国家针对鉴定人建立的是"专家证人"制度,鉴定证言属于"意见证据"(opinion evidence),事实证据的提出、案件真相的发现主要由当事人自己负责,因此,当事人双方在启动鉴定方面的权利是平等的,在诉讼中,鉴定人的选任权也可以由双方当事人共同协商也可以和法官共同行使,但无论如何民事鉴定的启动主要还是由当事人自己独立决定。

2. 大陆法系主要国家与地区民事鉴定启动的特点

在法国,鉴定人既可以选任列入名册的专家,也可以挑选没有列入名册但有专门知识、能力和经验的专家,但对法院提起鉴定程序的必要性进行了严格的控制。对法官决定的鉴定事项限制较为严格。《法国民事诉讼法典》第 263 条和第 265 条规定:"仅在经过验证的裁判或咨询仍不足以查明事实的情况下,始有必要命令进行鉴定。""命令进行鉴定的裁判决定应说明由于哪些情形进行鉴定有所不必要,以及如有必要,说明任命多名鉴定人的原因。"《德国民事诉讼法》规定:法官自行选择;法官要求当事人选任;当事人

[①] 杜志淳等:《司法鉴定立法研究》,法律出版社 2011 年版,第 124 页。

一致合意选任。① 选任鉴定人由当事人协商的,"合意"不成,则由法官选任;只有特定种类的鉴定由法官自行决定。

大陆法系国家和地区普遍实行鉴定人资格"庭前确认"的制度。在常态下,鉴定人具有绝对的证据能力,丧失证据能力的属于例外,如法国、德国都预先建立鉴定人名册制度。法官在诉讼中无须审查鉴定人资格条件,但是否采信鉴定意见的内心判断必须"陈述"于裁决的理由之中,并确定鉴定证据证明力的有无或大小。

3. 两大法系主要国家和地区民事鉴定启动程序比较分析

依据英美法系的传统诉讼文化,在民事诉讼中孕育了当事人鉴定权的自由行使,双方都有权委托鉴定。专家证人接受委托作出鉴定意见,对同一鉴定内容接受委托的不同专家证人可能会提出截然不同的见解,最后对当事人提供的鉴定意见进行甄别与确定则要由法院和法官进行。

大陆法系国家和地区的专家是法官的"科学辅助人",但是在现代许多大陆法系国家和地区,基于民事私权行为保护的这一本质,立法上作了许多弹性规定,鉴定的启动权已经不能简单地由法院或法官独断行使,法律规定中指定、聘任或委托鉴定人也充分地尊重和重视当事人的意志,克服由法官决定鉴定人的缺陷已成为民事鉴定程序发展的必然趋势。

民事鉴定启动的实质是鉴定决定权的归属问题,不同的诉讼传统决定鉴定决定权的归属不同,在英美法系国家和地区,实行对抗式,诉讼模式民事鉴定的决定权强调当事人双方地位平等、权利相同,整个诉讼程序主要由当事人双方自行推进。大陆法系国家和地区在转换诉讼模式的同时与之相适应的鉴定启动也在逐渐改变法官决定鉴定的诉讼制度。

(二) 鉴定质量管理制度

1. 大陆法系主要国家和地区对鉴定实施质量的管理

在德国,对鉴定机构和鉴定师的管理十分严格,实行国际通用的质量认

---

① 《德国民事诉讼典》第 404 条规定:1. 鉴定人的选定与其人数,均由受诉法院决定。受诉法院可以只任命一个鉴定人,受诉法院也可以任命另一鉴定人以代替先任命的鉴定人。2. 就特定种类的鉴定工作,已有由政府任命的鉴定人时,只有在特殊情况有必要时,才另行选任他人为鉴定人。3. 法院可以要求当事人指定适于鉴定的人。4. 当事人一致同意某特定人为鉴定人时,法院应即听从其一致意见;但法院可以把当事人的选定限制在一定的人数。

证认可制度。鉴定实施程序的认证认可机制在德国非常成熟,运作十分规范。认证领域也非常广泛,涉及检测实验室、校准实验室、检查机构、人员认证机构、产品认证机构、质量体系认证机构、环境管理体系认证机构等7大类,德国认证认可委员会对实验室适用"17025"标准,对检查机构适用"17020"标准。此外,德国还遵循国际条约和国际惯例,适用如关贸总协定的《技术性贸易壁垒协议》(TBT协定)中采用的检测实验室和英国校准(BCS)实验室的认可制度,世界贸易组织成立后又将美国合格评定委员会(ISO/CASCO)的合格评定制度引入《实施卫生与植物卫生措施协定》(SPS协定)。经认可,实验室检验/校准能力由权威团体(或称官方团体)正式承认,这些被权威机构认定认可的实验室和实验机构的质量管理标准也成为德国相关行业鉴定机构和鉴定师的鉴定质量管理准则。①

2. 英美法系主要国家和地区对鉴定实施质量的管理

在英美法系国家和地区,除英国由内政部管理法科学鉴定外,美国、澳大利亚都由司法部统一管理法科学鉴定工作。英、美、澳虽然没有统一的鉴定人资格考核制度,但是鉴定机构及各类实验室的质量监控工作由统一的认证认可机构负责,如美国司法部的国家执法和矫正技术中心,澳大利亚的联邦国家测试认证中心。对于实验室的质量监控则有统一的鉴定技术规范,如美国罪证化验所所长协会/实验室认可委员会(ASCLD/LAB)建立的美国法庭科学实验室认可制度。在澳大利亚,国家检测机构协会(NATA)承担法庭科学实验室(Facilities or Labs)认可工作。从法科学鉴定管理制度来看,无论是政府出资,还是由社会力量设立的鉴定机构,在质量控制方面都重视对鉴定人资格的严格审查和对鉴定机构能力的测评认定管理,尤其是借助实验室认证认可的考评方式来控制鉴定机构和鉴定人的鉴定工作质量。②

审判机关在审查案件的过程中,为了确保鉴定意见的质量水平,在查证、采信鉴定意见时有必要审视鉴定机构的设备状况和技术条件等承担鉴定任务的能力,考查鉴定人承担鉴定任务的业务素质和职业操守,如能承担

---

① 陈金明:《德国司法鉴定的特点及其对我国的借鉴》,载《中国司法》2005年第4期,107页。

② 花锋:《法庭科学实验室认可工作发展状况与启示》,载《刑事技术》2009年第5期,第35页。

则需进一步审查鉴定是否符合法定的标准和要求,通过对鉴定意见的充分质证、认证后作出是否采信的决定。所以民事诉讼审判过程中法庭对鉴定意见的调查认定工作一定程度上也决定着鉴定质量。

(三) 民事鉴定意见(专家证言)质证程序

1. 两大法系主要国家和地区质证程序的差异性

(1) 证据意义不同。英美法国家和地区质证程序承载着自由主义的思想,认同并确信当事人为自己的诉讼利益会积极奔波的司法理念,降低国家的干预度。鉴定结果仅仅是一个科学的意见而已,并不能当然成为裁判依据。大陆法系国家和地区的职权主义的审判方式对查明事实真相的官方职责给予了充分的优先考虑。将鉴定意见理解为鉴定结论在庭审中必然会成为审判的首选定案依据,导致法官过度依赖或信任书面的鉴定结论的情况。

(2) 质证过程不同。英美法系国家和地区要求当事人双方在庭前开示准备提交的鉴定意见,在质证过程中通过交叉询问使法官对鉴定意见形成内心确信;注重追求诉讼程序的公正性与平等性,通过当事人双方的公平竞争提高鉴定质量,并借助鉴定人的对立与角逐,实现专家证言的可靠性,从而使事实真相得以进一步揭示。① 大陆法系国家和地区通过司法官对鉴定活动的参与和监督,确保鉴定的可靠真实;强调法官在质证程序中的主动性,这种法院主导鉴定质证程序的模式极易导致法官对鉴定结论先入为主,主观擅断。②

2. 两大法系主要国家和地区质证程序的共同点

(1) 直接言词原则一致。不管是英美法系还是大陆法系,鉴定人在诉讼中必须亲自出庭作证,鉴定证据的最原始形式必须由法官亲自接触,按照证人直接参与的质证方式实现诉讼目的。英美法系的"专家证人"在承担出庭作证义务方面与普通证人没有实质性差别,同样在大陆法系,也要求鉴定证据的作出者必须亲自出庭作证。

(2) 鉴定可靠性原则一致。无论是英美法系还是大陆法系,当事人双

---

① [德]赫尔曼:《中国刑事审判方式的改革》,载《诉讼法学新探》,中国法制出版社 2000 年版,第 837—839 页。
② [日]谷口安平:《程序的正义与诉讼》,王亚新等译,中国政法大学出版社 1996 年版,第 114 页。

方或法官都有权委任鉴定人,利用专业科学技术知识对案件疑点进行鉴别判定。尽管两大法系对鉴定人制度在认知上存在差异,但是证据理念是相同的。鉴定的可靠性与科学性必须接受多重考验,允许各方当事人及其诉讼代理人对鉴定意见提出多方质疑,乃是案件事实认定必需的正当程序。①不管怎样,两大法系质证程序各自的长处已出现互相融合的态势。

(四) 鉴定意见(证据能力与证明力)认证程序

大陆法系与英美法系将鉴定意见定义为不同的证据种类,导致鉴定证据在证据能力的规范上存在较大差异,大陆法系形成了法定固定证据制度,英美法系则形成了法定任意证据制度,但是在对鉴定证据的认证规则上都采取自由心证的原则。②

1. 两大法系鉴定意见证据能力认证制度比较分析

(1) 大陆法系鉴定结论的证据能力认证制度主要是从肯定"证据能力"和否定"证据能力"两方面对法官自由裁量权予以限制。从正面肯定证据能力来说,通过具备鉴定资格、直接言词审理原则加以规范,如:"则系对于法官的诫命,即使当事人对于证据能力之问题,不提出异议,未行使责问权,法官亦应依司法职权,将无证据能力之证据予以排除。"③从反面否定证据能力来说,④则具体从违反法定程序、没有鉴定的必要性等方面加以规范。⑤

(2) 英美法系专家证言证据能力的认证制度主要是对科学技术的使用范围和专家证言的滥用上进行限制和约束。法律规定和法院判例对专家证言证据能力的"关联性""必要性""适格性""可靠性"以及鉴定实施过程的

---

① Green V. 399 U. S. 158,90 S. Ct. 1930,1935,26 L. Ed. 2d 489(1970). Quoting Wigmore, Evidence § 1367.

② 《加拿大证据法》第13条第2款规定,在民事诉讼中,当法官认定任何一个有正常头脑的人,对当事人所举出的证据足以让法官内心确信就可以被采信。

③ 黄东熊等:《刑事证据法则之新发展》,学林文化有限公司2003年版,第58页。

④ 简志莹:《专家证言与交互诘问之研究》,台湾"司法院"2004年第24辑司法研究年报,第21页。

⑤ 否定证据能力的具体规定:1. 在程序上违反法定程序的,不具有证据能力。如违反鉴定启动程序、回避程序和宣誓程序的鉴定结论不具有证据能力。2. 在形式上,不具备鉴定资格的机构和人员提供的鉴定结论不具有证据能力。3. 违背直接言词审理原则的鉴定结论不具有证据能力。4. 在实体上,以专门知识涉及的事实问题为要件,超出专门知识而为一般经验或普通知识层面所作的意见,不具有证据能力。

"合法性"等方面建立健全专家证言证据能力的多重审查标准。如在美国 Man v. Messes Chatty and Patel 的判例中就形成了有关"必要性"的专家证言证据能力参考性的要件。英美法系专家证人规则的适用无论是立法要求还是判例规定均将鉴定的必要性和相关性作为专家证言证据能力的主要构成要件。

虽然大陆法系与英美法系在鉴定意见(专家证言)证据能力构件方面各有千秋,但在诉讼中都在强调诉讼权利的保障观念和正当程序的运用。① 如将鉴定人宣誓或具结作为鉴定意见(专家证言)证据能力的程序要求,鉴定意见的书面报告和法庭陈述是鉴定意见(专家证言)证据能力不可或缺的构成要件之一,不管怎样,两大法系都力争通过诉讼权利的有效保障与正当程序的充分运用来维护鉴定意见(专家证言)的可靠性与科学性。

2. 两大法系鉴定意见证明力认证制度比较分析

(1) 两大法系民事鉴定意见证明力认证的共同点

通过对两大法系主要国家和地区有关鉴定意见证明力的比较可以看出,虽然各国各地区由于经济政治、历史文化、人文观念等方面存在的差异,对鉴定意见证明力判断程序有所不同,但从程序制度的本质上来讲二者之间还是存在很大的共同性。具体表现在:a. 两大法系对鉴定意见(专家证言)的证明力都笃行司法人员自由心证的评价原则,但诉讼证据制度对裁判者的内心确信都进行必要的程序规制。b. 对司法人员的自由心证存在内在制约,要求裁判者必须遵循基本的逻辑法则和经验法则得出事实真相,同时在法学教育与准入程序上不断地提高法官的综合文化素质和道德水准,以保证心证的客观性。c. 在对裁判者关于证据证明力的自由评价进行外部制约规范时,两大法系都通过程序规则保障鉴定意见(专家证言)的证据能力的可靠性,并通过事后惩戒机制对裁判者的主观随意性进行抑制。② 可见两大法系同样都要求裁判者在民事鉴定意见(专家证言)的裁判中应当始终遵循程序规范、经验法则和逻辑法则。③

---

① 德国证据法上存在着程序禁止和证据禁止制度,分别在收集、调查、核实证据的程序方面和允许作为定案依据的证据材料的范围方面对证据能力进行了限定。对违反这两方面法律规定的证据材料,一般不认为具有证据能力,从而将其排除于诉讼之外。
② 刘善春、毕玉谦、郑旭:《诉讼证据规则研究》,中国法制出版社 2000 年版,第 522 页。
③ 蔡墩铭:《审判心理学》,水牛出版社 1986 年版,第 678 页。

(2) 两大法系民事鉴定意见证明力认证的不同点

两大法系在证据证明力的具体评判方面表现出以上的共同性,同时也存在一些不同之处。英美法系的专家证言的证据规则既充分规范专家证言的证据能力,又对其证明力创造和制定了较多的规则(弗赖伊规则、杜伯特规则、锦湖轮胎案规则和联邦证据规则)加以指导。而以德、法为代表的大陆法系国家和地区的鉴定意见的证明力大都采用以自由心证原则为主、以法定证据规则为辅的方式进行判断。鉴定结论的证明力一般不是由法律事先规定,而是经法官自由裁量判断来决定,证明要件包括鉴定意见与案件事实之间的逻辑关系并且包含该鉴定证据所具可信度的证据可靠性及合法性的具体内容。①

在一些特殊情况下,大陆法系国家和地区也制定了一些鉴定结论证明力自由心证的例外规则。在诉讼过程中,通过例外规则限制裁判者对证明力的任意裁量或滥用心证。英美法系国家和地区的专家证言证明力虽然也实行法官的自由心证制,但发达的交叉询问程序一定程度上过滤了许多缺乏客观性的专家证言,经过程序确认相关事实资料的可信度,而且基于众多专家证人的当庭对质使得裁决者不得不小心谨慎地去检验鉴定意见的科学性和"信赖性"(可靠性)。

两大法系主要国家和地区关于民事鉴定程序的比较,参见表4-1。

表4-1 两大法系主要国家和地区民事鉴定程序主要特点比较

项目 法系	机构类型	鉴定人特色	质量监控	启动模式	质证方式	认证规则
大陆法系	国家辅助 行业自律	鉴定师	认证认可	当事人主 法官为辅	法官推进	自由心证
英美法系	多元分散	专家证人	认证认可	当事人化	交叉询问	自由心证 认证规则

本章小结

通过前面对世界几大国家与地区民事鉴定程序制度运作效果的分析研

---

① 参见[日]松尾浩也:《日本刑事诉讼法》,张凌译,中国人民大学出版社2005年版,第10页。

究,可以看出,两大法系法科学鉴定运作机制各有不同各有利弊,但又互相融合,已然成为各自民事诉讼程序中不可分割的重要组成部分,从中也可以看出任何一种鉴定体制和诉讼结构都存在一定的历史局限性。

  总体来看,充分保障当事人的民事鉴定权利,最大限度地发挥当事人证明案件事实的积极性是民事鉴定程序体制改革的必然趋势。[①] 要切实可行地解决我国民事鉴定实践中所暴露出的诸多问题,认识到鉴定程序中问题的存在仅仅是改革诉讼制度工作中的第一步,在民事诉讼领域中的鉴定问题要想得到标本兼治,就必须在深入分析研究我国的现实国情的基础之上,以整体制度结构层面的改革为基石,以相关技术层面的改革为主体,在移植成熟优秀的国外相关制度的条件下,积极吸收两大法系主要国家和地区有关鉴定制度的有益因素,科学合理地设计与筹划我国民事鉴定程序制度改革的蓝图。在鉴定程序体制改革中若想避免出现扬汤止沸的现象,务必选择适合我国国情的民事诉讼改革发展道路,才能真正打破目前民事诉讼中鉴定程序实践的恶性循环状况。一言以蔽之,从中国国情出发积极探索将大陆法系鉴定结论采信的逻辑严密性和英美法系的专家证言的科学创造性进行有机融合,结合民事诉讼对抗制改革的成败经验,大胆引进英美法系专家证人民事鉴定形式的有益因素,不失为改革鉴定程序完善民事诉讼法的有效途径。

---

① ［日］谷口安平:《程序的正义与诉讼》,王亚新、刘荣军译,中国政法大学出版社1996年版。

第五章 我国民事鉴定程序的制度构建

一、我国民事鉴定主体规范的路径选择

民事鉴定程序制度的首要内容是民事鉴定机构的设置,从世界两大法系主要国家和地区的情况来看,根据各国鉴定机构设置的主要特点,可以将其划分为集中型和分散型[①]鉴定两种基本模式,但是集中型和分散型这两种管理模式之间没有严格的界限。

(一) 鉴定主体实行行业自律的管理方式

依据《关于司法鉴定管理问题的决定》,我国对司法鉴定管理工作进行了改革,《决定》第四、五条规定了鉴定机构和鉴定人员的准入条件,但条文较为抽象和原则,缺乏对鉴定机构和鉴定人员进行严格的质量认证与制度化的准入规范。鉴定管理制度是一个系统工程,我国还远没有形成健全的民事鉴定主体管理体系。

我国的司法鉴定管理体制主要针对的是司法鉴定机构和司法鉴定人员,如果将全国各行各业的鉴定机构和鉴定人员完全纳入国家司法管理的范畴既无必要也无可能。对鉴定机构和鉴定人员实行登记制度,并公布鉴定人员和鉴定机构名册,虽然一定程度上有利于方便当事人确定鉴定机构和鉴定人员,但并不能够有效地对鉴定机构和鉴定人员进行监督管理。司法鉴定管理中最基本的是规范司法鉴定机构和司法鉴定人员的资质条件,但对于专门的行业性鉴定机构与鉴定人的资质无法做到全面的质量监督管理,如国家质量技术监督检验总局部分地对此作了规定但并不能够确保各

[①] 所谓集中型,就是一个国家的法科学鉴定机构和人员属于统一的组织系统,适用统一的标准。所谓分散型,就是一个国家的法科学鉴定机构和人员分属于不同的系统或者具有不同的性质,而且相互独立,没有统一的管理体制。

行各业的鉴定机构和鉴定人的资质全部符合国家产品质量法律规定的要求。由于鉴定本质上属于科学实证活动,单靠国家的行政管理很难达到理想的鉴定质量水平效果。政府应当做好的其实就履行一个好"守夜人"的职责,体现在民事鉴定主体的管理上就是应履行好制定政策法规、做好行业发展规划等宏观管理工作。而作为鉴定的行业参与者,则应当发挥积极性、主动性,充分发挥专业知识上的优势,通过制定技术标准、规范职业操守等举措实现行业的自律管理。目前,世界上已有越来越多的国家认识到了这一点,接受了充分发挥行业自律优势的管理模式。我国司法行政机关作为司法鉴定的主管部门,面对纷繁复杂的专门性问题及众多的技术鉴定机构,要对鉴定机构进行人、财、物及技术等全方位的直接管理是不可行的,为弥补现行鉴定管理工作的不足,势必要将某些事项交予社会组织进行管理。[①]因此,司法行政部门对民事鉴定的管理只能是宏观的、间接的,在全国人大常委会颁行《决定》后,司法部在《司法鉴定人管理办法》和《司法鉴定机构管理办法》中又一次明确规定了建立行政指导与行业自律的管理体制,但是对于国家行政管理和行业管理的权限以及运行机制并没有详细说明。要真正建立起在行政指导下的行业自律管理体制,首先便是科学合理地确定并划分行政管理部门和行业协会之间的管理职责和权限,只有权职分工明确,社会行业协会的具体管理措施办法等问题才能逐一解决。[②]

鉴定机构和鉴定人的评估标准是民事鉴定意见正确与否的科学性前提条件,在鉴定领域制定统一的质量管理的标准是我国目前鉴定活动科学有序进行的先决条件。而要制定鉴定的质量管理标准——引入鉴定机构与鉴定人的质量认证认可制度是一个复杂的系统工程,可以先根据实际情况制定出鉴定机构与鉴定人的质量准入标准,先易后难,积极稳妥地按行业按部门分期分批进行,可以在我国多年来鉴定工作的实践基础上,积极吸收和借鉴国际鉴定质量控制技术标准,进行周密的科学论证,在试行中不断完善,然后以法律或法规的形式颁布,使之成为国家有效控制和监督鉴定机构和鉴定人鉴定活动的质量认证认可标准。[③]为了提高鉴定机构和鉴定人的服

---

① 参见吉林省司法厅:《关于司法鉴定实行"双重管理"的实践与思考》,载《中国司法》2005年第11期。

② 杜志淳:《司法鉴定法立法研究》,法律出版社2011年版,第249页。

③ 张益萍:《对我国司法鉴定管理体制改革的一些思考》,载《延安大学学报:社会科学版》2006年第6期。

务质量，使之形成良好的竞争局面，专门的行业协会需制定完备的鉴定主体资质评估的质量管理制度，通过对鉴定机构和鉴定人的资格条件、设备配置、内部建设、业务能力、技术水平、采信率、错鉴率、误鉴率、投诉率等服务质量方面进行统一、全面、综合性的评估，引导社会各界对鉴定机构和鉴定人等鉴定资源进行合理的选择，才能实现对民事鉴定主体的有效监督和管理。①

在鉴定管理权限的划分上，应将那些直接的、具体的、操作性强的事项交给行业协会去管理，司法行政部门则应紧紧把握民事鉴定的发展态势和发展方向，做好宏观管理工作。司法鉴定主管机关是鉴定工作的管理部门，但这并不意味着行政机关应该对鉴定工作包办一切，而是应在科学研究的基础上制定有关方针政策，认真履行好行政导向职能，使民事鉴定工作始终沿着科学的轨道健康发展，如对诉讼实践中鉴定机构和鉴定人的积极条件（积极条件中最主要的是具有一定专业知识，这一点通常体现在鉴定人的专业职业资格或相应的专业技术职称上），鉴定管理部门利用法律授权可以规范之，但对于鉴定机构和鉴定人的消极条件（要求鉴定人员遵守法律、法规和具有良好的职业道德操守）主要还应由民事诉讼制度在案件审理阶段加以规范和排查。② 故有学者认为："尽管立法规定司法鉴定人之管理由司法机关统一负责，然而作为现实中的合理因素，社会力量的管理并不是作为一种下位的权力而存在，而应以平行的权力实现政府与社会的良性互动，一定程度上预防'权力寻租'。"

（二）确立能力型鉴定人资格认定制度

我国民事诉讼制度改革在保持大陆法系国家职权主义传统的基础上吸收了英美法系国家专家证人参与审判的积极因素和大陆法系国家对鉴定制度改革的一些有益经验。虽然我们仍然要建立健全鉴定人质量监控体系，但这并不是说我们不要确立能力型的鉴定人制度，相反，能力型的专家鉴定人可以更加有力地保障当事人诉讼权利的行使。专家具有普通人一般不具有的知识或专长，并对作证的客观事项具有专业知识和技术技能，他们可为

---

① 方道茂：《我国司法鉴定管理体制的改革与完善"》，载《科技与法律》2006 年第 2 期。

② 肖伟：《论司法鉴定人混合型管理模式之完善》，载《中国司法鉴定》2007 年第 1 期。

当事人提供有力的技术上的支持与协助,从而为赢得诉讼利益提供最可靠的来自专业技术第三人的帮助。受教育程度可以是一个专家鉴定人的基础,但是基于经验和阅历具有特殊技能或知识的人也可能成为专家鉴定人。只要具有特殊技能或知识的人都具有成为案件中鉴定人的可能,当事人选择专家鉴定人的标准应该是该鉴定人拥有科学知识、专业技术或其他专业知识。鉴定人作为专家鉴定人应该具有专业的知识、技能和经验以及获得过丰富的专业教育和技能培训等;如果科学知识、专业技术或其他专业知识有助于事实审理者理解证据或者裁决争议事实,则凭借知识、技能、经验、训练或教育而够格为专家的证人,可以以意见或其他形式就此作证。所以专家鉴定人不是狭义上的具有职称的专家学者,专家鉴定人也并不一定只是受过高等教育的人,任何有技巧和专业特长的人,都可以成为法庭的专家鉴定人。总之,我国法律应该要求决定专家鉴定人的条件不应为教育程度所限制,而应该是鉴定人的鉴定意见是否真正有助于案件事实的辨明和确定。

专家鉴定人的诚实信用可以由社会、司法批评以及鉴定责任追究制度来确保。若从经济学的角度分析,在一个诚信体系健全的社会,专家鉴定人对于树立并维持其诚实且有能力的声誉,与其经济上有着直接的利益关系。在一个健全的专家鉴定人诚实信用体系下,对专家鉴定人任何公开的司法评语都有可能影响其作为专家鉴定人的职业生涯,所以建立健全专家鉴定人诚实信用体系是保障民事鉴定人市场正常运行的有效途径之一。在这种程序制度运行机制下,专家鉴定人在接受法庭审前审查或交叉询问时,当事人或者其代理律师可以就其过往的诚实信用记录提出专家鉴定人曾经受到过司法批评,承担过法律责任,从而否定他的专家鉴定人的资格,这样一来,专家鉴定人任何倾向于当事人的错误鉴定都可能损害专家本人或其机构的声誉。[①] 如果在民事诉讼活动中专家担任专家鉴定人时欠缺诚实,则不仅可能降低其学术声誉,而且也会给他们招致无法以金钱来衡量的巨大的物质和精神损失。

(三) 确定共同鉴定的适用范围

在民事诉讼中,共同鉴定专家主体的确立有两种情况。一种情况是在

---

① 参阅[美]波斯纳:《正义/司法的经济学》,苏力译,中国政法大学出版社2002年版。

诉讼进程中，法院或当事人共同委托鉴定机构或鉴定人，由他们各自委托的专家鉴定人针对案件所涉专门性问题共同研究协商后向法庭提供一个共同署名的专家鉴定意见报告书。这主要是针对专家鉴定人的倾向性以及法官专业技术水平单一的一个救急措施。如《德意志联邦共和国民事诉讼法》第404条(1)规定，法院可对鉴定人及其工作的种类和范围给予指示；第404条(4)还规定，当事人一致同意某特定人为鉴定人时，法院应即听从其一致意见。① 另一种情况是在案件审理过程中就某一特定的专门性问题需要提交一份专家意见证据时，双方或多方当事人假如希望法院指定同一专家鉴定人或同一鉴定机构，那么法庭可以依当事人的申请指定他们共同选定的专家鉴定人或专家鉴定机构。但是如果当事人就专家鉴定人或专家鉴定机构达不成一致意见，法庭还是应该尊重当事人的意见，允许其提出自己选定的鉴定机构或鉴定人对所涉专业问题进行鉴定。至于法官自身专业技术水平，则已超出了法庭调查的程序性范畴，须要由整个国家司法体制进行弥补。如果当事人既不能提出自己选定的鉴定人或鉴定机构又不能达成选择共同鉴定人或鉴定机构的合意，但仍有共同选定的意愿，当事人还可以按法院所确定的类似选择仲裁员的方式选择专家鉴定人或专家鉴定机构。同时，法院或法官也可依从当事人意愿从其准备或提出的专家鉴定人或鉴定机构名单中选择一名或多名鉴定人或者一家或多家鉴定机构。

共同专家鉴定人制度的适用存在于民事诉讼任何阶段，当事人聘请的专家鉴定人提供的鉴定意见应是支持己方当事人的。共同专家鉴定人的作用就在于预防当事人选择的鉴定人所提供的意见具有片面性，这是一个使法官在庭审中便于解决争议点而采取的鉴定人之间的协作制度，法官可指令双方当事人选择的专家鉴定人共同对案件涉及的共同的专门性问题进行集中讨论，法院可以指定专家鉴定人必须讨论的问题范围，还可以要求专家鉴定人在讨论结束后向法庭提交一份共同的鉴定意见声明，载明他们已达成一致的意见以及未达成共识的问题，对达成或未达成的意见都要进行理由说明。② 但是，也有一种情况是当事人明确表示，在法庭上专家鉴定人就法院指定的特定问题达成的共同协议对当事人不具有任何约束力，是否接受由当事人自行决定。

---

① 谢怀栻：《德意志联邦共和国民事诉讼法》，中国法制出版社2001年版，第99页。
② 齐树洁主编：《英国证据法》，厦门大学出版社2002年版，第619页。

（四）故意和重大过失错鉴或误鉴的法律责任

鉴定机构及鉴定人的责任制度是鉴定管理制度的重要内容，责任制度是否科学严密，直接关系到鉴定制度的具体运行效果。因此，凡对涉及"专门性问题"需要鉴定的，一律实行鉴定人对鉴定意见签名负责制，概无例外，为其承担相应的刑民事和行政责任提供法律依据。

2011年12月24日，据《北京青年报》（网络版）一则评论称，刘某起诉央视《鉴宝》节目专家毛晓沪，诉称其花387万元从毛晓沪手里购得假宋代汝窑碗1只，要求其返还货款及损失596万元。毛晓沪称鉴定专家意见不一致，是否造假难以定论，原告所持鉴定书无法律效力。几年来，央视《鉴宝》节目专家毛晓沪被指出售假文物，先后遭遇拘留，并取保候审，但最终没被认定为刑事犯罪。是是非非，很难一眼看清，但围绕"鉴宝专家"衍生出的诸多问题，确实不是无中生有。① 不管怎样鉴宝专家应当有自己的"公序良俗"，鉴定专家应当恪守职务规范，不能"给钱就贴牌"，再者司法判决也应捍卫法治威严，在专业立法步伐迟缓的时候，刑法应当明确规定民事虚假鉴定的刑事责任，比如我国《刑法》第三百零五条规定，在刑事诉讼中，鉴定人对与案件有重要关系的情节，故意作虚假鉴定，意图陷害他人或者隐匿罪证的，构成伪证罪。但是在民事诉讼中没有规定鉴定人作虚假鉴定的是否应当承担刑事责任，这就为一些鉴定专家不负责任的行为开了"绿灯"。而第二百二十九条对"提供虚假证明文件罪"的规定对于鉴定领域的行为也显得粗陋，如："承担资产评估、验资、验证、会计、审计、法律服务等职责的中介组织的人员故意提供虚假证明文件，情节严重的"行为，没有专门将作出鉴定意见的鉴定行为列为规范对象，即使是本条第三款规定的"第一款规定的人员严重不负责任，出具的证明文件有重大失实，造成严重后果的"，也没有规范民事活动中的鉴定行为。这一条也是对承担资产证明行为的规范，并没有对各行各业的鉴定行为作出调整，这些规定的缺漏就为那些炒作起家的"鉴定专家"的误鉴、错鉴行为承担相应的刑事责任设置了障碍。

---

① 2011年9月，谢根荣案进入二审。中国收藏家协会原秘书长王文祥、故宫博物院原副院长杨伯达、北京大学宝石鉴定中心原主任教授杨富绪等，对谢根荣的"金缕玉衣"，给出了24亿的估价；专家们拿走了几十万元的评估费，而"金缕玉衣"的主人则拿着这份天价估价报告去银行贷款6个亿。

我国《刑法》第三百零五条规定，"在刑事诉讼中，证人、鉴定人、记录人、翻译人对与案件有重要关系的情节，故意作虚假证明、鉴定、记录、翻译，意图陷害他人或者隐匿罪证的"，构成伪证罪。《刑法》第三百零五条的"在刑事诉讼中"建议修改为"在诉讼中"，鉴定人对与案件有重要关系的情节故意作虚假鉴定的应构成伪证罪。此外，鉴定机构和鉴定人作为面向诉讼市场运作的鉴定主体，与委托人之间是一种委托合同关系，根据合同法的民法原理，如果由于受托人的原因造成委托人损失的，受托人理应承担民事赔偿责任。若有证据证明鉴定机构和鉴定人在履行职责过程中存在故意和重大过失行为而造成错鉴、误鉴的，在民事法律方面也应明确规定其承担相应的民事赔偿责任。《关于司法鉴定管理问题的决定》在法律责任制度的设计上，只规定行政责任是不够的，应该增加刑事责任和民事赔偿责任制度。面对漫天飞舞的"鉴定专家"，合法的刚性监管机制一定程度上对鉴定市场的秩序也能够起到规范作用。所以若要维护鉴定意见的公正性和严肃性，良好的制度设计才是当事人与鉴定机构与鉴定人有效合作的基础，也才是维护民事鉴定市场良性发展的制度化保障。①

在一个平等的诉讼环境中当事人赢得合法权益才能体现社会的公平正义，在民事诉讼中双方当事人可能使用违反诚实信用的投机技巧，甚至为达到诉讼目的提供欺诈性的鉴定意见，倘若鉴定人故意提供虚假的鉴定意见书就会破坏诉讼的正常秩序，当事人之间均衡对抗的格局也会被打破，这就需要修改民法和刑法中对提供虚假民事证据和刑事伪证罪的现行规定，扩大适用范围，根据虚假鉴定行为的行为人与行为程度增加不同种类和层次的处罚条款。例如对鉴定人经法庭宣誓后仍然故意作伪证的行为应从重处罚；对于严重妨碍民事诉讼的当事人故意提供虚假证据行为，按伪证罪追究刑事责任；同时强化司法人员在诉讼过程中姑息纵容、放纵虚假鉴定行为的处理力度。

二、民事鉴定启动机制的改革与完善

我国民事鉴定启动制度应当吸收借鉴英美法系国家的当事人享有完全鉴定权的合理部分，使双方当事人在诉讼中平等地享有鉴定启动权，法院的

---

① 霍宪丹：《论司法鉴定体制改革的实践与探索》，载《中国司法鉴定》2007年第1期。

鉴定启动权不能超越当事人的鉴定启动权的法律位阶,法院的民事鉴定启动权应仅在特殊情况下才能运用,其启动权的行使在诉讼中仅限当事人的同意且应处于辅助地位。

(一)赋予当事人完全的鉴定启动权

鉴定本质上是协助当事人解决某些专门性问题的科学活动,国家司法机关既不能也没有权力限制当事人对鉴定机构与鉴定人的选择。在民事诉讼过程中,当事人应当占主导地位,推动诉讼的进程,民事鉴定的启动权应归当事人所有,是否鉴定以及鉴定范围都应由当事人自己决定,[①]法庭则通过当事人之间的充分对抗来揭开鉴定事项的迷雾。

根据我国《民事诉讼法》关于举证责任的规定,任何承担举证责任的人都有权广泛合法地收集与案件相关的能够反映事实真相的各种证据包括鉴定人作出的鉴定意见,以充分证明自己的主张,避免承担不利的诉讼后果。作为法定证据形式之一的鉴定意见的产生,民事鉴定启动权的行使,应当取决于法律对举证责任的强制规定,根据现行证据法规则,法院不应成为鉴定启动权的主要提起主体,当事人在案件中负有举证责任,当事人就应该享有完全的鉴定启动权。作为负有证明责任的当事人,其举证责任不仅与义务相联系而更应与其相对应的诉讼权利相吻合。因为当事人为了避免承担不利的法律后果,必然会对有利于证明其主张的事实更加谨慎勤勉。所以说民事鉴定启动权赋予当事人,是权利的回归,而不是权利的授予。不管是在诉讼前还是在诉讼中,与证据联系最密切的是承担举证义务的当事人,而不是法院或法官,所以应该在诉讼前和诉讼中都由当事人享有民事鉴定启动权和民事鉴定人的选任决定权,这是鉴定权的合理回归。

目前我国现行司法鉴定制度中鉴定程序启动问题的症结就在于立法赋予了法院或者说法官启动民事鉴定程序太多的权力,而在审判实践中,作为诉讼中的双方当事人,法律没有赋予其启动鉴定程序的足够权利,在庭审中其享有的只是针对鉴定问题要求法院进行重新鉴定或补充鉴定的申请权。实证调研的数据表明,在司法实践中当事人向法官提出了鉴定申请,而鉴定的最终决定权由法院掌握。在民事诉讼中正是因为缺乏应有的对抗机制,使得对立双方当事人之间在鉴定问题上没有形成激烈争辩的交汇点,争点

---

① 周欣:《中外刑事侦查概论》,中国政法大学出版社1999年版,第265页。

没有得到充分的辩如何明，这样不仅严重损害当事人的利益，而且也严重损害了司法的权威。自从民事诉讼对抗制的积极因素引入我国民事诉讼改革中后，当事人平等对抗的意识已深入人心。在民事鉴定程序的启动问题上，当事人诉讼权利与法院审判权力的不对等直接导致了审判权与诉权力量的失衡。因此，在民事鉴定程序制度的改革问题上，要解决民事鉴定启动机制，就须赋予双方当事人平等的启动权。根据这一原则，未来民事鉴定程序制度的改革思路可以是一定程度取消法官的鉴定启动决定权的随意性，最大限度地赋予当事人双方皆享有鉴定程序启动的申请与决定权；同时，削弱法官对鉴定申请批准的决定性权利，并要求其必须提出并说明不予批准当事人鉴定申请的充分理由与法律依据。通过赋予当事人鉴定程序启动决定权，当事人完全享有民事鉴定启动权，从而达到双方在诉讼过程的平等对抗，实现民事诉讼双方当事人最大限度地保护各自的民事诉讼权益。

当事人享有鉴定决定权制度的优点在于案件所涉的专业技术疑难问题可以通过对立双方当事人的鉴定程序启动权的相互制约从而更全面客观地得到揭示。法院只有在履行国家的鉴定法律援助义务时才可以在当事人同意的情况下选择专家证人，但仍要履行法院的释明义务，解释选择专家证人的必要性，并且必须要选择经当事人同意的专家证人。

（二）限制法院的民事鉴定启动权

在民事诉讼中，我国应取消法院自行启动鉴定的权利，国家有关的鉴定立法应从限制侦查机关的鉴定启动权逐渐过渡到取消在民事诉讼中的国家机关鉴定启动权。在我国，公检法共同享有鉴定启动权，而当事人仅享有补充鉴定和重新鉴定的请求权，这种鉴定启动方式有悖于诉讼平等原则。我国审判方式正由纠问式向对抗式转换，由此当事人举证责任的增强与鉴定启动的受限之间产生了不可调和的矛盾。在司法机关取证调查权日益弱化、当事人举证责任日趋加重的情况下，法律不应排除当事人自己选择鉴定的权利，司法鉴定的启动权不宜由审判机关垄断行使，当事人可以因举证需要而委托鉴定，也有权通过鉴定活动取得有利于支持自己诉讼主张的证据。这也是增强诉讼双方对鉴定程序的参与能力，规范司法鉴定活动，树立鉴定意见公信力的一条有效途径。因此，为了保障当事人的鉴定参与性和鉴定程序的民主性，应当赋予诉讼双方当事人平等的鉴定委托权，限制法院的鉴定程序启动权，只要当事人提出的鉴定申请符合法律规定的程序性要件，法院就应当批准,不得对双方当事人实行差别对待。

《证据规定》(2002年)第二十七条,一方面,明确了当事人申请重新鉴定的权利,另一方面,又对申请重新鉴定的具体情形作出了严格限定,也没有规定审判机关和审判人员行使重新鉴定批准权和在决定不予鉴定情形下的阐明义务,所以《证据规定》在对当事人诉讼权利的保障力度上存在很多不足之处,反而加大了审判机关的民事鉴定决定权。① 我国法律未明确规定法院启动鉴定程序事项的必要性条件,未明确法院指定鉴定人的途径和方式,未确立法官违反提起鉴定的程序规则须承担的法律责任等,同时也没有规定法官采信鉴定意见的标准与条件。总的来说,我国现行民事诉讼法律法规既缺乏对当事人民事鉴定权利的切实保障,也缺乏对享有民事鉴定启动决定性权力的司法机关和审判人员的公权力进行制度化和规范化管理的办法,而限制法官鉴定启动决定权的方法则是赋予当事人鉴定程序提起的完全的启动决定权,没有当事人的同意法官无权提起鉴定程序,法官提出鉴定的司法建议应该符合法律的明确规定,而且法律应明确规定法官没有任何权力提起民事鉴定的启动程序,只有在法律明确规定并授权法官可以作出启动鉴定的决定时(侵犯公共利益),案件才可进入法院委托鉴定的阶段。

在民事诉讼中,法官享有超强的鉴定启动决定权的制度缺点使他们往往会比较轻率或随意地采信自己选择的鉴定人作出的鉴定结论。在这种情况下,表面的效率公正掩盖了鉴定实质的不公正。为了降低错判危险,我们应该学习借鉴英美法系国家的成功经验,确立抗辩式诉讼程序。应当审判机关站在公正的立场上做一个消极的裁判者。当事人应当享有完全的鉴定决定权,从而达到各方诉权的真正实现。所以我们应该充分吸收世界各国已被实践证明了的具有普遍意义的鉴定体制,合理规范我国民事鉴定启动程序。

(三) 民事鉴定启动程序的方式选择

民事鉴定程序制度应该允许当事人在诉讼前、诉讼中均可以委托专家鉴定人或鉴定机构对案件所涉的某些专门问题进行鉴别和判定,在民事诉讼前和诉讼中由当事人拥有完全的鉴定启动权是鉴定权的合理回归。一般来说,在诉讼前如果不及时进行鉴定可能导致鉴定条件灭失的情况下,当事

---

① 《证据规定》(2002年)第七十一条中规定:"人民法院委托鉴定部门作出的鉴定结论,当事人没有足以反驳的相反证据和理由的,可以认定其证明力。"

人可以自行启动民事鉴定,在诉讼前当事人是否提起鉴定完全由当事人自己掌控。事实上,当事人在诉讼前启动鉴定程序从来就不是严格受法律保护的,因为当事人诉前获取的鉴定意见在法庭上的效力非常有限,现行法律法规没有明确规定当事人诉讼前进行的鉴定可以名正言顺地进入法庭,当事人在诉讼前所得到的鉴定意见是否进入法庭还要取决于法院的态度。在民事诉讼活动前当事人应该享有完全的鉴定启动权,在诉讼中法律还应该赋予另一方当事人鉴定启动权,在诉讼中赋予当事人民事鉴定的启动权,使当事人享有充分的启动鉴定的权利,可能会导致重复鉴定,但这种重复鉴定对于保证司法的公平与正义是非常必要的。在我国民事案件的庭审过程中,审判人员依职权不仅主持庭审,而且负有查明案件事实真相的责任。法官实际上享有案件鉴定的决定权和委托权,虽然法律赋予当事人享有向法官提出申请重新或者补充鉴定的权利,但这时诉讼在进行中,重新鉴定或者补充鉴定的决定权最终仍在法院一方。即使法律赋予当事人在诉讼中有权提起重新鉴定或补充鉴定的申请权,如果没有法律机制规范法院审查鉴定申请的批准权,则鉴定启动仍是由法院提出或者说法院独享鉴定启动的最终决定权。当事人对于法官委托的鉴定机构或鉴定人虽然一直没有信任过,但是在我国的民事诉讼中当事人是无权拒绝法官选定的鉴定机构或鉴定人。

在当事人发生纠纷或争议时,应当赋予当事人选定专家鉴定人的鉴定启动权,鉴定人可由当事人自己选定。这样可以通过当事人之间的竞争来提高民事鉴定工作的效率和质量,可以通过诉讼对立面的相互制约来更全面地揭示案件事实真相,还有利于在民事诉讼活动中充分保障当事人的权利。在诉讼中,当事人应该完全享有鉴定的启动权,除非这种权利的行使损害国家、公共利益或者他人利益,否则法院或者说法官无权过问,必须允许之。当然在民事诉讼中提起的鉴定启动,也不是无限制的,对民事鉴定提起的次数可以通过立法加以规范,而不是取决于法院或者说法官的自由裁量。除了当事人聘请专家鉴定人外,立法当然也应该允许法庭任命专家鉴定人。①

---

① 法庭任命专家需考虑的因素:第一,诉讼当事人或是因为无钱请专家,或是因他不能确保专家作证的自愿而不能获得专家的帮助;第二,一方当事人可能提供最好的证人,但他不能提供最好的专家(最具资深的专家证人);第三,陪审团在确定争辩的专家提出的两个科学原理哪个是正确的时候显得无能为力,那就不存在一种依靠经验、直觉或者普通常识来决定专家证词的可靠性的独立方法;第四,公正的专家的适用可以促进诉争的解决。

法庭任命专家鉴定最为重要的原因是对当事人聘请的专家鉴定不信任,同时因为法官审理存有疑难问题案件的专业技术水平有限。但是法庭自行决定进行鉴定或拒绝当事人的鉴定申请的决定,都应当作出一项裁定以说明法庭决定鉴定的原因或不能批准当事人的鉴定申请的原因。法庭的决定应该符合法律的明确规定,法庭启动鉴定程序或否定当事人的鉴定申请的决定凡是不符合法律规定的,都不能生效。依据法律规定法庭拥有裁量权决定是否任命鉴定专家或选择鉴定机构,但任命或者选择鉴定专家或鉴定机构仍须要征求并取得当事人同意,并且也得征求鉴定机构和鉴定人的同意。不管是法院决定或者是当事人申请决定聘请鉴定人或选择鉴定机构,如果专家鉴定人或鉴定机构本人或机构不同意进行鉴定工作,法庭也不能强行指定。

在民事诉讼前,当事人获得的鉴定意见没有法定的排除原因都应该进入法庭,当事人在诉前获得的鉴定意见与其他证据一样具有法律上的证据地位。在诉讼中,当事人提起鉴定的启动,法庭在没有法律明确的否定理由时,也须允许之。在诉讼中,如果当事人双方都没有选定鉴定专家或鉴定机构,对于鉴定专家或鉴定机构的选任,法官应该先行让诉讼中的当事人们共同协商,协商不成,也不能一律由法官指定。在当事人愿意提起鉴定的情况下,允许当事人双方自行选择鉴定人或者鉴定机构。如果当事人既希望进行鉴定又不提起鉴定启动程序,是否就应该由法官选定鉴定人或鉴定机构?也不是,最终是否提起鉴定还要尊重当事人的意愿。如果当事人既愿意进行鉴定又不提起鉴定启动程序,法官又不能自行提起鉴定程序,最终的法律后果就由当事人自己承担,法官不能为了非法定的任何原因提起鉴定程序。如果符合法律规定可以由法庭提起鉴定的则应在社会公开名册而不是当然在法院系统自己的鉴定人或鉴定机构名册中选择任用,对于那些经过资格认定或质量认证认可了的机构和鉴定师还应当优先聘任。在诉讼活动中,法官也须优先选用那些社会行业协会公开名册中的那些愿意在法庭上宣誓的鉴定专家,这样的话在我国的诉讼过程中可以逐渐形成鉴定人宣誓的制度化。鉴定人在法庭进行鉴定工作的宣誓,一定程度上可以约束鉴定人滥用鉴定权的行为。同时,对于那些故意或有重大过失进行鉴定活动而产生错鉴或误鉴的鉴定专家、鉴定机构或其负责人,可以在追究其法律责任时有据可依、有法可依。

(四) 民事鉴定启动的次数限制

无论是何种利益人群,在选择鉴定人或鉴定机构时,都不同程度地要从自身利益出发考虑启动鉴定程序,将鉴定机构或鉴定人的鉴定工作作为其维护自身权益的力量支点。根据民事鉴定制度所应体现的"以人为本"的司法理念,任何人都有权利运用各种合法方式得到支持其诉讼主张的证据,对于案件事实有争议的待鉴事项,当事人都有权启动鉴定程序。同样,如果对鉴定数量没有任何约束,致使鉴定循环往复地不断持续下去,势必会损害他人利益。

在调研中发现大部分当事人也还是希望选择聘请较有权威的鉴定机构或鉴定人为己方服务,但是出于利己的本能也不能否认有相当多的当事人会选择较为熟悉并且曾经有过联系的鉴定机构或鉴定人,这从另一侧面说明当事人在诉讼前所进行的鉴定并不全然独立公正,所得出的鉴定意见也并非全然中立公平。但是在设计民事鉴定程序制度时也不能因噎废食,废除当事人在诉讼前所应享有的民事鉴定启动权。当事人依据其得到的鉴定结论使案件进入诉讼阶段后仍要申请重新启动鉴定程序,则法律就可对其进行必要的限制。至于在案件进入诉讼阶段后,一方当事人提起民事鉴定程序的启动,仅限于在诉讼之前没有进行鉴定或者就本案另一方当事人申请重新鉴定或任一方当事人提出补充鉴定事项。对于目前鉴定过程中出现的重复鉴定现象,在对民事鉴定程序制度化建设的调研中也发现大部分受访群众还是希望对鉴定的次数进行限制的,如在对五城六类主体的采访中,对于鉴定效力问题所返回的 295 答卷中,有近 89.83% 的受访群众认为对鉴定次数应该有所控制,其中有 55.25% 的被调研人员选择以 2 次为限进行鉴定是较为合理的,选择这一选项的人数超过了被调研人员的一半;只有 11.19% 的被调研人员选择了对民事诉讼的鉴定不必限定次数,这一数据说明虽然支持重复鉴定无须限制次数的受访人员相较而言不多,但还是有相当多的人认为鉴定意见作为证据,当事人有权利用合法手段对此进行举证。不管鉴定次数限定在 2 次以内抑或限制在 3 次以内,这纯粹是从数字的角度来考虑鉴定效率的,从鉴定次数所表达的意义来看,虽然就限定鉴定的数字那些受访人员的意见有所不同,但对于限制重复鉴定仍然是大多数受访人员的共同心愿。调查研究显示,大部分接受调查的人认为民事鉴定的次数应该限制在 2 次以内。相对于社会其他人员而言,鉴定人群体对待鉴定次数问题的态度更具代表性,因为鉴定的次数与开展鉴定业务的鉴定人员具有直接的利害关系。在调查中发现仍有54.7%的鉴定人认为鉴定的次数最好限制在2次以内,这说明限制鉴定的次数一定程度上还是反映了社会成员的真实想法。

民事诉讼双方当事人在诉讼之前对鉴定的启动享有完全的权利,当然与争议事项有利害关系的第三人也应享有鉴定的启动权,①维护诉讼权利的首要要素是诉讼参与者享有平等的诉讼权利与义务。诉讼双方当事人享有鉴定启动权,同理,对于有利害关系的第三方诉讼参与者,法律也应赋予其与其他诉讼当事人同等的诉讼权利。但是在实践中,如果将鉴定启动权分别赋予当事人和审判结果有利害关系的第三人,鉴定的次数就会成倍地上升。不管是当事人双方还是利害关系第三人其本人或者是代表的人可能并不止限于一人,每一方利害攸关者或其所代表的人可能都是二个以上,在这种情况下如果平均地赋予各方利害关系人鉴定启动权,启动鉴定的次数就没有办法限制。所以为了公平且有序地将民事诉讼程序进行下去,并且也能够最大限度地保护案件各方利害关系人的合法权益,对于此种情况可以引入仲裁的方法共同协商加以解决。对于民事诉讼利害关系人所选择的鉴定机构或鉴定人只能以专家辅助人的身份参与法庭调查,不能在已有二次鉴定的情形下要求重新鉴定,如果一方当事人放弃提起重新鉴定申请,法律可以将除原被告以外的其他利害关系人作为一个整体由其共同研究确定鉴定人或鉴定机构的选择,如果就所应选择的鉴定人或鉴定机构不能作出明确的合意表示,则可由其共同委托除应回避的第三人选定鉴定人或者鉴定机构,当然也可以共同委托法院选择鉴定人或鉴定机构,委托法院选择鉴定人或鉴定机构并不是当事人或利害关系人的必然选择。如果对于需要鉴定的事项仍不能够选定鉴定人或鉴定机构,法官也不能擅自指定鉴定人或鉴定机构,选择专家辅助人仍然得由利害关系人作出决定。在鉴定程序制度改革中,对鉴定次数的限制也仅在于利害关系人之初次鉴定和重新鉴定的

---

① 《人民法院司法鉴定工作暂行规定》第十四条规定:有下列情形之一需要重新鉴定的,人民法院应当委托上级法院的司法鉴定机构做重新鉴定:(一)鉴定人不具备相关鉴定资格的;(二)鉴定程序不符合法律规定的;(三)鉴定结论与其他证据有矛盾的;(四)鉴定材料有虚假,或者原鉴定方法有缺陷的;(五)鉴定人应当回避没有回避,而对其鉴定结论有持不同意见的;(六)同一案件具有多个不同鉴定结论的;(七)有证据证明存在影响鉴定人准确鉴定因素的。

启动,而对于那些确需进行补充鉴定的申请,不在法律限制范围之列,对当事人或利害关系第三人的补充鉴定的申请,可以由法官根据案件审理的情形最终决定是否批准申请人的补充鉴定申请。

(五) 建立健全民事鉴定启动救济途径

在确立民事鉴定启动权利与证明义务相一致的基础上,当事人因对案件事实状况持有异议而应该享有鉴定的启动权。这里的异议既包括对鉴定意见作出过程中的实体与程序的异议,也包括对当事人鉴定申请没有被批准的异议,既可以是当事人申请初次鉴定的异议,也可以是对重新鉴定或者补充鉴定的异议。法律虽然规定了当事人可以就有关疑难事项提出补充和重新鉴定的申请,但司法审判机关独享申请鉴定的最终决定权,现阶段当事人对司法审判机关不予批准启动鉴定的异议没有任何实体和程序法律的保障。根据现行法律,如果司法机关拒绝当事人有关鉴定的申请,当事人就只有服从而没有其他任何救助的途径,也不能针对认为需要进行鉴定的事项重新自行聘请鉴定人进行鉴定,也没有法律依据向有关机关提起申诉,或者提起针对申请不予批准的诉讼,获得相应的司法救济的途径。在这种情况下,涉及鉴定事项的当事人进行重复鉴定的情况不仅不会减少而且还会愈演愈烈,民事鉴定程序秩序这样混乱下去不仅损害司法的公正性,而且也有违民事诉讼制度人权保障的发展趋势。

我国现行民事诉讼法律法规不仅未规定当事人对案件应该享有的鉴定决定权,也未赋予当事人不服审判机关对鉴定申请决定提起复议或提起上诉等救济权。在这种情形下,当事人在民事鉴定领域行使司法救济的权利就失去了合法的依据和途径。为了进一步保障当事人的合法权益,最大限度地减轻对当事人鉴定启动权利的损害,审判机关在作出对当事人申请的重新或补充鉴定不予批准的裁定后,应向鉴定申请人说明拒绝批准的理由,而且当事人对司法审判机关的决定不服的,不仅应享有向原决定机关或其上级机关要求复议的权利,而且针对复议机关作出的维持、变更或撤销原决定的决定,法律法规也应该赋予其向上级司法机关提起上诉的司法救济权利,也就是说针对鉴定事项所产生的复议权和上诉权应该由法律作出明确规定。

三、我国民事鉴定实施的制度构建

(一)实施鉴定迫切需要健全技术标准

由于鉴定标准众多,不科学的标准会给司法实践带来不利的影响。由于鉴定技术标准缺乏"量化"管理,鉴定人享有充分的裁量权,鉴定结论也必然会因鉴定人不同而不同。缺乏科学性依据的鉴定标准,或者缺乏具体的操作性规范,鉴定人在进行鉴定活动时,肯定会因鉴定标准的差异而作出不同的鉴定意见。为了保证鉴定的质量,应当由有关机构按照不同学科,制定行业内科学的鉴定标准。

鉴定意见直接决定案件的实体问题能否解决,而作为专业知识门外汉的法官审查专业性极强的鉴定意见是否正确确实很困难,因而应设置严密的鉴定实施制约机制,从程序上排除干扰鉴定过程的各种非正常因素。因此,鉴定活动中科学标准的确立就显得尤为重要。司法部颁行的《司法鉴定程序通则》第二十三条专门规定了鉴定标准采用问题,[①]然而,条文中对"技术规范、国家标准和行业标准"的界定十分模糊,也没有给出明确的鉴定科学标准参照物或者鉴定科学标准的制定权规范。《关于司法鉴定管理问题的决定》旨在规范和加强国家对司法鉴定人员和司法鉴定机构的司法行政管理工作,规范司法鉴定活动,保障司法鉴定结论的科学性、客观性、准确性,对于存在于社会各行各业鉴定活动中的科学技术标准问题并没有提到,实际上,也没有办法对社会生活中繁杂的鉴定工作每样都作出规范。现阶段鉴定标准的缺失给具体的鉴定实践工作带来许多困惑,要想理顺民事诉讼秩序,建立科学的鉴定标准是鉴定领域的当务之急。

(二)鉴定实验室与检查机构应当依法通过资质认定和质量认可

国外两大法系许多国家先进的法科学实验室质量管理经验和标准值得我们吸收借鉴,建立健全我国鉴定工作的标准化质量管理体系,才能不断提高鉴定专业的科学技术能力和实验室、检查机构的管理水平,以确保民事鉴定工作的质量,确保鉴定意见的公正性和有效性。

[①] 1. 国家标准;2. 行业标准和技术规范;3. 该专业领域多数专家认可的技术方法。

随着社会活动国际化趋势的加强,美国罪证化验所所长协会/实验室认可委员会(ASCLD/LAB)逐步与国际接轨,2009年,ASCLD/LAB开始全面采用ISO/IEC 17025标准进行实验室质量认可工作,为了规范和完善民事鉴定领域法科学实验室和检验机构质量管理体系,国家法庭科学技术中心(NFSTC)和国家司法研究所(NIJ)帮助ASCLD/LAB启动质量文件计划(Quality Documents Program),建立了法科学鉴定工作质量编制和鉴定内容的规范化管理范本,给实验室鉴定工作质量认可工作予以具体的指导。① 由于法科学实验室鉴定工作范围不断扩大,业务不断增加,澳大利亚国家检测机构(NATA)开始使用ISO/IEC 17025和《医学实验室质量和能力认可准则》ISO15189两个标准进行鉴定工作的质量认可。SCC分别在2001、2005年和2009年三次修订其《法庭科学实验室认可指南》突出法庭科学实验室特点,除在鉴定人员资格、证据保管链和出庭方面提出了更全面、具体的要求外,还制定了实验室安全评估、毒物分析、微量物证分析、生物学毒品检测(Equine Drug Testing用于检测标准制定与能力验证)实验室认可的领域应用说明。我国的鉴定工作业已开始实行统一的质量认证认可的监督管理制度,国务院授权中国国家认证认可监督管理委员会根据《认证认可条例》行使鉴定工作的行政管理职能,统一管理、监督和综合全国认证认可工作。② 随着时代的发展,我国也应该努力吸收与借鉴国际上通行的实验室和检查机构标准化质量管理体制,建立健全我国鉴定工作的质量标准化管理和质量可靠性的保证体系,③这样既可以保证社会发展过程中各行各行专业问题的鉴定数据或结果的可信度,又可以为民事纠纷的圆满

---

① 花锋:《法庭科学实验室认可工作发展状况与启示》,载《刑事技术》2009年第5期,第36页。

② 张军:《中国司法鉴定制度改革与完善研究》,中国政法大学出版社2008年版,第179页。

③ 我国民事鉴定机构(实验室)认可的工作分别在1994年原国家技术监督局成立"中国实验室国家认可委员会"(CNACL)和1996年原中国国家进出口商品检验局改组成立"中国国家进出口商品检验实验室认可委员会"(CCIBLAC)后正式开展,2002年"中国实验室国家认可委员会"(CNACL)和"中国国家进出口商品检验实验室认可委员会"(CCIBLAC)两机构合并成立中国实验室国家认可委员会(CNAL),2006年"中国实验室国家认可委员会(CNAL)"和"中国认证机构国家认可委员会(CNAB)"合并为"中国合格评定国家认可委员会(CNAS)",覆盖的范围由单纯以质检局实验室和原电子、机械行业检测站扩展到建筑业、卫生、医学、司法鉴定等领域。

解决奠定科学性基础。①

鉴定意见应具备可靠性和科学性,这样的鉴定意见才容易为法官所采信,也容易取得当事人的信任。在人类认识自然现象及社会现象的各种手段与途径中,科学技术方法更具有吸引力,对于诉讼中案件所涉的专门问题,人们更倾向于相信运用专门知识而得出的鉴定意见,特别是用那些公认的或已经得到实践证明过的科学理论、方法和手段而获得的鉴定意见,更容易博取人们的认同感。我国的民事鉴定机构应该根据法庭科学实验室与检查机构的认证认可要求,建立质量管理体系,对影响鉴定质量的所有因素进行全过程、全方位的有效控制和管理,确保鉴定"行为公正、程序规范、方法科学、数据准确、结论可靠",为民事诉讼活动的顺利进行提供技术保障和专业化的服务。

(三) 建立健全鉴定实施过程监督制约机制

目前我国鉴定工作管理机制对于鉴定意见生成过程的质量问题主要是从内部监督予以控制的。尽管这些来自机构内部的措施对制约鉴定机构与鉴定人发挥了一定的积极作用,但是越来越走向社会化和专业化的民事鉴定工作,通过国家司法行政管理体制来制约仍显得很薄弱,鉴定工作引起的社会问题也越来越严重,在这种情况下,鉴定意见的科学性和可靠性保证就越来越需要通过鉴定工作的实体与诉讼程序双管齐下来加以约束和限制。从鉴定工作的开始直到结束,都应当赋予当事人或其他鉴定委托人对鉴定工作的全程监督权,通过当事人或其他鉴定委托人参与鉴定实施实现对鉴定过程的监督与制约。鉴定工作虽然属于专门知识和技能的实践应用,但鉴定工作所产生的结果对当事人有着非常重大的影响,当事人对鉴定的关心程度比法官或其他任何人都有过之而无不及。所以在鉴定实施过程中应该充分发挥当事人的监督积极性,确立当事人对鉴定实施过程的参与权,这样的参与权实际上内含对鉴定过程的知情监督权及违法追究权。发挥鉴定实施过程中当事人的监督作用,当事人或者其他鉴定委托人则需要具备一定的鉴定工作专门知识,但是在诉讼中即使法律赋予其鉴定实施监督权,大部分当事人或鉴定委托人由于欠缺一定的科学技术知识即使在场也往往并

---

① 何勇:《构建司法鉴定认证认可制度》,载《中国司法鉴定》2008 年第 5 期,第 17 页。

不能真正实现对鉴定过程的监督作用,为了将当事人对鉴定过程的知情监督权真正落到实处,应当确立专家辅助制度允许当事人的技术顾问帮助当事人对鉴定实施程序进行有效监督。

在诉讼中作为证据使用的鉴定意见与一般证据有所不同,更多体现的是鉴定人的判断,而鉴定室与检查机构的鉴定工作质量认证认可工作作为国际上广泛采用和公认的技术准入门槛和质量控制体系,一定程度上可以有效促进鉴定室与鉴定机构建立并完善其质量控制体系,保证鉴定意见的科学性、可靠性和权威性。我国民事鉴定工作在完善鉴定管理体系外的有效监督机制的基础之上,亟须积极借鉴既符合行业国际标准,又符合鉴定领域特定要求的民事鉴定认证认可制度和评价机制,为民事鉴定质量管理、资质管理、监督管理、分类管理、收费管理和检案管理提供技术支撑和政策依据。

四、民事鉴定意见质证程序的制度构建

(一)建立庭前的鉴定证据开示程序

质证是指"在诉讼活动过程中,由法律规定的质证主体借助各种证据方法,旨在对包括当事人提供的证据在内的各种证据采取询问、辨认、质疑、说明、解释、辩驳等形式,从而对法官的内心确信形成特定证明力的一种诉讼活动"。庭前的证据开示程序具有维护当事人合法权益以及"筛选和过滤"证据材料的功能,[①]《最高人民法院关于民事诉讼证据的若干规定》虽然对审前证据交换有所规定,但庭前开示程序还应再有所补充:

1. 在民事起诉程序中,人民法院对当事人及其诉讼代理人提供的鉴定意见书,要求其告知另一方当事人鉴定意见结果,而且还应当向对方详细告知鉴定意见书的全部内容包括鉴定的科学依据、实施方法、鉴定的实施过程等鉴定信息。我国民事诉讼改革引入了非法证据排除规则,但是对于非法获得的鉴定结论应当如何处理,则没有明确的法律规定。在未来的民事鉴定程序制度改革中,对于存在鉴定过程(程序)不合法、检材来源不合法或者

---

① 杜志淳、霍宪丹:《中国司法鉴定制度研究》,中国法制出版社2002年版,第3页。

鉴定人不适格等的各种非法的鉴定意见应当在审前的证据开示过程中被排除。现行的民事鉴定制度没有赋予当事人双方平等的鉴定审查监督权，在民事诉讼前和诉讼中另一方当事人享有的鉴定程序审查监督极少，仅享有申请鉴定人回避和鉴定程序部分启动的申请权。为了保证当事人双方诉讼力量的基本平衡，遵循对抗制下平等诉权原则，尊重当事人诉权的行使，针对一方当事人提供的鉴定意见，民事鉴定程序法律也应当授权另一方当事人享有庭前开示程序中对非法鉴定意见的排除监督权。

2. 法院应当在审前程序中由相应的司法人员组织双方当事人对提交法庭作为证据使用的鉴定意见予以开示，并告知当事人有权表示异议。双方当事人或一方当事人表示持有异议的，审判人员应当对此作出是否核准的决定。审前开示鉴定意见结束后，法院应当制作"异议证据清单"，从而为固定证据、整理争点打下基础。对当事人没有异议的鉴定意见，可以不通知鉴定人出庭作证；对有异议的鉴定意见，根据异议理由和鉴定情况，认为异议成立的，可以通过补充鉴定或重新鉴定的方式予以解决。对于另一方当事人提出鉴定异议、申请重新鉴定或补充鉴定的，根据情况应当予以审核，一般情况下应准许双方或多方当事人申请重新鉴定或补充鉴定的请求，并应当将审议结果告知鉴定异议人和鉴定异议被申请人，同时应当说明理由，并且赋予双方当事人享有向本院的申请复议和向上级法院提起上诉的民事鉴定程序救济权。对于另一方当事人提出重新鉴定的申请，一般情况下应当准许，除非另有法律规定。

3. 证据开示与审判法官相分离。鉴定意见的庭前开示作为法定程序应当由法庭主持进行，也只有这样才能保证诉讼程序的正常运行。但是，在庭前如果由本案的审判法官主持鉴定证据的展示，则等于案件提前开庭，审判人员易受到尚无法确定正确与否的鉴定意见的影响，从而使庭审的鉴定意见质证程序失去应有的辨明判定案件事实真相的实际意义。消除这种容易造成审判人员"先入为主"的庭审情形，可以通过设置鉴定意见的庭前开示程序使主持开示鉴定意见的法官与庭审法官相分离予以解决。庭前证据开示程序的主持可由审前程序的预审法官或立案庭的法官担任，这不仅会方便鉴定意见的庭前开示，而且可为通过对案件争点的整理和提炼为下一步开庭审判工作做好准备。

(二) 建立健全鉴定人出庭作证制度

鉴定人出庭接受质询和诘问是诉讼双方当事人充分行使诉讼权利的保障措施,也是确保鉴定意见可靠性的有效途径,但由于众多主客观因素的制约,在我国鉴定人不出庭的现象还很普遍,这严重地破坏了当事人诉权行使的平等性。除了鉴定人不出庭的例外情形,①鉴定人出庭作证是其应尽的法律义务,《关于司法鉴定管理问题的决定》虽然在确保鉴定人出庭作证方面有所进步,但这些规定还远不能提高鉴定人出庭的积极性。②

完善鉴定人的出庭作证制度就要通过建立鉴定人出庭的强制制度,严格鉴定人的出庭义务,从而增进庭审的对抗性,保证鉴定意见的接受性和权威性,切实提高司法的公信力。③ 鉴定人出庭作证的强制性义务规范应当使鉴定意见的制作程序、标准、手段、方法以及鉴定人的资质和品格等内容全部公开化、透明化,使鉴定相关人员能够充分了解得出鉴定意见的合法性和合理性,切实保障当事人诉讼权利的有效行使。对此,对于有证据表明无正当理由拒绝出庭的,可采取训诫、责令具结悔过的民事警告措施,甚至法庭可以采取拘传等强制性措施,但是最为关键的应该是法院应采取一些消极程序,对于采取多种形式仍不出庭作证的,可不采纳其鉴定意见,或认定其无效,对于情节特别严重甚至损害国家、公共或他人利益的应承担相应的法律责任。

在司法实践中,鉴定人出庭作证确有一定的经济性和风险性,鉴定机构与鉴定人及其相关人员的财产安全与补偿能否得到保障,鉴定人及其近亲属的人身安全能否得到充分有效的保护,直接影响到鉴定人出庭作证的积

---

① 如:1.诉讼双方及法官对鉴定结论均无异议的;2.经过庭审质证,诉讼双方对鉴定结论均无异议,但鉴定文书存在标点、错别字或语言不规范等方面的瑕疵;3.年迈体弱、患有重病或行动极不方便且在较长时间内无法恢复的;4.鉴定人已经死亡、失踪或者居所不明的;5.因路途遥远且交通不便无法出庭的;6.因自然灾害等不可抗力或者其他意外事件无法出庭的;7.经合议庭认可的其他特殊原因。

② 如《关于司法鉴定管理问题的决定》第十三条第二款规定,鉴定人经人民法院依法通知,拒绝出庭作证的,由省级人民政府司法行政部门给予停止从事司法鉴定业务三个月以上一年以下的处罚;情节严重的,撤销登记。

③ 鉴定人不出庭承担的法律后果:1.鉴定意见无效;2.退还鉴定费用并承担当事人因鉴定而造成的直接损失和间接损失;3.鉴定人的管理机构对其作出相应处罚;4.对于情节严重的,注销鉴定人资格。

极性。因此，应在民事鉴定程序立法上建立健全鉴定人出庭的人身与财产保护制度，在出庭前、中、后建立起完备的鉴定人权利保护体系，明确界定保护对象、范围、保护机关和保护措施及手段，以及法定承担保护义务的机关和部门在保护不力情况下的责任追究制度，并建立起鉴定人在鉴定工作中的保密和鉴定保险制度等。鉴定人出庭作证既是鉴定人应尽的法律义务也是鉴定人应享有的法律权利，为了保障鉴定人作为一个合法公民应有的合法权益，还需要对鉴定人因出庭作证而造成的人身或经济损失给予相当的补偿或赔偿，并对补偿或赔偿的范围、条件以及标准作出明确具体的规定，以便于实际操作。同时，为了最大限度地消弭鉴定人出庭作证所面对的各种风险，尽力免除鉴定人的后顾之忧，使其坦然面对质询，不仅要为鉴定人出庭作证提供所必需的事前、事中保护措施，更应该为鉴定人出庭作证提供切实可行的事后多方位社会保障措施，也就是说进一步建立和完善鉴定人出庭作证的包括社会保险在内的各项社会保障制度也极为必要。

在建立健全鉴定人的各项权利保障措施的同时，也应该明确规定鉴定人的所应承担的诚实信用义务，诚实信用是民事实体法的基本原则，也是民事诉讼实现程序公正的前提条件之一。在涉及鉴定的庭审中要求鉴定人进行宣誓就是鉴定人诚实信用的表现形式之一，其内容应包括忠于事实、尊重科学、忠于法律、如实向法庭提出鉴定意见，并宣誓承担重大过失和故意提供虚假鉴定意见书引起的法律后果等。在程序设计上对于重大过失和故意作虚假鉴定的，要从严处理，要求鉴定人承担其宣誓应承担的民事和刑事法律责任。在司法实践中，由于证明鉴定行为的重大过失和故意错鉴的难度较大，鉴定的重大过失和故意错鉴的责任体系不健全，加上司法机关不会主动追究鉴定机构与鉴定人的法律责任，虚假鉴定行为呈蔓延之势。鉴于错鉴行为严重扰乱社会与诉讼秩序，破坏社会的公序良俗，建立并完善违背诚实信用原则的鉴定人宣誓制度势在必行。

为了鉴定意见的科学性、可靠性和准确性的保证，只有鉴定人出庭直接面对质询者的质疑与诘问，才能一定程度上发现和纠正其提供的鉴定意见的不足或错误，也只有鉴定人对其重大过失和故意虚假鉴定承担相应的法律责任，才能最大限度降低误鉴或者错鉴的概率。所以说建立健全鉴定人出庭作证的程序保障机制，通过鉴定人说明、解释、答复鉴定意见或者结论的相关内容，才能进一步揭开鉴定意见的科技外衣，使其真面显于法庭。

(三) 鉴定人的诉讼地位及其资格审查

1. 确立鉴定人特殊专家证人的诉讼地位

鉴定主体的诉讼地位是民事鉴定程序制度的重要问题之一,就诉讼而言,鉴定人与一般证人没有多大区别,在质证过程中法官可以就鉴定人的资格进行直接审查,当事人及其代理人也可以就鉴定人的资格问题对其进行交叉询问。在交叉询问中,当事人及其代理律师可以要求鉴定人公开形成专家鉴定意见的过程、鉴定标准及鉴定实原理根据等资料。在庭审中的交叉询问不限于法庭记录中鉴定人的情况,当事人及其代理律师也可以审查鉴定专家的各项资格材料包括检测鉴定人的知识、经验及其公正性记录等。[①]

但是鉴定人的诉讼地位与普通证人毕竟不一样,一般证人的证词是建立在证人具有的特殊经历的基础之上,而鉴定人在作出专家鉴定意见前还可以对审判前的案件事实、资料以及一切专门性问题所涉及的涉案资料进行直接的观察,并且在鉴定过程中要按照委托人指定的范围进行科学的实验或检测。对案件审理中提出的事实或资料如果有必要,鉴定人也可要求委托人予以配合并要求其提供,经委托人同意也可以在庭外向相关的专家学者请教或请求其提供数据,以此作为鉴定进行的推论基础,鉴定专家的鉴定活动是以科学技术或者其他专业知识为基础的。普通的证人要对待证事项具有亲身体验,并且要对过去体验的事情进行回顾,他们一般不以意见或推理形式作出证词。专家证人则不要求对待证事实有特殊的经历,其作证的科学、技术或专门知识会自然体现出法官对专家资格的确认。

在民事诉讼中,作为具有特殊技能和专业知识的鉴定证人必须保持中立,不能偏向任何一方当事人或者法院。在立法中,可以规定如果当事人一方有确切的证据指出鉴定有偏向可能,法庭必须许可当事人的请求或允许另一方当事人自行决定更换鉴定人。因此,在诉讼过程中,法庭必须要了解鉴定人的中立性问题,即专家鉴定人不能与当事人有任何特殊关系,鉴定机构或鉴定人一旦接受委托鉴定,必须进行宣誓并忠实案件事实,接受聘请并处于中立地开展鉴定工作。也就是说,鉴定人在鉴定过程必须保持中立,必

[①] 何家弘、张卫平:《外国证据法选择(下)》,人民法院出版社 2000 年版。

须是在中立的情况下履行职责。鉴定人的中立性原则也就是说鉴定过程的一切情形都必须确保鉴定的客观公正。①

2. 鉴定人资格审查的适用规则

鉴定人作为特殊的专家证人,现行法律没有就鉴定人的资格作出任何特别规定。在我国,判断司法鉴定人是否具有鉴定资格在庭审前由司法行政机关一定程度确定。但在司法实践中,成千上万的鉴定人员并不可能由司法行政机关全部作出相应的资格审查,在确定了鉴定人是特殊的鉴定专家证人的性质之后,法律程序制度就须规范鉴定人的资格审查问题。作为言词证据使用的鉴定意见进入法庭质证,在没有特殊情况下,鉴定人都应该且必须出庭质证,在我国,应该逐步建立鉴定专家证人的资格应该由法庭判断的司法习惯与理念。② 法庭审查判断鉴定人的资格不应该只看重鉴定人受到的教育背景,还应该注重鉴定人的实际专业技能,一切有专业特长的人都可以作为鉴定人。③ 鉴定人和普通证人本质上是没有区别的,适用于普通证人的程序规则一般也应适用于专家鉴定证人。④ 在审查鉴定人是否具有科学技术、特殊的技能以及专门性知识并评价其作为鉴定人的资格时,鉴定人不一定非要满足狭窄的资格测试,通过司法鉴定中的资格测试的鉴定人仅仅是一部分,不可能包含纷繁复杂的社会中一切有鉴定技能的人,鉴定人资格的确定应以其是否具有实际专业技能和知识为标准。对于法庭在决定鉴定人的资格时,假如当事人认为法官的裁定是错误的,立法应当允许当事人对此提起上诉,就鉴定人的资格重新进行确认。

鉴定人的意见报告不应该具有超越其他证据形式的法律效力,审判人员在审理案件时应该综合考虑各种证据因素,并不能完全依赖鉴定意见(结

---

① 德国《民事诉讼法》对鉴定人义务的规定:鉴定师须受法官委托,如当事人任何一方申请自己的鉴定师,须经法院法官同意。鉴定师接受委托一要合乎其专业领域,二要与双方当事人无特殊关系,三要有时间保证。鉴定师认为所接受委托的工作任务不合逻辑或存在专业差异,可以拒绝或指出。

② 王玲、李禹:《司法部司法鉴定赴美考察团考察报告》,载《司法鉴定立法研究》,法律出版社 2002 年版,第 415 页。

③ Alan Taylor,Principles of Evidence,Cavendish Publishing Ltd.,2000,p.397. 在 Rovakley(1979)一案中,法庭认为,一位在交通方面已经有 15 年经历并且参加过 400 多件交通事故处理过程的警官是一位合格的鉴定汽车交通事故专家。

④ [美]乔恩·G.华尔兹:《刑事证据大全》,何家弘译,中国人民大学出版社 1993 年版。

论)而作出判决。在庭审中,鉴定人没有特殊原因必须到庭接受法庭质询,法官、当事人及其代理人都有权对其鉴定人的资格问题进行质证并确定。同时鉴定人只能对案件所涉及的专业性问题作出科学公正、全面客观的解释和说明,不能对与鉴定问题无涉的其他事项提出自己的看法和意见,对于案件的法律问题无权提出意见,对鉴定中涉及的隐私或需保密事宜应保持缄默。

(四)我国民事鉴定意见质询程序的完善

我国民事诉讼法律制度应当引进和借鉴英美法系当事人主义庭审对抗制的积极因素,完善我国鉴定意见的质证程序。① 重构质证程序模式应当主要围绕质询和诘问鉴定机构和鉴定人的资格,鉴定意见的科学依据,鉴定材料的可靠度,鉴定实施的方法、步骤、鉴定标准等各项鉴定内容进行,对于鉴定意见的具体质证过程可做如下设想:

1. 直接询问②与交叉询问③

直接询问应当首先质询鉴定人的资格,也就是说鉴定机构和鉴定人的适格性是鉴定意见是否被采信的前提条件,然后就鉴定意见书制作的合法性,鉴定人实施鉴定的检材、方法、标准、步骤和过程的可靠性提出诘问。所以询问的内容不仅是鉴定的结果,而且还应当涉及:(1)提供鉴定意见报告书的鉴定人或鉴定机构的资质、鉴定信用和道德品格等自身情况。(2)鉴定资料(送检材料、鉴定文书、实物资料等)来源途径的可靠性和真实性;鉴定材料的数量、质量、保存时间、条件、方法、提取、处理的过程是否可靠并达到相关的科学标准等。(3)鉴定的标准、方法、步骤和过程是否科学可靠。采用国家标准或行业标准鉴定检验的方式方法、实验过程、步骤是否符合国

---

① 张建伟:《交叉询问制度的机理与应用》,载陈光中编《依法治国与司法公正》,上海社会科学院出版社 2000 年版,第 203 页。

② 直接询问是由提供鉴定意见证明对自己有利的当事人询问作出鉴定意见的鉴定人的庭审程序制度。

③ 第一轮直接询问结束后,相对方当事人或诉讼代理人针对直接询问的内容以及鉴定机构、鉴定人和鉴定意见的相关问题提出质疑和诘问。这种质疑和诘问主要针对鉴定机构的资格,鉴定人的专业水平,鉴定的认识偏差、失误或者错误,以及鉴定意见的科学性基础、操作手段、方法、实验室设备条件、鉴定意见的逻辑推理等问题展开,其目的是破坏直接询问中鉴定人提供的鉴定意见的合法性、科学性。

家标准和行业标准,并且这些国家标准和行业标准的科学可靠性大小;在鉴定检验暂无国家标准也无行业标准的情况下,采用其他手段、方法、步骤的科学性和可靠性大小;等等。(4)鉴定人作出鉴定意见的根据和理由等。(5)询问或质问鉴定人作出的鉴定意见的科学可靠性,有权要求介绍鉴定、检验、实验过程中得出的数据以及据此得出结论的理由和根据等等。鉴定若是由双方当事人协商合意共同申请的,那么应当由法官征求双方当事人对直接询问次序的意见,或由法官安排由双方当事人来合意协商确定直接询问顺序;对于当事人协商不成的则可由法官依据鉴定意见证据的作用与当事人利益关系的大小来决定直接询问的次序;若鉴定人是由法院依职权指定的,那么应当由审判长来履行直接询问的义务和享有直接询问的权利。总之直接询问制度就是为了提高鉴定人作出的鉴定意见的科学性和可靠性。直接询问的内容按照现行法律可以围绕鉴定的合法性、关联性和客观性展开。直接询问的目的就在于充分展示和表现鉴定意见的科学性和可靠性,从而增强法官对鉴定意见的信任程度,提升司法审判的公信力。

交叉询问也是对在直接询问中不明确、有疑点的问题以及故意回避的矛盾进行诘问与揭露,并对鉴定人过往的工作业绩或误鉴错鉴率、鉴定人的品格与信用等提出质疑,其目的是削弱对方所聘请的鉴定人提交的鉴定意见的可接受度,从而达到维护自己合法利益的目的。① 总之,交叉询问的主要内容不仅可以集中在证明鉴定意见的证明力强弱和有无上,也可以围绕鉴定机构和鉴定人的资格、条件、专业能力,鉴定手段、方法是否科学、可靠,鉴定过程是否存在瑕疵等方面进行合理怀疑。②

2. 再直接询问③与再交叉询问④

为了恢复在交叉询问程序中动摇了的法官的内心确信度,再直接询问

---

① 程味秋主编:《外国刑事诉讼法概论》,中国政法大学出版社1994年版,第73页。如在美国辛普森案件中,在法庭上巴登首先指出法医局的法医检验记录有30多处错误,并追问了尸体检验员高登过去曾犯错误的经历,以提醒人们注意高登的技术水平与工作态度及其结论的可靠性。

② Graham, "Impeaching the Professional Expert Witness by A Showing of Financial Interest," *Indiana Law Journal* 35(1977—1978).

③ 再直接询问是对交叉询问中(反询问)提出事项进行补充、说明或解释,同时也是修补或重塑交叉询问后对其提出的鉴定意见信用度的破坏或减损。

④ 再交叉询问是指对方当事人在第二轮直接询问后,第二次对鉴定人所进行的有关再直接询问的询问。

的内容主要应限定在交叉询问中新出现的与鉴定事项有争议的问题上,其询问的与交叉询问当中所没有提及的新事项未经法官同意,不得引进再直接询问程序内容之中。在交叉询问中可能多为诱导性问题,再直接询问通常回答、说明或解释不明确或者模糊的地方,通过再直接询问程序,获得补救的机会。① 再交叉询问主要针对的是再直接询问中产生的新问题及新疑点,不得重复对方当事人或诉讼代理人已在第一次直接询问中提到的问题。因此再交叉询问主要还是限于再直接询问中所发现的与鉴定意见可靠性或科学性等相关的事项,对与鉴定意见的审查判断无关紧要或不断重复的旧问题,法官有权禁止。只有对于鉴定意见有再交叉询问的必要性的时候,法官才可以允许一方当事人或诉讼代理人进行再交叉询问,再交叉询问也被称为补充性询问。不管是在直接询问还是交叉询问中,或者是在再直接询问或再交叉询问中,法官都应注意提醒当事人或者诉讼代理人尊重鉴定人的人格尊严,不得允许双方当事人或者诉讼代理人通过询问故意刁难鉴定人。我国鉴定意见质询程序应当将法庭调查的重点由示证转移到质证,并由形式质询转化到实质质证上来,以确保鉴定意见的证明活动更富有实践性意义。

  鉴定意见的交叉询问方式不仅适用于英美法系国家,许多大陆法系国家也吸收交叉询问规则来对鉴定人的意见进行审查判断。不同的是,在大陆法系国家,对鉴定人的询问以法官为主,当事人的询问只是一种补充;而在英美法系国家,主要由当事人对鉴定人进行交叉询问,法官则一般保持消极状态。随着我国审判方式改革的深入进行,对鉴定人的质证可以采用类似的交叉询问规则,②并且当某个专门性问题存在多份鉴定而结论又互相矛盾时,法庭可以安排鉴定人之间进行对质,在辩论中使缺乏真实性和可靠

---

  ① Comments, "Admit it DNA Fingerprinting Is Reliables," *Houston L. Rew.* 686L1989.

  ② 询问鉴定人应遵循以下规则:1. 发问的内容应当与本案的鉴定相关。2. 不得威胁鉴定人,也不得损害鉴定人的人格尊严。3. 对于向鉴定人的发问内容与本案鉴定无关或者发问方式不当的,应当制止。4. 鉴定人认为发问的内容与本鉴定无关或者发问方式不当提出异议的,法官应当判明情况予以支持或者驳回。5. 发问应遵循交叉询问的顺序:由先提出鉴定人出庭申请的一方对鉴定人进行主询问,然后由对方进行反询问,就其中有争议的问题向鉴定人提出质疑;再由申请方进行主询问,以恢复鉴定结论的证明力,然后再由对方进行反询问。如果鉴定人出庭是诉讼双方同时申请或法院依职权提出,询问的顺序由双方当事人协商决定,在不能决定时由审判长决定。

性的鉴定意见的不合理之处得以暴露,为法官判断鉴定的证据能力和证明力提供参考。

(五) 民事鉴定意见质证程序的依赖路径

当事人对鉴定意见在质证过程中产生的困惑问题的破解进路应该选择在诉讼中设立具有专门知识与中立地位的专家陪审员以及专家辅助人的位置,并通过专家陪审员、专家辅助人和鉴定人形成的三维结构构造庭审质证模式来保证鉴定意见的科学性。

1. 专家陪审员的功能定位

法官在适用法律上具有权威性,鉴定人则在专业知识上具有权威性。若要排除法官、当事人与鉴定人之间信息互动之阻碍,要克服鉴定人成为事实裁判者的倾向,避免法官受鉴定人意见的左右,庭审结构可以通过聘请专家担任陪审员来进一步完善,专家陪审员成为审判庭中的专业审判人员,在法庭上可以协助法官推进民事鉴定意见的质证程序,同时帮助法官了解鉴定意见质证的科学技术内容,使法庭的质证程序更具有判明案件是非曲直的实质性意义。(1) 转换科技语言。专家陪审员在庭审中一般会将鉴定人或专家辅助人的专业技术语言转换为普通人能够理解的普通语言,从而提高庭审中诉讼参与者对专门性技术问题的理解,提高庭审的质证效率,充分保障法官对专门性问题形成科学性的心证。(2) 保证质证效果。作为庭审成员的专家陪审员在法庭上的主要功能是保证庭审中诉讼参与者进行鉴定意见质证的法律效果,使对鉴定意见的质询与诘问真正围绕与鉴定相关的专门技术性问题展开,发挥庭审质证程序的有效性。(3) 承担法律责任。权利和义务相当,专家陪审员既然有参与审判的权利,就要以在法院审判中的作为承担相应的法律责任。专家陪审员同样要具备司法机关审判人员的职业道德,面临职业风险,因为错误解释或说明鉴定意见而造成错案的,也要为此承担相应的法律责任。所以在专家陪审员参与庭审的制度程序设计中应要求专家陪审员除了发挥其辨别鉴定意见的能力外,还要对其将专业化用语转化成普通用语的准确性和科学性负责。

2. 专家辅助人的角色扮演

鉴于鉴定涉及专业知识与特殊技能,只有具有相关专业知识的人才能对鉴定人的鉴定意见展开实质性的质证活动,因此,我们应设立中国特色的专家辅助人制度，审判人员和当事人对出庭的专家辅助人就相关问题进行询问，专家辅助人也可以对鉴定人进行询问，为法官审查采纳鉴定结论提供参考意见，为当事人判断鉴定意见提供技术支持。

在法院的庭审中，引入专家辅助人与专家陪审员、审判员一起组成三维结构的庭审模式。专家辅助人扮演的角色是当事人选聘的技术顾问，也是案件的诉讼参与人，但专家辅助人的诉讼地位与诉讼代理人不一样，虽然专家辅助人与诉讼代理人均基于委托而产生，但由于受托的权利范围与在庭审中的作用不同，其地位也不同。(1) 权利范围。专家辅助人作为当事人的技术顾问，在诉前或者诉中都不以代理人的名义从事诉讼活动，其在庭审中具有独立的地位，是特殊的诉讼参与人，其活动范围限制鉴定中所涉及的专业技术问题。(2) 诉讼地位。专家辅助人在庭审中直接辅助委托人了解与鉴定相关的专业技术问题，对委托人解释说明与鉴定相关的专业技术知识；同时也间接地帮助审判人员的审理工作，弥补审判人员专门知识不足的缺陷。但是，专家辅助人不同于英美法系国家的专家证人，也不同于大陆法系国家的鉴定师，专家辅助人的主要任务应该是对鉴定人进行询问并与之对质。(3) 庭审活动。专家辅助人接受委托人的委托参与存在争议的鉴定意见的庭审活动，可以从与鉴定相关的科学性、专业性等方面为委托人即一方当事人提供类似技术顾问的帮助，可以帮助委托人从不同技术角度对鉴定人予以质询和诘问，从而保障委托人质证权得到有效行使。根据现行法律的规定，当事人聘任的专家辅助人可以参加诉讼并负有接受法庭或当事人询问的义务，经法庭的许可，当事人双方或多方委托的专家辅助人也可以相互对质，以期发现案件事实的真相。因此，专家辅助人在诉讼中属于特殊的诉讼参与人。[①]

在司法实践中，鉴定涉及多学科的知识或不同领域的专业技术，知识单一的审判人员越来越难以胜任现代诉讼活动。为了保障鉴定意见的客观合法性，在庭审中引入专家陪审员与专家辅助人就显得尤为重要和迫切。笔者认为，在法庭上对鉴定意见进行质证，通过法官、专家陪审员和专家辅助人与鉴定人在专业技术方面的角力，会打破原有庭审模式中法官对鉴定问题茫然的困境，从而一定程度上激活质证程序的活力。

[①] 《最高人民法院关于民事诉讼证据的若干规定》第六十一条第一款规定："当事人可以向人民法院申请由1至2名具有专门知识的人员出庭就案件的专门性问题进行说明。人民法院准许其申请的，有关费用由提出申请的当事人负担。"

五、我国民事鉴定意见(证据能力与证明力)认证程序的制度构建

从目前《民事诉讼法》及相关司法解释来看,对鉴定意见的示证、质证、认证[①]程序都缺乏明确的规定。认证是指在诉讼过程中,法官就当事人举证、质证、法庭辩论过程中所涉及的与待证事实有关联的证据加以审查认定,以确认其是否具有证据能力、证明力大小的诉讼行为和职能活动。我国《民事诉讼法》将鉴定意见(结论)作为法定的证据种类,但这一证据形式因其携带科技因素且具有弥补司法人员专门知识短缺的功能在案件事实认定中发挥着超一般证据证明力的作用。[②]

(一)民事鉴定意见证据能力认证程序

证据能力是鉴定意见(专家证言)能够在法庭上成为诉讼证据所必备的前提条件,由于鉴定意见富含科技因素,在适用中如果忽视对其证据能力的判断,很容易导致盲目推崇科学技术而损害证据法的基本价值取向。因此,我们在运用鉴定意见证据的过程中必须依据一定的标准对其证据能力加以权衡与评判。

1. 确立鉴定意见披露及最终争议规则

(1)鉴定意见披露。在庭审前披露鉴定意见对于审判的顺利进行起着重要作用。由于鉴定意见具有很强的专业性和技术性,当事人一方在庭审中遭到对方当事人提供的鉴定意见的突然袭击时,审理必然会中断,休庭不可避免。所以,在诉讼中法庭应当并必须要求当事人在庭审前披露鉴定意见的详细内容,否则拒绝采纳该鉴定意见,使其失去法律效力。并且除非法庭许可,否则没有披露鉴定意见的当事人在庭审中不能传唤鉴定人出庭作证或使用鉴定意见作为证据。[③]

(2)最终争议规则。最终争议规则是指鉴定人不能对涉及案件事实裁

[①] 何家弘主编:《新编证据法学》,法律出版社 2000 年版。
[②] 《最高人民法院〈关于民事诉讼证据的若干规定〉》第七十七条规定:"……鉴定结论……其证明力一般大于其他书证、视听资料和证人证言。"
[③] Peter Murphy, *Murphy on Evidence*, Blackstone Press Ltd., 2000, p. 3363.

判者应该作出决定的终局性争议的事实和法律问题发表意见。① 尤其是在鉴定意见的可靠性得不到有效质证的情况下,鉴定意见很容易混淆视听,会使裁判者无所适从。根据最终争议规则,不允许鉴定人就案件所涉的最终争议发表意见,如果允许鉴定人就案件的最终争议发表意见,鉴定人将代替法官和法庭的功能;②鉴定人对案件终局性问题发表意见,是对事实裁判者职权的超越。归根结底,鉴定人毕竟只是特殊的证人,对案件的终局性问题发表意见超出了鉴定人的职责范围。对于案件事实真相进行判断并在此基础上作出推论,这是法庭调查的任务。

最终争议规则与传统证人只能陈述其所见所闻的事实而不能以意见判断的形式作证的规则是一脉相承的,所以如果鉴定意见涉及的是一个应该由裁判者凭自己的认知得出结论的问题,该鉴定人提供的鉴定意见就丧失了作为证据的能力而不具有可采性。③

2. 鉴定之资格规范

鉴定意见的能力认证不能仅就鉴定结论进行审核和判断,还应包括鉴定人员、鉴定机构的鉴定资格(鉴定机构和鉴定人资格的双重要求),专业范围、设备情况等资质和资格条件,以及鉴定意见与案件事实的关联性方面确立审查规则。

(1) 审查鉴定主体是否具有合格资质。我国实行鉴定机构和鉴定人登记核准制度,就有关鉴定主体的鉴定资质法庭可以要求其提供具有相应鉴定能力的证据,包括鉴定机构的鉴定硬件与软件环境设施,鉴定人应当具备的专门知识和技能,鉴定机构与鉴定人所从事鉴定事项的范围。对鉴定机构或鉴定人超出登记注册的业务范围等资格条件下提供的鉴定意见书的证据能力认定,则应该由法庭调查作出决定是否认可。在审查鉴定主体适格性时,法庭可以对开展鉴定工作的鉴定机构的鉴定范围和鉴定资质,受托鉴定人所受的专业教育水平、取得的专业技术职称、科学研究成果、专业技术经验、资质能力和工作阅历以及从事该鉴定领域的经历等个体信用方面加以综合考察。

---

① 最终争议规则的基本理念是,如果允许鉴定人对终局性问题发表意见,就可能影响事实裁判者作出自己的判断,甚至会导致专家的意见取代事实裁判者的决定。

② 参见 The Civil Evidence Act (1972)。

③ Peter Murphy, *Murphy on Evidence* (7th Edition), Blackstone Press Limited, 2000, 334-335.

（2）审查鉴定意见书是否遵循了形式适格原则。鉴定意见的适格性，是指鉴定机构或鉴定人提供的鉴定意见在证据形式上应该符合相关法律法规规定的构成要件。如果鉴定意见在法定形式上不符合法律法规规定的鉴定意见书形式构成要件的要求，法庭就不应该认定其具有鉴定意见证据的证据能力，在司法实践中就应该不予采信形式欠缺的鉴定意见作为认定案件事实的有效证据。如在司法实践中运用的鉴定中立性原则，鉴定机构或鉴定人在鉴定过程中若存在与案件有利害关系的法定回避情形而没有回避的，在法庭上其所作出的鉴定意见（或结论）就自然丧失了作为鉴定意见证据的证据能力。

目前，不管是英美法系国家还是大陆法系国家，将鉴定意见认证的触角伸向了鉴定意见的各个方面，而不仅仅停留在鉴定意见的结论部分，我国民事鉴定程序制度同样需要增强对鉴定意见证据能力的认证广度和深度，才能保证鉴定意见的真实可靠。

3. 鉴定的必要性规范

鉴定意见之必要性审查是指如果鉴定意见所涉及的案件事实问题与该案的法律适用没有关联性或该问题能够由法官通过普通知识或经验进行辨明判断并加以解决，则鉴定意见就丧失了证据能力。鉴定启动必要性审查规则一般包含两种情况：

（1）鉴定事项是否超出审判人员普通知识和经验的范畴，如果裁判人员能够通过一般生活经验或知识得出结果，则该鉴定机构或鉴定人提供的鉴定意见就失去了证明案件事实的证据能力。鉴定意见是因为当事人或审判人员缺乏专门性知识或技术能力而引入诉讼领域的，其目的在于以鉴定人所具有的科学技术和经验知识对案件的疑难问题进行鉴别和判断，帮助当事人或审判人员在正确认识案件事实真相的基础之上准确运用法律，从而促使案件的判决获得正当性和公信力。如果不能达此目的，则鉴定技术就无引入诉讼领域的必要了，当然也不具有证明案件事实的证据能力。

（2）审查该鉴定主体的鉴定事项与案件所涉专门性问题之间的关联性。鉴定意见与特征事实之间的关联性，即该鉴定意见是否有助于证明待证事实。鉴定意见与案件疑难问题之间的关联性，是鉴定意见可靠性的前提基础，如果没有关联性，即使鉴定意见再科学也不具有证据能力，所以鉴定的证明力还要取决于鉴定意见对待证事实是否具有证明的意义，也就是说还要考察待证事实与鉴定意见之间的内在联系，这些都需要裁判人员运用逻辑推理与经验法作出。

如果向审判机关提交的鉴定意见涉及案件事实认定的专门性问题,那么这一鉴定意见解决的专门性问题是否是裁判人员认定事实真相及适用法律所必需的?即鉴定意见与待证事实是否具有实际意义上的关联性,如果没有关联性当然不具有证据能力。如果该鉴定所涉及的专门性问题与案件事实认定及法律适用并无必不可少的关联性,则该鉴定意见仍然不具有审判机关认定案件事实的证据能力。

4. 鉴定实施的合法性规范

(1) 鉴材来源的合法性规范

鉴定材料作为鉴定的物质基础,其来源是否真实可靠直接决定着鉴定意见证据能力的有无。美国的专家意见是建立在事实证据(包含可靠的传闻)之上的,在此"毒树之果规则"①依然适用。大陆法系国家在有关鉴定证据能力的认证问题上的限制规则不多,但在认定证据的合法性上大都规定了非法证据的排除规则。对于以非法手段方法或途径等方式得来的物证材料为基础作出的鉴定结论,立法禁止其作为认定案件事实的证据适用,这样的鉴定意见当然也不具有证明争议事实的证据能力。总之,法律虽然不要求作为鉴定之基础的所有物质或材料都具有可采性,但是如果作为鉴定活动基础的鉴定物质或材料是以非法手段得来或违反某些法律规定方式得到的,那么检材的非法性特征将必然会殃及以此为基础作出的鉴定意见的权威性。

在我国的诉讼领域,对于以非法手段或方式获得的基础证据所衍生出的证据是否具有证据能力的问题,在法律法规中没有明确规定。不管是大陆法系国家还是英美法系国家,都严格排除非法证据的效力,即"毒树之果"无证据能力,不具有可采性。我国的鉴定程序规范也应该将依据非法资料作出的鉴定意见予以排除,即违反法律规定(检材来源非法)作出的鉴定意见应在诉讼中予以排除。

(2) 鉴定实施的合法性规范

鉴定活动作为运用科学知识或技术经验的过程,其所使用的方法、手段、措施等行为不得违背公序良俗和社会公德,鉴定机构和鉴定人不能为了

---

① 毒树之果规则,指的是在调查过程中,通过非法手段取得的证据。该术语的逻辑是如果证据的来源(树)受到污染,那么任何从它获得的证据(果实)也是被污染的,在诉讼审理的过程中将不能被采纳,即使该证据足以扭转裁判结果亦然。

满足一些当事人的不法或失德要求而不择手段或不加辨别地进行鉴定活动。如果鉴定机构或鉴定人在鉴定过程中的鉴定行为违反人类社会基本的伦理准则或法律法规，不论其鉴定结论是否正确与必要，在法律适用中仍应排除其作为证据证明案件事实的证据资格。

（3）鉴定程序的合法性规范

鉴定程序一般包括鉴定的启动、委托与受理、鉴定实施及鉴定意见书的制作等程序。鉴定实施过程的合法性处于鉴定合法性的中心位置，鉴定实施过程包括鉴定材料等物质的保管、鉴定方法和手段以及鉴定活动操作过程等程序方面的合法，当然也包括鉴定机构或鉴定人应严格依照法律规定进行鉴定活动。

检材保管是鉴定意见证据客观性的基础保障。鉴定材料的保管包括检材的提取、移交、保存、提交等，鉴定材料合法保管的目的就在于避免检材被替换、丢弃、遗失、损坏或发生物理、化学上的变化。通过对检材的合法保管保证据此作出的鉴定意见在诉讼中具有证明案件事实的证据价值和证据能力。鉴定人所使用的鉴定方法、手段、措施是否科学，操作程序是否合法，操作流程是否规范，技术设备是否先进有效是鉴定意见可靠性的基础，是影响鉴定意见证据能力的重要因素。目前许多国家在鉴定领域都确立了许多关于鉴定事项的鉴定操作标准规范，最大限度地控制与鉴定目的无关的因素对鉴定过程和结果的影响，只有这样在某种程度上才能保证鉴定人员对鉴定或检验的结果进行进一步的科学客观的分析比较，这是保障鉴定证据可靠性的前提性条件。我国证据法领域也适用证据的合法性原则，要求鉴定过程必须合法，也就要求在实施鉴定过程中对于鉴定材料的收集、保管、提供、操作等环节都要符合法律法规的规定或要求。[1] 当然也绝不允许鉴定机构或鉴定人故意进行违法鉴定活动。

（二）民事鉴定意见证明力认证程序

1. 确立鉴定意见证明力审查的知识规则

（1）普通知识规则

普通知识规则是指只有在专门知识超出裁判人员的知识和经验范围

---

[1] 黄维智：《鉴定证据制度研究》，中国检察出版社2006年版，第194页。

时,法庭才有权力聘请鉴定人提供鉴定意见。如果证据所涉的知识和经验在裁判人员的判断能力的范围之内,就没有必要聘请鉴定人或采纳鉴定意见。对于常识问题的判断身为法官是绝对可以胜任的,需要作出判断的事情若在法官的知识范围内,就应拒绝接受鉴定证人的帮助。在司法实践中,这应该成为在证据的采信问题上削弱鉴定意见效力的规则之一,普通知识规则适用的核心问题是法官在分析判断案件事实时不得不采纳鉴定意见。① 也就是说,如果案件所涉及的专门性问题,在没有经验的人若无鉴定人的帮助不可能对案件事实作出准确判断的情况下,法庭才能在一定程度上采信具备特殊技能的鉴定人所提供的鉴定意见。②

(2) 基础知识规则

鉴定人就案件事实争议问题提供意见证据时,若提到他们对事实问题所产生的感觉,对于这样的鉴定意见所适用的规则同普通证人适用的规则应该相同。也就是说,鉴定人不能以传闻证据的形式提供鉴定意见证据,否则由此得出的鉴定意见就应该被排除或减弱其证明力。但是,当鉴定人作为具有特殊技能的人提供鉴定意见时,会存在一些例外情况,法官在对证据进行审查判断时对传闻证据规则就要做某些变通。③ 通常情况下,比如鉴定人无须对其以权威出版物上发表并已经得到相关领域专家普遍认可的专业知识内容进行重新证明。但是在某种情况下,如果鉴定人不对其提供鉴定意见证据所依据的知识材料作出清楚的解释和说明,事实裁判者就很难对鉴定意见证据的法律效力作出准确辨别和评断,这时鉴定人就应该并且必须作出解释和说明。总而言之,在法庭上,基础知识规则是不允许鉴定人以他人的意见包括一些可靠的传闻证据材料为依据形成自己的鉴定意见,否则由此得出的鉴定意见的证明力就会大大减弱甚至被排除法庭。

---

① See Smith v. The Queen(1990)64 ALJR 588,also see R v. B(1987) NZLR 362 at 367.

② 如果法官认为案件中所涉及的问题属于常人凭借自己的人生经验就能理解并理性地作出评判和推断的事,就不需要专家的帮助,也就没有必要使用专家证人,因而专家的证言就不具有可采性或者说证明力就会大为削减。

③ 基础规则材料是:1. 专家在提供意见证据时所依据的原始资料已得到具有可采性的证据的证明;2. 作为专家必须将其意见证据所依据的事实或前提解释清楚,如果没有这些解释,不具有专业知识的法官就很难对专家意见的有效性进行评估和检验;3. 专家可以以各种不同的方法提供相关的事实;4. 专家可以使用的第二手资料包括科学杂志上刊登的文章、报告或标准的统计表等。

2. 民事鉴定自由心证的界限规范

鉴定通常意义上是由当事人或法庭经过法定程序选择的鉴定机构或鉴定人对专门性问题所做的专业技术活动,鉴定人不仅要陈述鉴定的结果意见,而且也要求记录并解释说明鉴定的方法和过程,并竭力保证鉴定活动的正当性和合法性。①

鉴定的独特状况使得鉴定意见的法律属性变得异常复杂,这种复杂性集中体现在鉴定意见与裁判人员辨明判断的关系上。诉讼法对于鉴定意见认证的基本原则之一就是通过法官的自由心证获得对鉴定意见采信与否或证明力强弱的内心确信。按照这样一个原则的要求,法律允许裁判人员在基于证据客观性基础之上进行事实认定时,对于证据方式的选择和证明力的评价问题上,进行内心的自由判断,法律对此一般不作限制。从证据性质的意义上讲,对于法科学鉴定的结果性意见,法官也完全可以按照自由心证的审查判断方式进行独立辨明裁决,完全有法定的权利决定是否采用鉴定结论性意见,鉴定意见证明力的强弱有无均属法官的自由裁量范围。但是,对鉴定意见的自由心证而形成内心确信绝不意味着法官可以不受任何法律法规的限制对鉴定人提供的专业性鉴定意见肆意进行判断,其中最明显的限制审判人员的规则就是法官在判断鉴定意见时不得进行违反"经验性规律"和"逻辑性规律"的事实认定。专家鉴定意见和普通证人证言毕竟不同,专家鉴定人的主要功能之一是弥补法官对专门知识的欠缺,鉴定人进行鉴定的目的之一也是弥补审判人员的知识不足。鉴定的对象和范围虽以案件的事实问题为主,但绝不局限于此,鉴定人进行鉴定的对象和范围既包括作为判决小前提的具体的案件事实问题,也包括作为判决大前提的法律法规问题和经验性规则问题,法官判断鉴定意见时不仅应当遵循对待普通证人证言时的采信规则,而且要有超过采信一般证据的逻辑推理思维过程。②这就意味着法官在审查判断鉴定人提供的鉴定意见时也并非完全自由任

---

① "鉴定的程序"狭义上仅指鉴定人所进行的鉴定过程的程序。一般情况下,"法科学鉴定的程序"是从广义上来说的,广义上的"鉴定的程序"既包括鉴定人进行鉴定过程的程序,又包括法院选择和决定鉴定人的程序等。

② 法官必须从程序和实体两个方面入手对鉴定意见予以审查并保证按照法定程序在法庭上对鉴定人进行质证和询问,尽量形成"心证";如数个鉴定结论不一时,审查比较各个鉴定的过程、鉴定人素质等要素,尽量从中获得"心证";无论如何也难以获得"心证"时,应当在判决书中明确表明原因与理由。

意,必须要遵守一定的科学规律。

3. 民事鉴定意见证明力之可靠性规范

鉴定意见的可靠性问题,即鉴定意见所依据的鉴定之本身的可靠性问题以及科学原理和方法运用过程中的可靠性问题。为了防止伪科学混淆裁判者的视听,误导裁判者的思维,①针对鉴定意见证据的特点,需要对鉴定中容易出错的环节以及相关因素予以重点考虑,以便提高鉴定意见在庭审中的可靠性。

(1) 鉴定材料可靠性审查规则

鉴定活动主要是针对与案件事实有一定联系或关联的材料、物体、声像、文书、数据、工程、痕迹、人体等物质客体进行的,如果鉴定材料的真实可靠性存在疑问,那么在鉴定对象不可靠基础上作出的意见或结论其证明力自然值得怀疑。针对鉴定的基础条件的可靠性要求,法庭就需从以下几点进行审查:a. 鉴定材料(检材)是否经诉讼双方当事人或有争议的诉讼参与者一致认可或确认,有无遗失、替换、损坏、变形、变质或伪造等情形。b. 鉴定材料的取得是否合法,检材本身违法或获取过程违法都导致其证明力的排除。c. 鉴定材料如系复印文书等传来证据,其真实性需要得到证实。鉴定材料的可靠性审查还应该涉及鉴定实施自身的活动过程,如对鉴定对象的提取、保存、固定、提交等实施过程,对鉴定人的鉴定活动是否进行了有效监督,等等。

(2) 鉴定方法可靠性审查规则

鉴定意见的生成取决于进行鉴定的科学方法和经验技术的可靠与否,鉴定人进行鉴定所采用的科学方法、经验技术、检测手段、实验措施等鉴定活动所依赖的科学知识与经验技术的可靠性直接决定了鉴定意见证据证明力的有无和强弱。但要求大多数处于科学技术门槛外的司法审判人员对科学知识和专业技术的可靠性作出正确的辨别判断确实困难。所以在司法实践中,我国司法审判人员在借助外部力量对鉴定意见进行证据实质审查的同时,有必要借鉴国外发达国家先进的审查评定鉴定意见证据的判断标准,进而辨明证据查清事实。如美国司法实践中对专家证言证据的质证、认证

---

① 两大法系国家均将鉴定意见证据所依据的科学之本身的科学可靠性作为鉴定意见证据能力的首要条件予以考虑,但是由于运用过程中的科学误差以及人为因素等影响,鉴定意见证据有时也会出错。

等采信过程中形成的弗莱伊规则、杜伯特规则、锦湖轮胎案规则以及美国《联邦证据规则》第 702 条规则等鉴定意见审查判断的标准,这些标准已固定了一套切实可行的鉴定活动可靠性的审查判断程序规范。[①] 在我国司法实践中,审理涉及科学技术的疑点问题,必要时法庭可以要求提供鉴定意见的鉴定机构或鉴定人提供其鉴定行为符合上述标准的证据以确定鉴定意见对于查清案件事实真相的证明力。

(3) 鉴定形式可靠性审查规则

鉴定的可靠性除了依赖上述因素外,还须审查鉴定意见形式的可靠性。首先,鉴定意见书必须具备法定形式,如最后鉴定人的签名或盖章。认证主体要对鉴定的书面意见形式进行辩论、质证,不符合形式要求的鉴定意见可不作为证据采信。其次,对于鉴定书的内容要求须包括资料摘要、鉴定检验过程、分析说明等。其中,鉴定检验过程的记录是鉴定可靠性的基础,应审查其客观真实性;分析说明部分是通过对鉴定的实施和科学方法的运用,说明得出该鉴定意见的原因与结果,这是整个鉴定过程的高度浓缩和鉴定意见书的关键所在,所以对这部分内容的审查辨别,应着重判断其推理的逻辑性、分析的合理性以及必然与偶然的因果关系、科学的鉴定标准等。另外,还要审查送检材料的充分可靠性,因为检材是鉴定的客观对象,只有鉴定材料的数量质量符合鉴定的需要,才能确保鉴定结果的真实可靠。

4. 民事鉴定意见证明力之科学性标准规范

(1) 鉴定意见证明力科学性标准的选择

鉴定意见具有法律意义上的证据价值,原因就在于鉴定的科学性。美国联邦最高法院在"杜伯特案"中指出科学证据的可靠性就是以科学有效性为基础的。[②] 如:a. 可检验性;b. 同行审查;c. 错误率;d. 普遍接受等。确立我国民事鉴定意见证明力的科学性判断标准,可以参照《美国联邦证据规则》第 702 条的规定,吸收弗莱伊规则、杜伯特规则、锦湖轮胎案规则的有效

---

① 审查规则如:1. 因鉴定意见遭受不利一方对鉴定方法是否认可。2. 该方法是否得到了该领域内大部分专业人士的接受与认可。3. 该方法是否已经实践检验并证明是正确可行的。4. 该方法是否存在可控制的操作标准,如果有,鉴定是否依照这一标准进行。5. 以往使用该方法进行的鉴定有无错误,如果有,是否因方法问题而引起,错误率是多少。

② 刘晓丹:《如何建立我国鉴定结论采纳规则》,载《现代法学》2009 年第 4 期,第 187—193 页。

方法予以考虑。① 对于鉴定所依赖的基础科学与经验常识以及适用这些科学知识的手段方法和鉴定过程的可靠性与正确性的判断标准,美国司法实践中大多数裁判人员采用了弗莱伊规则(Frye Standard)②和杜伯特规则(Daubert Rule)。锦湖轮胎案规则和《美国联邦证据规则》则通过专家鉴定的范围、方法、手段、措施、步骤和鉴定过程的质询,以及鉴定人(专家证人)的说明、解释和论证,强化专家证言的可靠性,增加鉴定意见的可采性。

(2) 鉴定意见证明力强弱的判断规范

民事鉴定意见证据证明力强弱的判断规则,即依据以上科学性审查规则要求进一步对鉴定主体(鉴定机构和鉴定人)、鉴定客体(鉴定物质或鉴定材料)、鉴定方法手段措施、说理论证过程等进行审查辨别,据此判断鉴定意见针对涉案疑点证明力强弱。对鉴定意见证明力强弱的判断标准可从如下几方面考虑:a. 鉴定机构与鉴定人的专业水平(硬件条件如仪器设备、环境条件、程序规范、质量控制)与专业能力(软件条件如专业学历、相关学识、工作阅历、专业经验、技术能力、培训经历、继续教育、思维逻辑、论证方式、科研成果、信誉品格等因素)的具备和维持。b. 鉴定客体可靠适当性审查。鉴定客体(鉴定所依赖的物质和材料)是鉴定人进行鉴定活动的基础性物质要件,其可靠性的强弱与否直接关系到鉴定意见证明力大小。鉴定客体的可靠适当性不仅包括鉴定材料、提取的样本本身来源合法、数量丰富和质量可靠,而且也包括支撑鉴定的物质资料完整适当,即鉴定材料的选择恰当无偏颇。具有普遍性、典型性和代表性的物质资料决定着鉴定意见的真实可靠性的强弱,鉴定资料恰当鉴定意见会获得相对较优的证明力地位。c. 鉴定技术权威性。就科学技术领域而言,客观上存在科学技术和专业水平的先进和落后之分,鉴定意见较强证明力的形成,应当依据先进科学技术标准

---

① 如:1. 鉴定所依赖的基础性科学原则和经验常识的可靠性和正确性;2. 鉴定适用基础性科学原则和经验常识的技术或程序的可靠性和正确性;3. 鉴定人使用于鉴定过程的任何仪器设备等器材条件的可靠性和科学性;4. 鉴定活动符合正确可靠的步骤、方法、手段和标准;5. 鉴定机构与鉴定人员进行鉴定所应具备的资格和资质条件等。

② 弗莱伊判例认为,"当科学原则或发现横越了实验与可证明的界限时,很难界定阶段。必须承认在这个晦涩的区域内原则的证据力量,而当法院最终采纳从一个广为承认的科学原则或发现中推断的专家证言时,必须保证该科学原则或发现在其所属的具体领域获得了普遍承认"。

的要求进行,实践中鉴定人的判断依据往往是业内通用的标准方法和专业经验等。但通用的标准并不一定就代表最先进最科学的标准,因为科学技术随着社会的发展和人类探索自然界能力的提高而不断前进,因此,在同等的条件下,那些采用了最先进的科学技术方法进行鉴定所得到的鉴定意见,其证据的证明力应该更高。d. 鉴定意见必须是依靠科学方法和经验技术得出的结论性意见。也就是说,科学技术实施必须依靠能够得到量化的标准,鉴定人作出鉴定的推论、主张必须通过科学方法获得,鉴定过程必须有适当的科学有效性支持。① 由于鉴定技术具有各自的性质和特点,鉴定过程中运用的技术标准和方法的水平高低决定着鉴定质量的高低。

在案件审理过程中,除鉴定意见之外,在证据链上还可能存在大量其他证据。因此,在审查判断案件事实真相时,还应将鉴定意见置于全案整个证据链中进行比对分析,以确定其证明力的大小。如果鉴定意见与证据链中的其他证据不存在矛盾,能够相互印证并完整地证明案件事实,其他证据的可靠性又较强,则可以确认鉴定意见的证明力;如果鉴定意见与证据链中的其他证据有矛盾,并且不能通过合理解释予以排除,而当事人一方对鉴定意见提出的异议又具有足够的说服力,则可以考虑排除该鉴定意见的证明力。

(三) 民事鉴定意见认证的心证公开规范

世界两大法系主要国家和地区的法律均否认鉴定意见具有法定的证明力,其证明价值必须由法官来判断。自由心证原则禁止法律对证明力作出硬性规定,而将这一问题交由法官根据案件具体情况来进行具体裁量。② 司法裁判的公信力的维护要求法官对鉴定意见证明力的自由心证必须公开,要求其对鉴定意见的评判必须进行公开释明,阐明法庭调查、法庭辩论中对有关鉴定事项所进行的综合分析和证据间是否相矛盾的审查判断思路,并公开确定鉴定意见的取舍及判断证明力大小的过程。但目前我国审判实践中鉴定意见证明力认定的释明状况却违反了民事诉讼要求审判人员公开认证过程的法律原则。

实例示范:

---

① 杜志淳等:《司法鉴定法立法研究》,法律出版社 2011 年版,第 191 页。
② 孙远:《论侦查阶段鉴定结论之告知》,载《法律适用》2008 年第 5 期。

四川省泸州市江阳区人民法院
民事判决书

原告:唐贤明,男,1954年12月8日出生,汉族,务农,泸州市江阳区华阳乡卫星村1组。

原告:黄良友,女,1925年4月13日出生,汉族,务农,泸州市江阳区丹林乡坝头村7组。

原告:唐才贵,男,1985年9月7日出生,汉族,务农,泸州市江阳区华阳乡卫星村1组。

委托代理人(三原告共同委托):汪成进,四川蜀光律师事务所律师。

被告:泸州市江阳区卫生院。法定负责人:张祖芳,院长。

委托代理人:温德平(原为林德祥),被告单位负责人。

委托代理人:张绍申,四川泸州国梁律师事务所。

原告唐贤明、黄良友、唐才贵诉被告泸州市江阳区华阳乡卫生院医疗事故损害赔偿纠纷一案,现已审理终结。①

原告为其诉讼请求及主张向本院提供证据有:

1. 张德英的住院病历。

2. 张德英用药的处方。

3. 张德英的抢救经过记录。

---

① 原告诉称:原告唐贤明之妻张德英(原告黄良友之女,原告唐才贵之母)因腹痛、呕吐、惊慌于2002年12月5日上午8时左右到被告医院进行治疗。被告诊所诊断为急性肠胃炎或急性胆囊炎或阑尾炎,并相应做了对应处理。上午11时左右张德英病情加重,下午2时病情恶化,经抢救无效死亡。泸州市人民医院《尸体剖验报告》结论为:"张德英系左侧输卵管妊娠破裂出血引起失血性休克死亡。"泸州市法医学会《法医鉴定书》结论为:"张德英系宫外孕破裂出血,失血性休克死亡。华阳乡卫生院在诊断和治疗上的错误与张德英的死亡有直接的因果关系。"原告认为被告误诊误治,致张德英死亡具有严重的医疗过错,要求判令被告赔偿因过错给原告造成的经济和精神损失127687元,本案诉讼费用由被告承担。

被告辩称:张德英于2002年12月5日上午8时左右到被告单位进行医治,根据张德英有腹痛、呕吐、惊慌等症状,被告进行了积极医治,并初步诊断为急性肠胃炎或急性胆囊炎或阑尾炎。上午10时左右,因张德英病情加重,被告催促原告将张德英转院医治,原告并未采纳被告建议,直至12时左右,张德英的丈夫唐贤明才回家拿钱做转院准备工作,下午2时左右张德英病情恶化,经被告全力抢救无效死亡。被告认为医治张德英的过程中,并无漏诊、误诊,被告还支付了张德英10000元解决后事。被告认为既然无医疗过错,也不属于医疗事故,故要求驳回原告诉讼请求。

4. 张德英的尸检报告书。

5. 法医鉴定书。

6. 医疗费、解剖费、鉴定费、交通费等凭证及被告所赔偿原告精神抚慰金、生活补助费计算标准的书证材料。

上列证据原告用以证明张德英与被告已形成医患关系,张德英的死亡与被告的误诊、误治有直接的因果关系,被告应赔偿原告各种费用127687元。

被告为其辩称理由向本院提供证据有:

1. 原告提供的1、2、3号证据与被告所提供的相同。

2. 王长江、马超、林德祥、林叶才、朱亚军的证人证言。

3. 对唐贤明的调查笔录。

4. 唐贤明于2002年12月6日、7日再次收到被告现金10000元收条。

上列证据被告用以证明张德英在被告处医治过程中,被告方进行了积极的医治,并未误诊、误治。被告属乡级医院,客观上医疗条件差,在张德英病情恶化过程中,被告催促病人家属将张德英转院治疗。张德英的死亡与被告无因果关系,在张德英死亡后,被告还支付了张德英家属10000元。

原、被告提供的证据,本院在庭审中进行了质证、认证,本院认定事实如下:

一、张德英因腹痛、呕吐、惊慌到被告医院进行治疗,张德英与被告间已形成医患关系。

二、被告对张德英病情诊断为急性肠胃炎或急性胆囊炎或阑尾炎,并相应按这三种病因进行了医疗,已形成客观事实。

三、泸州市医学会(2003)151号法医鉴定书认定的根据张德英死亡尸检,张德英系宫外孕破裂出血,失血性休克死亡。华阳乡卫生院在诊断和治疗上的错误与张德英的死亡有直接的因果关系的结论,证明了张德英的死亡系医疗事故所造成的。

本院认为:张德英因腹痛、呕吐、惊慌于2002年12月5日上午8时左右到被告处进行治疗,被告以急性肠胃炎或急性胆囊炎或阑尾炎对患者进行医治,实属误诊、漏诊。张德英的死亡与被告的错误诊断和错误治疗有直接的因果关系。在张德英病情严重时,虽被告告之患者家属转院治疗,但催促力度不够,采取措施不强,在这次医疗事故中被告应承担主要责任。张德英的家属在被告已告知应转院治疗的情况下,未引起足够的重视,对张德英的死亡应承担一定责任。

对本案涉及的赔偿数额确定为:1. 医疗费 83 元;2. 误工费 2250 元(以 3 人计算);3. 黄良友生活费 1950 元;4. 丧葬费 2000 元;5. 交通费 260 元;6. 精神损害抚慰金 32688 元;7. 其他损失(解剖费、鉴定费)4600 元。

上诉费用合计为 43831 元,由被告承担 90%,原告承担 10%。扣除原告已得现金 10000 元,被告应承担金额为 29447.9 元。据此,根据《中华人民共和国民法通则》第一百零六条第二款、第一百一十九条及参照《医疗事故处理条例》第五十条的规定,判决如下:

被告泸州市江阳区华阳乡卫生院在本判决生效后 3 日内赔偿原告唐贤明、黄良友、唐才贵 29447.9 元。本案案件受理费、其他诉讼费计 5563 元(原告已预交),原告承担 556.3 元,被告承担 5006.7 元。

上述所选案例的审判过程生动鲜明地说明了我国诉讼活动过程中鉴定意见认证的公开状况,审查判断证据的公开释明要求法庭从质证到认证的整个判决过程都要公开,既要公开鉴定意见认定的结果,也要公开鉴定意见采信与否的原因与理由,审判人员对于被采信的鉴定意见、不能被采信的鉴定意见、在庭审中形成的内心确信都要向包括当事人在内的所有人公开说明和解释。向双方或多方当事人以及利害关系人公开披露,使他们能够对判决的形成过程有所认识或理解,从而提高司法裁决的权威性和公信力。审判人员在案件审理过程中应将作出裁判所依据的鉴定意见的实施过程,以及对鉴定意见的结果是否采信、采信的理由等需当庭说明,因为当事人若是不服,可能会申请重新鉴定或补充鉴定,只有充分的公开才能够切实保护当事人的诉讼权利。① 比如对鉴定人鉴定实施过程的审查判断,就应该包括审查鉴定活动是否严格遵循与鉴定相关的法律规定和行业规章制度以及鉴定人是否严格遵守了相关操作程序等,这些在审判人员的判决书中都要明确地说明,以使案件所涉人员能够充分感受司法的公正廉明。由于对待证案件专门问题进行鉴定的过程要由鉴定人负责实施,在司法实践中,审判人员可以要求鉴定方提供相应证据证明其鉴定实施过程的科学性、合法性。如果不符合鉴定意见认证的要求而又没有合理抗辩理由的,可以否定其证

---

① 参考《司法部司法鉴定科学技术研究所赴英国、法国、德国技术考察报告》,载司法部司法鉴定管理局编《两大法系司法鉴定制度化的观察与借鉴》,中国政法大学出版社 2008 年版。

明力。就功能而言，鉴定意见只是证据的一种，审判人员对案件事实的认定并不能只靠鉴定人提供的鉴定意见就作出，鉴定意见一定要与案件的其他证据相互印证，争议案件要由审判人员通过对所有证据进行逻辑推理才能得到最终解决。①

司法审判人员应当遵循法律规定，依据良知理性，运用经验，独立自主地对证据加以判断，围绕"真实性、关联性和合法性，全面、客观地审核证据"，从而进一步形成内心的确信，但法官的心证过程和心证结果都要公开。② 为了避免打着"自由心证"的幌子枉法裁判，我们尚需构建完善的规则和制度：(1) 实行庭审程序的完全公开，除法律有特殊规定外，允许普通大众自由旁听。"使法院的审判活动充分暴露在社会公众的视听之下，避免'黑箱作业'"。③ (2) 坚决贯彻实施裁判文书改革路线，明确并公开判决理由，加强审判人员对案件裁决的说理性，并将裁判文书公之于众。④ 裁判文书的说理性的公开包括公开审判人员被说服的主、客观因素，如常识、经验、演绎、推理等；自由心证的公开除了要说明采信哪些证据及理由外，还要说明不采信的证据及理由。(3) 彻底改变复合型法律人才的培养方式，多途径多方式地从社会各界引入经历炼并被认可的综合性法律人才，从全方位地提高法律职业人员的业务水平和职业道德。现行《中华人民共和国法官法》规定的全国统一司法考试的积极意义不可否认，但仅有一项司法考试并不能当然地提高司法审判水平，国家司法人员综合素质的提高不是一朝一夕的事，司法人员的培养也不是一朝一夕的事，需要积极拓宽司法审判人员的入职渠道，我国目前的法官制度与社会主义法治社会所需要司法水平并不完全匹配，我们完全有必要进一步严格司法工作人员的入职门槛，但不能以司法考试定身份，须借鉴世界发达国家与地区法官产生的模式，大力培养

---

① 《关于民事诉讼证据的若干规定》规定：审判人员应当依照法定程序全面、客观地审核证据，依据法律的规定，遵循法官职业道德，运用逻辑推理和日常生活经验，对证据有无证明力和证明力大小独立进行判断，并公开判断的理由和结果。

② 所谓的"良知"就是审判人员在审查证据时要怀有公平正义之心抛开个人偏见好恶；所谓"理性"就是审判人员要运用逻辑推理和日常生活经验，重视"经验法则"的价值，依照法定程序独立地对证据进行判断。

③ 司法实践中大多数案件的审理处于"旁人不得入内"的限制之下，这种情况不利于公众的监督，也不符合审判公开的原则。

④ 审判人员应当将心证形成的过程及原因明确地记载于判决书之中，并将裁判理由向社会公开，这既是确定司法权威的重要途径，也是获得当事人信任的必然方式。

或者引入高层次的复合型法律人才进入司法实践领域。

鉴定人提交的鉴定意见仅仅是利用科学技术手段或者经验知识对案件事实专门性问题所作的辨明、判断和推论，既非案件事实的明确指明也非案件事实的最终认定，更不涉及案件所涉争议的法律适用。裁判人员作为行使审判和裁决权并对案件进行事实认定并作出最终裁决的唯一合法主体，其对案件中疑难问题的最后辨明判断的说理性才是现代司法制度不可动摇的根本，在法庭裁决过程中，应该将对鉴定意见证据能力与证明力的认证采信的内心确信过程在判决书中表达清楚，才能在社会公众中树立起司法的公正权威性。为了树立司法的权威与信用，审判人员对于鉴定意见的采信与否都应当说明理由，在涉及民事鉴定意见的判决中，对判决进行说理释明是保证司法具有说服力和公信力的重要因素之一。

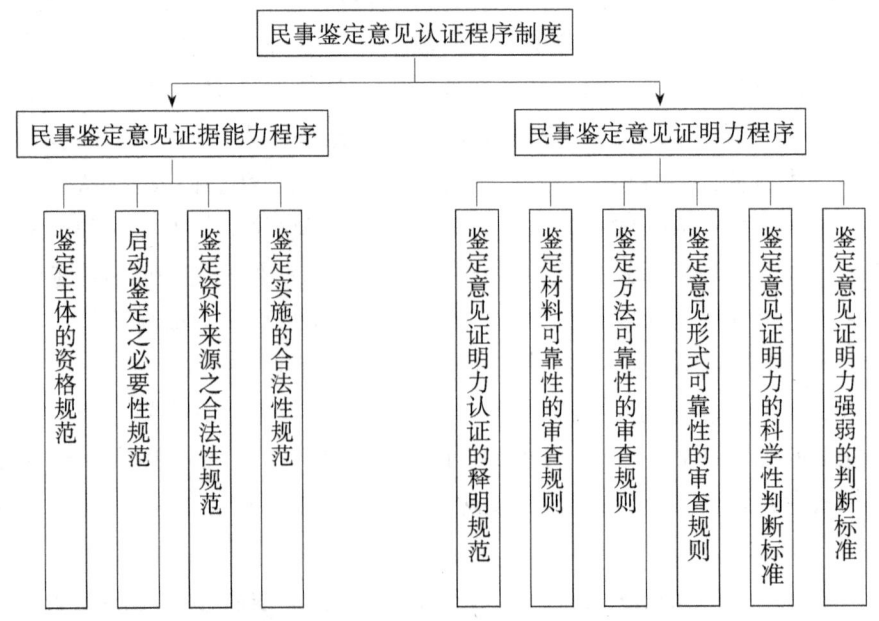

图 5-1 我国民事鉴定意见认证程序制度构建图

六、我国民事鉴定程序制度改革的相关配套措施

（一）民事鉴定法律援助制度

在涉及鉴定的民事诉讼过程中给予当事人法律援助是现代社会文明进

步的标志，是对公民合法权益和基本人权的保护，也是对社会保障体系和民事诉讼机制的完善，对于实现司法的公正廉明和社会的稳定和谐具有现实与深远的意义和作用。

建立和实施民事鉴定法律援助制度，是实现民事诉讼程序正义的社会基石。在经济发展过程中，作为社会成员一分子的诉讼个体，由于经济条件存在客观差异，贫富差距的出现导致公民间产生事实上的不平等，使得部分人的合法权益受到侵害后，无法得到及时有效的民事鉴定法律服务，在民事诉讼过程中往往处于不利的诉讼地位，这样就损害了民事司法的存在价值和生命灵魂。在民事诉讼中实施鉴定法律援助制度，能够使涉讼的社会成员站在公平的诉讼竞争起点，弱势的当事人能够通过减、免、缓交鉴定费用在提出证据的能力上获得诉讼程序上的正义。随着我国经济的不断发展与社会文明的不断进步，从司法人权保障出发客观上也要求建立健全民事鉴定体制，从而进一步完善我国民事诉讼程序制度。公民社会权利中诉权的保障与维护是我国民事鉴定援助制度产生的立法基础，随着我国社会主义市场经济的发展，我国逐渐走上了依法治国的康庄大道，完善社会保障制度必不可少地要建立现代的民事鉴定援助制度。在民事诉讼中享受平等的法律保障权利，成为社会主义现代化建设过程中公民平等地从事社会、经济和文化活动，实现诉讼权益的必然要求，也成为我国法治建设中正确处理效率与公正、竞争与秩序，保障社会和谐稳定的基本任务。作为人权保障与司法公正的特征之一，民事鉴定援助已经成为国家对社会民众必须要承担的法律与社会责任，国家和社会承担民事鉴定的法律援助义务追求的是程序公正，保证的是民事审判的公正与效率。而司法公正的最终实现首先是以诉讼主体能够充分参与诉讼过程为前提条件，畸高的诉讼成本使得当事人会因缴不起鉴定费用而无法获得维护自身合法权利的有利证据，从而严重地阻碍了弱势一方当事人自身诉权的充分行使，无法举证亦就无法维权，程序意义上的举证权得不到保证，实体意义上的民事权利也就成为镜花水月、空中楼阁，为此应建立相应的保障民事诉讼主体不因财产的多寡影响平等地获得合法的诉讼权益的法律援助体制就成为国家不可推卸的责任。

民事鉴定法律援助工作既有国家性又有社会性的特点。所谓国家性就是法律援助制度是法治化国家所共同具有的国家行为与责任，国家或者说是政府成为民事鉴定法律援助的责任主体，通过立法确定法律援助机构并承担一定的提供法律援助经费的义务。所谓社会性是指以社会组织为责任主体承担一定的民事鉴定法律援助事务,国家立法进行制度上的引导与管理上的调控。民事鉴定法律援助形式的构建应该与我国社会发展状况相适应,现代民主国家与专制社会的根本区别就在于人生来是平等的,法律面前人人平等成为国家的基本原则,为了保障公民平等地获得程序上的公平与正义,国家不应当对那些无力利用鉴定手段维护自己合法权益的弱势群体置之不理,国家有责任保证弱势群体具备同等意义的诉权,也有义务消除公民之间基于贫富差别而产生的维权能力的不平等,只有国家勇于承担起保护公民各项基本权利的责任,那些经济困难者才能平等地进入诉讼程序,也才有可能像富裕主体一样平等地行使诉权,才能通过诉讼保护自己的合法权益不受侵害,也才能进一步彰显社会主义国家司法公正的形象。但是根据社会发展客观规律也不能将法律援助事务全部推向政府,民事鉴定法律援助既是国家的工作又是社会的事业,国家经济发展水平和利益分配制度也不允许说政府对民事鉴定援助全部事项包办代替,民间资本是民事鉴定法律援助工作重要的潜在的力量,既可以减轻国家财政的负担,又可以促进社会公益事业的发展。国家可以利用税收政策和经济政策的导向作用,积极引导社会公益组织将部分资金流向民事诉讼的鉴定援助事项,也可以推动公共或私人保险制度引入民事诉讼鉴定法律援助领域,通过社会公众预先付款的方式完善我国法律援助保险制度。而作为民事诉讼鉴定程序中重要一环的承担民事鉴定任务的鉴定机构和鉴定人员,则可以成为整个民事诉讼鉴定法律援助工作中既承担鉴定任务又可以承担法律援助的执行主体,在鉴定过程中具体实施法律援助事务。确立这样一种法律援助机构主体制度既符合援助工作中的便民原则,又避免了法律援助机构的行政性缺陷,使所有的鉴定法律援助机构在民事诉讼过程中处于同一层面的平等基础之上的法律地位。

(二) 专业技术领域的行业协会组织

技术领域的行业协会是专业性较强的技术工作者们自行组织的自律性管理团体,在民事活动中需要鉴定的事项成千上万,无以计数,如在《司法鉴定执业分类规定(试行)》就将司法鉴定的范围分为了13种,这些涉及诉讼的鉴定工作全部由国家司法行政机关统一进行管理规范,既无必要也不可能,而在国家政策引导下由技术工作者们自己自行管理则无疑是民事诉讼鉴定领域进行有效管理的重要途径和办法。

在民事鉴定领域进行行业协会的自律性活动,建立各类技术性行业组织,既可以加强民事鉴定领域鉴定人和鉴定机构的自我约束和自我管理,又可以减轻国家行政机关的工作负担,使政府的职能作用发挥在最为紧迫的地方。行业协会应当属于鉴定人和鉴定机构的自律性社团组织,但绝不应也不能过分地由行政机关深度干涉,否则就会成为司法行政部门的附属机构,成为具有国家性质的准行政管理机关,也就失去了行业协会的功能和意义。建立健全行业协会的主要目的就在于实施专家管理专家的行业性管理工作,通过职业道德和职业纪律约束民事诉讼中的鉴定活动,督促鉴定机构和鉴定人尊重科学,遵守技术操作规范。鉴定行业的自律性组织可以通过行业规范对鉴定机构和鉴定人的技术操作行为进行专门性规定,建立起来的鉴定标准体系可以包括鉴定技术标准、鉴定程序标准和鉴定管理标准等,对涉及专业技术领域的问题予以规范、整合,以尽量建立统一规范的鉴定技术标准体系,实现民事诉讼鉴定领域行业管理的完全自治。这种行业自律性组织可以承担原来由国家承担的许多职责,可以履行行业内部的自我管理、行业工作的自我监督职责,可以总结交流鉴定工作经验和进行业务培训,对鉴定机构和鉴定人员进行评估考核,也可以有力地保护鉴定人员依法开展鉴定工作,维护鉴定机构和鉴定人员的合法权益。在专业技术领域成立行业协会实行行业自治性的管理工作是一种鉴定工作的管理形式行业协会也是鉴定机构与鉴定人员的技术交流平台。

就司法鉴定而言,《关于司法鉴定管理问题的决定》并没有对在司法鉴定领域成立鉴定协会作出法律层面上的规定,但是司法部有关司法鉴定机构的登记管理规章对此作出了原则性规定,这也可以作为成立相关民事诉讼的鉴定行业协会的政策依据。在《司法鉴定机构登记管理办法》第四条这样规定:"司法鉴定管理实行行政管理与行业管理相结合的管理制度。"但是这一条又明显强化了司法行政机关的行政监督、检查的职权,司法行政机关行使指导、管理等工作职能,行业协会只能依法进行有限的自律管理,这样无疑在压缩行业协会的自治空间。但就是在这种情况下,据统计,到2007年底,全国部分省、市和自治区业已成立了12个司法鉴定协会,一些省会城市也成立了司法鉴定协会,[①]这些自律性组织的成立与运行,对民事鉴定工

---

① 参见《2007年司法鉴定工作简报》,载司法鉴定管理局《司法鉴定管理工作总结》2008年第1期。

作起到了不可低估的示范性作用。

(三) 法院审判工作职业化改革

司法改革路径的选择多种多样,在我国目前政治环境和法治条件下,通过推动法律职业化建设,提高司法队伍人才素质在一定程度上也能够推动司法公正与效率的实现。在经济体制改革已然取得卓越成就的情况下,政治体制改革势在必行,尤其在司法领域迫切需要推进司法体制的现代化改革,使其历史性承担起政治体制改革的先行者角色。

目前,司法体制改革的必要性和紧迫性无须多言,在路径选择上有相当规模的人士就认为"如果司法改革老是停留在'小打小闹'和'修修补补'上,(司法体制的现代化)必定事倍功半,收效甚微"[①]。当然,也有相当规模的人士坚持"循序渐进",强调"本土资源的主导地位,重视从活生生的、流动着的中国现实国情出发,逐步推进改革"。[②] 洋为中用、古为今用,任何事物的发展都要具体情况具体分析,因地制宜地消化运用世界上成熟先进的科学方式方法,司法体制改革应积极借鉴和吸收世界范围内成熟的观念与做法业已成为共识,具体联系我国新时代的环境,可以通过法律职业化建设的路径来进一步推动司法的现代化。考察西方发达国家法律职业发展的走势,在一个法治的社会当中,法律人完全可以通过司法行业的集体力量抵制法律职业以外不正当的非法干扰与破坏,通过法律职业化机制维持并改善新产生或成长的法律体系,使其扎根发芽茁壮成长,从而实现法律职业者所依赖之法律系统既能保持独立性又能与时俱进、常用常新,促使"在法律内部(外部)形成一种互相约束的局面,以规章制度中固有的认识论模式去抑制个别人的恣意"[③]。我国从秦王朝建立丞相、太尉与御史大夫三足鼎立模式的中央集权体系,直到20世纪初清王朝的崩溃,以行政与司法相重叠的强权手段处理社会各类纠纷,经历了二千多年漫长的"亚细亚方生产方式"的人治岁月,形成了以维护皇权为核心,以发达的司法吏治制度为主导的法律适用体系,没有形成过一个独立的法律职业团体,也当然没有出现过现代意

---

① 王琳:《司法改革的路径选择》,载张卫平编《司法改革评论(第四缉)》,中国法制出版社 2002 年版。
② 吴卫军:《司法改革原理研究》,中国人民公安大学出版社 2003 年版。
③ 季卫东:《法治秩序的建构》,中国政法大学出版社 1999 年版。

义上的法官群体。近年来,随着社会关系的调整,法律专业化程度有所发展,法治化水平不断提高,并且随着社会的进步,科学技术成分含量较高的案件层出不穷,在司法审判领域人们逐渐认识到社会分工的必然性,只依靠传统的司法审判方式已不能满足社会的客观需求,法律(司法)职业从政治、经济、文化等众多职业分工中独立出来已是不可抗拒的现实要求与时代呼唤。法律(司法)职业化意味着法律职业者会以专门解决社会纠纷的专业群体面目出现,这样一个群体以行使国家审判权为职业会解决历史上吏治一极独大的政治困局。这样一个职业群体在运用着经过长期培养才能掌握的独特的知识技能、行为方式以及专业的思维模式。我国完全可以通过推动法律职业化改革,使这一法律人群体体现出特殊的价值意义。

法律职业化,就是法律职业走向专业化、细密化、科学化、法治化的过程,要求法律职业者必须掌握专业的法律语言、科学的思维推理方式、细密的辨析技术、法律至上的业务素养、复合型的知识技能等,并构成特殊的共同法律伦理追求和文化价值取向。目前,我国司法人员的素质整体不高,尚存在较大提升空间,通过法律职业群体的法治化与科学化改造必将积极推动我国司法制度的现代化进程。我国的法官还不是严格意义上的法官,而是在法院工作的公务员,这种现象可以通过法律职业的专门化改革在一定程度上改善。[①] 1999年我国宪法修正案正式确立了"实行依法治国,建设社会主义法治国家"的治国方略,建设社会主义法治国家的一个重要内容就是使从事法律职业的人形成一个法律专业水平高超的复合型群体,能够给人以足够的权威,让社会公众足以信赖,一定程度上缓减社会公众对于法律群体的不信任感,才能把好社会公平正义的最后一道闸门,所以说树立司法权威、培养高素质的综合型法官队伍而不是政治家群体是实现法治不可或缺的途径之一。我国目前民事鉴定领域存在的这样那样的问题,在一定意义上,正是因为没有实行法律职业专门化与科学化,才使在涉及鉴定的民事诉讼中普遍存在法律权威缺失的现象,法律职业化的实施,客观上要求法律职业者具有专业的执业水准、高端的职业技能及超越普通社会群体世界观

[①] 13世纪,英国就出现了明显的法律职业,一方面它与手工行会有确定的亲缘关系,另一方面它也与现代英国法律职业有亲缘关系;而到美国革命时期,英国法律职业的形式就已经与现代法律职业非常类似了。在美国,自1870年始,克里斯托福改革运动最终使法律的从业成为一个受限制的行当,开始了现代职业化的发展。参见[美]波斯纳:《超越法律》,苏力译,中国政法大学出版社2001年版,第54—55页。

的高度职业化的人文科学伦理精神，要求在法律人群体中形成共同的职业价值观、法治世界观等共同的理性与感性认识相一致的心理倾向要素。

马克思也曾说过法官除了法律之外再没有别的上司，但我国目前的现实是法律人职简单化、审判活动行政化、法官职业大众化、司法机关人力资源单一化。法律职业化的过程表面上是法律职业专业化、精英化的过程，但如果没有基于宪法至上、法律至上的法治社会提供人事组织的改革和法律职业培养方式的改变，也难以形成真正意义上的法律职业专门化、法律人才的复合化，也仍无法真正实现社会主义法治国家的最终目标，也难以真正实现民事诉讼领域的程序化，而法治国家的实质又在于程序法律的有效运行。

结　语

　　法庭审判人员作为法律专家,对于案件中普通待证事实可以凭借常人所具有的经验、知识加以感知和认识,但对于特殊行业的专门性问题也难以样样精通,因此在特定情形下,只能借助鉴定才能查清案件事实,借助鉴定意见才能对待证事实予以辨明确定。作为法律专家,他们对案件事实材料进行分析判断,在专业性特别强的证据面前往往由于主观认识的局限而与案件的客观真实性相脱节,从而产生认识的偏颇和误差,影响对事实客观性的正确认定,为此采用专家鉴定的方法有助于进一步辨清有关证据的可靠性。但是鉴定意见不是科学的判决,它是鉴定技术人员运用专门知识、技能和经验所作的推论,难免受到一定条件和环境的制约,受到鉴定时科技水平的限制和鉴定人主观认识的影响,因而"失误"在所难免。因此,鉴定结论的证据效力不当然具有权威性。[①]

　　民事鉴定程序制度在我国有一个发展过程,从鉴定最早为刑事诉讼服务发展到为民事、仲裁、行政案件服务,从最早以法医鉴定为主发展到物证鉴定、精神病鉴定、医疗及交通事故鉴定等全面开展,从仅为诉讼服务到为民间社会活动服务,无不反映出鉴定活动与时俱进的发展趋势。在鉴定的过程中,鉴定人需要对案件的专门性问题作出科学性的评断,鉴定的过程必须在严格的程序规制下进行,以保证鉴定运作的可靠性与科学性。现代法科学鉴定的"中立性"(或公正性)要求民事鉴定制度的设计在能够及时和充足地满足诉讼当事人对鉴定需求的同时,还应考虑到鉴定意见的法律效果。民事鉴定程序的制度化可以认为是鉴定主体、鉴定启动、鉴定实施、鉴定质证和认证程序这五个要素的运作规范化。要确立我国民事鉴定的基本制度应该积极吸收借鉴世界各国优秀法律文化成果,构建与完善我国民事鉴定

[①] Marike Maisch and Ian Freckelon, Expert Bias and Partisanship, "A Comparison Between Australia and the Netherlands," *Psychology, Public Policy and Law*, 42 at 45, March 2005.

程序的法律体系,吸收与运用已被普遍接受的科学标准,运用这些规则准则从不同方面对鉴定证据的可采性进行规范,从而确保审判人员有效地辨别判断鉴定证据,使民事鉴定程序制度能充分发挥切实有用的法庭服务功能。

参考文献

一、中文著作类

1. 张玉书等编纂:《康熙字典》,中华书局,1958年版。
2. 管子:《管子》,李山译注,中华书局,2009年版。
3. 荀子:《荀子》,中华书局,2007年版。
4. 商鞅等:《商君书》,北京燕山出版社,2010年版。
5. 班固:《汉书》,中州古籍出版社,1996年版。
6. 毛泽东:《毛泽东选集》第5卷,人民出版社,1977年版。
7. 邓小平:《邓小平文选》,人民出版社,1993年版。
8. 习近平:《习近平谈治国理政·第二卷》,外文出版社,2017年版。
9. 中共中央宣传部编:《科学发展观学习纲要》,学习出版社,2013年版。
10. 朱勇主编:《中国法制通史·第9卷》,法律出版社,1999年版。
11. 尤志安:《清末刑事司法改革研究——以中国刑事诉讼制度近代化为视角》,中国人民公安大学出版社,2004年版。
12. 内蒙古自治区司法厅司法鉴定管理局编印:《司法鉴定技术规范》,2011年版。
13. 孙业群:《司法鉴定制度改革研究》,法律出版社,2002年版。
14. 马克思:《资本论·第1卷》,人民出版社,2004年版。
15. 马克思、恩格斯:《马克思恩格斯全集》第6、18、19、22卷,人民出版社,2006年版。
16. 田平安主编:《民事诉讼法学》,中国政法大学出版社,1999年版。
17. 田平安:《民事诉讼证据初论》,中国检察出版社,2002年版。
18. 卓泽渊:《法政治学》,法律出版社,2005年版。
19. 景汉朝主编:《司法成本与司法效率实证研究》,中国政法大学出版社,2010年版。

20. 梁小民:《微观经济学》,中国社会科学出版社,1996年版。

21. 西北政法学院法制史教研室编印:《中国近代法制史资料选辑(1840—1949)·第3辑》,1985年版。

22. 梁治平编:《法律的文化解释》,生活·读书·新知三联书店,1994年版。

23. 文正邦:《当代法哲学研究与探索》,法律出版社,1999年版。

24. 吕世伦、文正邦主编:《法哲学论》,中国人民大学出版社,1999年版。

25. 何家弘主编:《司法鉴定导论》,法律出版社,2000年版。

26. 邹明理主编:《司法鉴定》,法律出版社,2000年版。

27. 黄维智:《鉴定证据制度研究》,中国检察出版社,2006年版。

28. 郭金霞:《鉴定结论适用中的问题与对策研究》,中国政法大学出版社,2009年版。

29. 范方平主编:《建构统一司法鉴定管理体制的探索与实践》,中国政法大学出版社,2005年版。

30. 司法部法规教育司编:《司法鉴定立法研究》,法律出版社,2002年版。

31. 杜志淳主编:《司法鉴定论丛(1)》,北京大学出版社,2009年版。

32. 司法部司法鉴定管理局组织编:《司法鉴定工作手册》,中国政法大学出版社,2008年版。

33. 最高人民法院组织编写:《司法鉴定司法解释相关法律法规》,人民法院出版社,2003年版。

34. 阎朝秀:《司法认知研究》,中国检察出版社,2008年版。

35. 段厚省:《证明评价影响因素分析》,法律出版社,2009年版。

36. 关玫:《司法公信力研究》,人民法院出版社,2008年版。

37. 闵银龙:《经济案件司法鉴定》,中国方正出版社,2007年版。

38. 贾治辉:《司法鉴定热点问题研究》,群众出版社,2009年版。

39. 黄朝义:《刑事证据法研究》,元照出版社,2000年版。

40. 刘金友主编:《证据法学(新编)》,中国政法大学出版社,2003年版。

41. 金光正主编:《司法鉴定学》,中国政法大学出版社,1995年版。

42. 徐景和:《司法鉴定制度改革探索》,中国检察出版社,2006年版。

43. 季美君:《专家证据制度比较研究》,北京大学出版社,2008 年版。

44. 张军:《中国司法鉴定制度改革与完善研究》,中国政法大学出版社,2008 年版。

45. 贾治辉、徐为霞主编:《司法鉴定学》,中国民主法制出版社,2006 年版。

46. 张华:《司法鉴定若干问题实务研究》,知识产权出版社,2009 年版。

47. 程春华主编:《民事证据法专论》,厦门大学出版社,2002 年版。

48. 齐树洁主编:《英国证据法》,厦门大学出版社,2002 年版。

49. 杨良宜、杨大明:《国际商务游戏规则:英美证据法》,法律出版社,2002 年版。

50. 杜志淳、霍宪丹:《中国司法鉴定制度研究》,中国法制出版社,2002 年版。

51. 齐树洁:《台港澳司诉讼制度》,厦门大学出版社,2010 年版。

52. 张永泉:《民事诉讼证据原理研究》,厦门大学出版社,2005 年版。

53. 范忠信、陈景良主编:《中国法制史》,北京大学出版社,2010 年版。

54. 王德禄等编:《人权宣言》,求实出版社,1989 年版。

55. 田平安主编:《民事诉讼法原理》,厦门大学出版社,2005 年版。

56. 田平安主编:《民事诉讼法·诉讼证据篇》,厦门大学出版社,2006 年版。

二、中文论文类

1. 曹建明:《从鉴定的本质属性说起——鉴定体系改革的理论基础及其实践方略》,载天津市第一中级人民法院研究室编《诉讼证据制度研究》,人民法院出版社,2001 年版。

2. 罗亚平、郝红光:《中外司法鉴定人制度比较研究》,载《中国人民公安大学学报》,1998 年第 6 期。

3. 施卫忠、许江:《司法鉴定制度改革刍论》,载《南京大学法律评论》,2001 年第 1 卷。

4. 徐昕:《专家证据的扩张与限制》,载《法律科学》,2001 年第 6 期。

5. 姜志刚:《论司法鉴定人的民事责任》,载《中国司法鉴定》,2003 年第 3 期。

6. 徐立根：《论鉴定》，载司法部法规教育司编《司法鉴定立法研究》，法律出版社，2002年版。

7. 邹明理：《〈司法鉴定〉杂谈》，载司法部法规教育司编《司法鉴定立法研究》，法律出版社，2002年版。

8. 曹诗权：《司法鉴定模式的现状与改革》，载《中国司法》，2002年第1期。

9. 张玉镶：《司法鉴定基本概念研究》，载《中国司法鉴定》，2001年第1期。

10. 杜春、王公义：《我国司法鉴定的现状、问题及对策》，载《中国司法鉴定》，2004年第2期。

11. 方道茂：《我国司法鉴定启动制度模式的选择》，载司法部司法鉴定管理局编《保障司法公正　服务和谐社会——进一步推动司法鉴定体制改革与发展》，中国政法大学出版社，2007年版。

12. 汤擎：《论司法鉴定的启动》，载司法部法规教育司编《司法鉴定立法研究》，法律出版社，2002年版。

13. 齐树洁、洪秀娟：《英国专家证人制度改革的启示与借鉴》，载司法部司法鉴定管理局编《两大法系司法鉴定制度的观察与借鉴》，中国政法大学出版社，2008年版。

14. 蒋奎：《论司法鉴定权的配置》，载司法部司法鉴定体制改革工作办公室组织编写《建构统一司法鉴定管理体制的探索与实践》，中国政法大学出版社，2005年版。

15. 张卫平：《鉴定的启动机制与程序正义》，载司法部司法鉴定体制改革工作办公室组织编《建构统一司法鉴定管理体制的探索与实践》，中国政法大学出版社，2005年版。

16. 徐景和、李禹：《完善我国司法鉴定人制度的若干思考》，载司法部法规教育司编《司法鉴定立法研究》，法律出版社，2002年版。

17. 汤维建：《两大法系民事诉讼制度比较研究——以美、德为中心》，载陈光中、江伟主编《诉讼法论丛（第一卷）》，法律出版社，1998年版。

18. 樊崇义、郭华：《鉴定结论质证问题研究》，载司法部司法鉴定体制改革工作办公室编《建构统一司法鉴定管理体制的探索与实践》，中国政法大学出版社，2005年版。

19. 朱建敏：《略论鉴定结论的合理定位——以民事诉讼为背景的分

析》,载司法部司法鉴定体制改革工作办公室编《建构统一司法鉴定管理体制的探索与实践》,中国政法大学出版社,2005年版。

20. 奉晓政:《司法鉴定结论采信问题研究》,载司法部司法鉴定管理局编《保障司法公正 服务和谐社会——进一步推动司法鉴定体制改革与发展》,中国政法大学出版社,2007年版。

21. 赵妍、王瑞恒:《从民事诉讼视角论对鉴定结论的质疑与审查》,载司法部司法鉴定管理局编《保障司法公正 服务和谐社会——进一步推动司法鉴定体制改革与发展》,中国政法大学出版社,2007年版。

22. 霍宪丹:《论司法鉴定体制改革的实践与探索》,载《中国司法鉴定》,2007年第1期。

23. 何家弘:《论司法鉴定制度的规范化》,载司法部司法鉴定体制改革工作办公室编《建构统一司法鉴定管理体制的探索与实践》,中国政法大学出版社,2005年版。

24. 吴梅筠等:《英国、德国、日本及美国的法医学体制》,载《中国司法鉴定》,2001年第2期。

25. 刘朝宽、张建民等:《司法部赴英国司法鉴定考察团考察报告》,载司法部法规教育司编《司法鉴定立法研究》,法律出版社,2002年版。

26. 王磊、包建明:《司法部赴澳大利亚司法鉴定考察团考察报告》,载司法部法规教育司编《司法鉴定立法研究》,法律出版社,2002年版。

27. 肖伟:《论司法鉴定人混合型管理模式之完善》,载《中国司法鉴定》,2007年第1期。

28. 何家弘:《司法证明方式和证据规则的历史沿革——对西方证据法的再认识》,载《外国法评议》,1999年第4期。

29. 张益萍:《对我国司法鉴定管理体制改革的一些思考》,载《延安大学学报:社会科学版》,2006年第6期。

30. 刘朝宽:《近年来英国司法鉴定制度改革的动向》,载《中国司法鉴定》,2007年第4期。

31. 田平安:《鉴定结论论》,载《现代法学》,2000年第6期。

三、外文著作类

1. [美]约翰·W.斯特龙主编:《麦考密克论证据》,汤维建等译,中国政法大学出版社,2004年版。

2. ［美］史蒂文·L.伊曼纽尔：《证据法》，中信出版社，2003年版。

3. ［美］史蒂文·L.伊曼纽尔：《民事诉讼程序》，中信出版社，2003年版。

4. ［美］约翰·罗尔斯：《政治自由主义》，万俊人译，译林出版社，2000年版。

5. ［美］博登海默：《法理学——法律哲学与法律方法》，邓正来译，中国政法大学出版社，1998年版。

6. ［俄］拉扎列夫主编：《法与国家的一般理论》，王哲等译，法律出版社，1999年版。

7. ［德］考夫曼：《法律哲学》，刘幸义等译，法律出版社，2004年版。

8. ［法］皮埃尔·勒鲁：《论平等》，商务印书馆，1998年版。

9. ［英］戴维·M.沃克：《牛津法律大辞典》，《牛津法律大辞典》翻译委员会译，光明日报出版社，1988年版。

10. ［英］笛卡尔：《第一哲学沉思集》，庞景仁译，商务印书馆，1986年版。

11. ［英］马林诺夫斯基：《原始社会的犯罪与习俗》，原江译，法律出版社，2007年版。

12. ［日］新堂幸司：《新民事诉讼法》，林剑锋译，法律出版社，2014年版。

13. ［英］梅因：《民众政府》，潘建雷、何雯雯译，上海三联书店出版，2012年版。

14. ［意］皮罗·克拉玛德雷：《程序与民主》，翟小波、刘刚译，高等教育出版社，2005年版。

15. ［德］康拉德·赫尔维格：《诉权与诉的可能性》，任重译，法律出版社，2018年版。